一生钱缘

戴志强 著

文物出版社

图书在版编目（CIP）数据

一生钱缘 / 戴志强著 . -- 北京 : 文物出版社，
2024.3

ISBN 978-7-5010-8373-2

Ⅰ . ①一… Ⅱ . ①戴… Ⅲ . ①古钱（考古）—中国—文
集 Ⅳ . ① K875.64-53

中国国家版本馆 CIP 数据核字（2024）第 019925 号

一生钱缘

编　　者 / 戴志强

责任编辑 / 许海意
责任印制 / 张道奇
装帧设计 / 谭德毅
图片处理 / 张　冰　宋社吕

出版发行 / 文物出版社
社　　址 / 北京市东直门内北小街 2 号楼
邮政编码 / 100007
网　　址 / http://www.wenwu.com
经　　销 / 新华书店
制　　版 / 北京荣宝艺品印刷有限公司
印　　刷 / 中国电影出版社印刷厂
开　　本 / 700毫米×1000毫米　1/16
印　　张 / 21.5
版　　次 / 2024年3月第1版
印　　次 / 2024年3月第1次印刷
书　　号 / ISBN 978-7-5010-8373-2
定　　价 / 198.00元

戴志强，古稀留影

写在前面的话

开篇之前，有几点需要说明：

一是，在钱币界，古人称钱为"泉"，时下，仍把钱币称为"泉币"。研究钱币的学问叫"钱币学"，亦可称之为"泉学"。

二是，《一生钱缘》是我的一本回忆录。我生于钱币世家，一生学习钱币、研究钱币、宣传钱币，为钱币学的建设努力工作。

三是，虽是回忆录，但可以从一个侧面反映半个世纪以来在改革开放大时代背景下中国钱币事业的发展与钱币学研究的进步。

四是，因是回忆录，为避免平铺直叙，所以有意穿插采取"故事""相关链接"等叙述方式，行文点面结合，文字详略错落，有的点到为止，有的稍作展开，有的甚至还采取了一些文学手法，以便提高可读性。

五是，为此书的编辑出版，文物出版社领导和编辑许海意付出了很多辛苦，中国金币总公司张向军不但关心，也付出了辛苦，谨此致谢。此外，小儿戴越、大孙戴绍泉助我使用电脑，协力不少。

戴志强　识于癸卯中秋

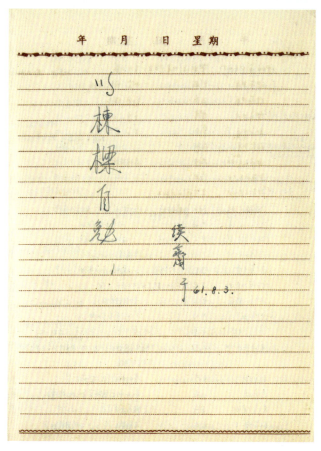

17 岁时写的座右铭

我的座右铭

1961 年 8 月 6 日，我收到复旦大学历史系的录取通知后，便立志："以栋梁自勉！"这句话便成了我的座右铭。这也是我第一次启用"续斋"之名。

我的三次誓言

第一次立誓是 1979 年初，刚到安阳市博物馆时，誓言是："三年见眉目，五年见成效！"

第二次立誓是 1982 年 6 月，在安阳市博物馆副馆长任上，誓言是："扎根河南，走向全国，放眼世界！"

第三次立誓是 1986 年 4 月，在中国钱币学会秘书长任上，誓言是："誓把我国钱币学研究引向新高峰，跻身世界学术之林，推进并完善钱币学的学科理论建设。"

现在回首，我不虚此生，是一直按照自己的规划努力前行的。

目　录

壹

学生时期

1949 ～ 1968 年

1949 ～ 1953 年　　生活小学
1953 ～ 1955 年　　新姚小学
1955 ～ 1961 年　　浦光中学
1961 ～ 1968 年　　复旦大学
（本应毕业于1966年，因"文革"延误至1968年）

1963 年 5 月 4 日的青年节，我在复旦历史系加入了
共青团，介绍人是林苏民、张定中。

父亲　　　　　　　　　　母亲

　　1944年6月2日，阴历甲申年闰四月十二，我出生在上海普陀区安远路东麻里，马路的斜对面便是上海名刹玉佛寺。这里没有高楼大厦，亦非繁华闹市，却毗邻沪上名刹玉佛寺，自幼受佛祖庇护。取名戴志祥。

　　当时，母亲（沈燕三）给我记的生日是阴历，因为闰四月不是每年都有，所以我真正的生日，至今只有过6次。但母亲每年都给我做生日，没有闰四月，就在正四月十二做。

　　父亲（戴葆庭）一生与钱币有缘，白天外出工作，晚饭后便在家里摸索钱币，几乎每天都是如此，成为规律。所以，我的幼年，几乎是天天见"钱"，也成为我最初的家教。

一、小学

1949 年 9 月，入读小学，先是在江宁路上的生活小学（今普陀区中心小学）上学。入学报名时，办手续登记的老师误把我的名字"戴志祥"错写成"戴志强"（上海人"强"和"祥"是一个音）。或许这便是"师命"，或许是命中要"强"，我也就将错就错，一直使用至今。我曾经有过一个笔名叫"阿祥"，其实是孩童时父母对我的爱称。

每天上学，来回都必经玉佛寺。一般都由月双姐送我去上学，出东麻里，穿过马路，便是玉佛寺的西南角，沿南墙东行便到了玉佛寺大门口。我经常会趴在门栅上往里张望，体会众生对佛祖的虔诚，享受香烛送来的清静。这时，姐姐会拉着我穿过寺门和照壁之间的通道，沿南墙继续东行，再沿东墙北行，过了玉佛寺的东北角，便有一家小小的面包房。在那里买一只刚出炉的奶油面包，让我带到学校，等到第二节课后配着学校提供的豆浆一起吃。那种香甜的滋味，至今仍回味无穷。中午饭由月双姐给我送，在教室里吃，有时候班主任老师还会来巡视，察看我的饭食，讲上几句关切暖心的话，我心里更是美滋滋的。

新姚小学校徽　　　　　　　生活小学幼稚园接送证

1954 年正月，我 10 岁时的合家欢

因为父母工作在上海古玩市场（江西中路 67 号，广东路口），1953 年，我家搬到黄浦区江西中路 130 号，我便转入了位于延安东路河南路口东北角的新姚小学，在这里完成了小学五、六年级的学业。这个学堂，紧挨自然博物馆，又和上海博物馆隔街相望。下学回家，必经古玩市场，便在那里逗留玩耍，周末休息也常在古玩市场度过，除了在父亲的店（戴葆记古玩店）里，也到市场的其他古玩店逗留。那时的我，性格文静，很少言语，只是站在一旁默默地听大人们说话，所以不遭人讨厌，叔叔伯伯们闲时还会开个玩笑，逗我玩。于是我不仅和钱币结了缘，也和各类文物结了缘，从小接受钱币界、文物界前辈的熏陶。

也就在这个时候，每逢周六下午，我会跟随父亲去罗伯昭先生家，参加中国泉币学社每周一次的座谈例会。其实，说是"参加"，不如说是"旁听"，是接受一种文化的熏陶。也会跟随父亲去拜访沪上的泉家名宿，诸如彭信威、沈子槎、孙鼎等先生，聆听他们的高谈阔论，在心灵中埋下了一定要发芽的种子。

故事

旁听泉友座谈例会

家父和伯昭先生关系至为密切，使我享受到了一个特殊的待遇。

大约在1953～1955年，也就是我9～11岁的时候，我家由玉佛寺附近搬到古玩市场旁侧的江西中路130号。到周末，父亲便会带我去罗宅，旁听学社的座谈例会。每次到会的十几个人，都是中国泉界有声望的人。座谈会多在罗宅客厅，气候宜人时，也会移至小花园。主人热情接待，备有茶点。到会者都会带来一些泉币，或稀世珍品，或新见奇品，或是存有争议的钱币，供大家欣赏评议。到会者无拘无束，自由发言，凡有不同意见者，可以各抒己见，可谓文明礼貌。座谈会上也会通报学社的社务、泉拓或泉刊的编务，但不会开展讨论，都是散会前的片言只语，大家只管执行"通知"便是。这样，座谈的主题非常突出，即议钱、评钱。每次例会都有认真记录，包括出席者、出品人，以及对新品的见解和议论的情况，有的还会配以泉币的墨拓。如此等等，都代表了当时中国泉币学社老一代钱币人的文风和会风。

座谈例会只有我一个小孩，所以我说是"特殊的待遇"。每次去，罗家姆妈（罗夫人尹氏）总要和我亲热一下，给我一些特殊的关照，譬如多给一些点心、糖果等等。那时的我，只是坐在父辈指定的座位，专心致志地听着大人们说话。在这里既能看到各种泉币实物，还可以亲自上手体验（当然是由大人们先看），又可以听到诸位前辈泉家的不同见解和高谈阔论。如今中国国家博物馆、上海博物馆的很多藏品，我都是在那个时候见到的。

参加这样的例会，是接受泉学的熏陶，更是接受一种高雅的文化修养的熏陶，从中体会老一代的情操和风尚、文化和学识。这样的人生机遇，对我后来的治学之路产生了深刻的影响，留下了宝贵的财富，受益终身。

相关链接

罗伯昭和戴葆庭的泉谊

罗伯昭和家父戴葆庭因泉结缘，是志同道合的密友。

罗伯昭在泉界有"西蜀罗"之称，早年在重庆，后来移居上海，是儒商大家，著名钱币收藏家。戴葆庭则长年实战于钱币鉴藏第一线，有丰富的阅历和实践经验，在钱币界被誉为"南戴（戴葆庭）北骆（骆泽民）"，"大凡钱币，经他鉴定，便可咸定甲乙"。

罗伯昭在民国二十七年（1938）写的自述中，有这样一段记录："余童年即癖古泉……识毛厚青、刘嘉灵辈始知门径，适同好蒋伯埙来渝，蒋君泉学高出侪辈，因其抱诱，渐知真赝之鉴别，泉谱之得失。继识戴葆庭君，与之畅谈，方知海内外泉界之大概，于是集泉之志益坚。"（《沐园百廿泉拓》书首，"古泉文库"丛书，谱录类第七种，2019 年）。罗伯昭和戴葆庭相识于 1925 年，他敬佩葆庭的为人和泉学，尤其在古钱的鉴定方面相信葆庭，所以得遇新见之品、疑难之处，都要听听葆庭的意见。葆庭则有问必答，有求必应，因此话谈得投机，便成莫逆知交。

我们回顾一下当年的历程，便可知道他们的亲密关系。

1935 ～ 1937 年，罗伯昭在汉口营商时期就组织"泉友会"，每周日，约请泉友在家中聚会座谈。期间，戴葆庭曾应约赴汉参加过他们的泉友座谈。

抗战爆发以后，罗伯昭几乎停止了他在商界的活动，把主要精力转移到了泉学。1940 年 3 月，罗伯昭移居上海安福路 7 号，即和戴葆庭商议在罗宅继续举办泉友谈话会之事，并议及成立学社、筹办泉币会刊的事情。约请葆庭为之出面联络。紧接着，便有了如下的进程。

一是成立学社。

1940 年 5 月，中国泉币学社在罗府正式成立，特请社会名流、著名学者丁福保出任社长，罗伯昭作为实际负责人出任副社长，并承担学社活动的主要经费支助。戴葆庭为会计，负责处理学社的日常事务，其责相当于学社的"事务处"。

二是创办会刊。

学社一成立，即着手筹备编辑会刊《泉币》杂志（双月刊）。两个月后，即 1940 年 7 月，出版了创刊号，这是我国早期的钱币学专刊。至 1945 年

9月停刊，共出版卅二期。《泉币》杂志社仍由丁福保出任社长，罗伯昭为副社长，聘请郑家相为总编辑，王荫嘉为校订，戴葆庭兼任会计，一并操办学社日常事务和杂志的编务工作。另外，葆庭还以"评议员"的名义，协助鉴定钱币，为杂志备用的钱币资料把关。

三是启动泉友谈话会。

1940年8月31日，泉友谈话会正式启动。即每周六下午泉友在罗宅聚会，主要内容是：传观和交易泉品，研究泉学，讨论刊物。开始时称"泉币社友谈话会"，后改名"泉币学社例会"。至1946年3月16日共举行178次，每次都有记录，原始记录分为5册（1993年，上海书画出版社出版了影印校注本《中国泉币学会例会记录》）。1943年2月20日，学社举行百次例会时，编辑制作了《泉币学社百次例会纪念册》拓集，由59人，出拓57品，应是泉币学社活动的鼎盛之举。

四是举办"寿泉会"。

中国泉币学社成立以后，即酝酿成立"寿泉会"。寿泉会由丁福保、张絅伯、张季量、郑家相、陶庭耀、王荫嘉、陈亮声、戴葆庭、蔡季襄、罗伯昭十人组成（以年龄为序）。由戴葆庭任总干事，负责操办（《泉币》第3期刊登有消息）。

1940年10月22日，在王荫嘉生日贺寿时，正式启动寿泉会活动。随后每逢成员生日，即聚会庆贺，寿泉会成员每人各出3枚泉币，汇拓成帙，谓"纪念册"（即《寿泉集拓》），每期十本，均为原拓本，成员各得一本。至1941年8月，十位成员的生日祝贺活动做满一巡，"纪念册"出齐十册。

新中国成立以后，恢复泉币学社例会活动，随即也恢复了寿泉会的活动，仍由戴葆庭操办具体事务。1950年冬，重起寿泉活动之风，但与初时的做法略有不同。

一、因是沿袭旧制，所以没有公布成员的名录。但实际作为寿翁的成员仍是十人，即丁福保、沈了槎、张果园、张絅伯、戴葆庭、蒋伯埙、孙鼎、郑家相、罗伯昭、陈恕斋。1952年丁先生仙逝，成员改少为九人，但无增补。

二、不以生日为贺，而是逢花甲、古稀、耄耋之年才贺寿，所以巡回周期不像第一巡密集，至1964年夏，才完成一轮。

三、不再拘泥于每人一册"寿泉集拓"，事实上，开始都是两位寿翁合出一集。因丁老作故，所以最后的陈恕斋单独成册。此后张絅伯八十寿又有"寿泉集拓"之举，成为此轮的收官之作。

四、参贺者，不再局限于十位成员，而是改为自由报名，不设约定人数，不限贺品数量。第一轮十册共集泉拓253帧，第二轮七册共集泉拓438帧，合计691帧。其中虽有个别重复出现者，但它集中了当年泉界集藏的珍品、名品和孤品，是当年钱币收藏的精华，反映了20世纪30～60年代前辈泉人的集藏规模，反映了那一代人对古钱的鉴定能力和研究水平。

五、成立分会。自1942年9月起，戴葆庭通过骆泽民的关系，接连3次赴京，联络成立北京分会事宜，至1943年7月，北京分会正式成立，葆庭专门赴京，出席了成立大会。之所以有"南戴北骆"之称，除了指钱币鉴定的能力之外，也还包括有泉币学社工作的一层意思。当时，也曾计划在天津、苏州、江门、青岛等地筹建分会(《泉币》第18期刊登有消息)。

1945年9月，抗日战争胜利，紧接着便是解放战争，杂志停刊，但学社例会还在继续进行，到1946年3月，中国泉币学社的活动暂时中断。

1949年，新中国成立，于1950年即恢复了每周一次的学社例会活动，恢复每周六下午在罗宅聚会，一直到1967年"文化大革命"爆发。每次例会仍有记录，但记录册至今不见下落，或许是毁于"文革"，或许是流散在外，希望它还存在世间。

综观上述，中国泉币学社成立以后，罗伯昭和戴葆庭不仅社务繁忙，也是联络最密切的人：1. 每周一次的例会，葆庭必赴罗宅，是参会次数最多者；2. 三个月一期的会刊，审稿、编稿、赴印、出版，葆庭必需穿梭于伯昭、家相、荫嘉之间，有时候家相、荫嘉不便，就有伯昭代劳审稿，葆庭代劳校订；3. 特别是1940～1941年，增加了"寿泉会"活动，他们在一起的时间更多，每周都会有多次见面。实际上，学社的具体事务，往往是由他俩商议着办，葆庭是可靠的执行者。由他俩的密切配合，由泉界同仁的齐心协力，他们共同创造了一段泉学史上的佳话。

天长日久，罗伯昭和戴葆庭泉缘和谐，结成深厚的友谊，举例证之。

一、在罗伯昭的日记中，葆庭的名字出现最多。

1925年罗伯昭和戴葆庭相识，1940年罗伯昭迁居上海，两人关系至为密切。除泉币学社活动和《泉币》杂志编务之外，为伯昭掌眼是他俩交往的又一项重要内容。以钱币为纽带，伯昭经常去古玩市场，葆庭也经常造访罗宅。所以葆庭的名字在罗伯昭的日记里出现最多(《沐园甲申、丁亥日记》，"古泉文库"丛书，文献类第八种，2019年）。

二、伯昭请葆庭对其藏泉做总体估价。

因为时局动荡，伯昭曾请葆庭对其所藏全部钱币做过一次总体估价。时间应该是在甲申年（1944）冬月，伯昭在这个月十三日的记录，曰："葆庭来看古钱，并代估价。"（附图第一行）伯昭的日记，一般每天都会记两三件事，这天却只记了一件事，说明这天他俩相叙了一整天。

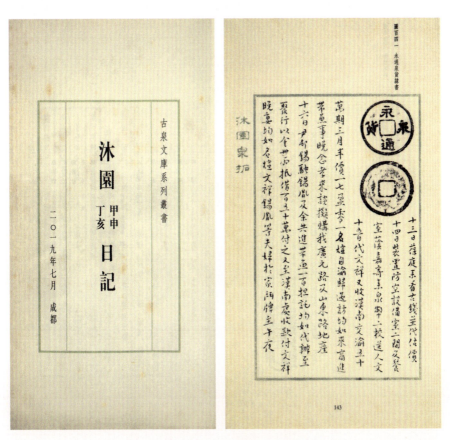

伯昭甲申日记扉页与首页

三、在戴葆庭汇编的《珍泉集拓》中，伯昭的题字最多。

在葆庭汇集的《珍泉集拓》（新华出版社，1991年）中，共收存有泉界名流张季量、方药雨、张絅伯、秦子帏、宣哲、缪继珊、张果园、方雨楼、鲍鼎、沈子槎、王贵忱、郭若愚、戴葆庭、罗伯昭、宋寄、蒋伯埙、郑家相、赵权之、马定祥、李荫轩、孙鼎、彭信威、王建训、丁福保、骆泽民等 25 人的墨迹,其中除葆庭自己题字 16 条外,伯昭题了 14 条,铜伯题了 12 条,余者或题一条或题几条,伯昭是葆庭之外题字最多者(附图)。

留存至今的,上述两个相互间的"最多",当非偶然,而是他俩关系至为密切的真实记录。

说来也有意思,我父生于 1895 年,伯昭生于 1899 年,晚四年。但他们却是同年同月去世的,父亲是 1976 年 1 月 4 日,伯昭是 1 月 7 日,晚 3天,其实他们是手拉手一起驾鹤西去的。

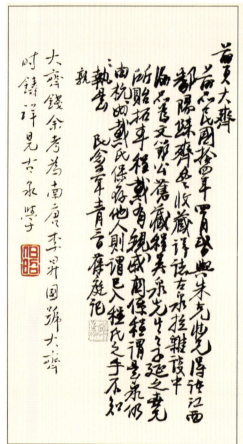
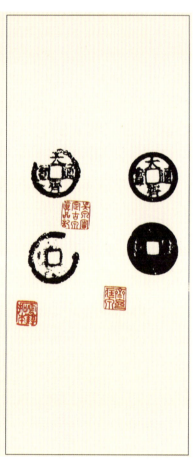

伯昭和葆庭同题大齐通宝

1950 年,罗伯昭当选上海市人民代表以后,泉友座谈会的活动便很快恢复,座谈会仍在罗宅举办。偶尔也会在沈子槎先生或孙鼎先生府上举行。

1951 年 10 月 28 日在孙鼎先生府上的合影（左起：孙鼎、赵权之、郑家相、
罗伯昭、沈子槎、陶心如、张絧伯、孙绍源、戴葆庭）

故事

彭信威先生的书斋

1953～1954 年，正是彭信威先生的初版《中国货币史》孕育诞生的时候。他几乎每周都到广东路古玩市场来寻访家父，谈论古钱。他一到场，气氛便会热烈起来，大嗓门高谈阔论，时而又朗朗大笑，没有两个小时是不会离开的。家父也经常去彭先生的府上拜访，或送去彭先生需要的资料，或准备讨论某一个专题。我有时也会跟随父亲一起前去。

彭信威

彭先生家住在淮海中路重庆路口，上海市妇女商店的楼上。进门的大客厅便是他的书房，周围的书柜装满了书，大大的书桌上也堆满了书，凳子上也会摆上书，人坐在书桌旁，仿佛钻进了书堆，埋没在书海里。我第一次见此情景，的确被"书海"震慑住了，吸引住了，成为我一生难忘的记忆。

我们一般都是午饭后去他家，天近黄昏才告辞，我在一旁听他们的讨论，津津有味，只觉时间飞快，待说要走，才发现天已昏暗。

彭先生是先立业后成家，"一本书主义"者，书不出版，他不成家，直到《中国货币史》正式出版，他才结婚，是年彭先生已 52 岁。夫人是他的研究生，叫韩绮芸，和叶世昌先生同学，都是彭先生的高足。我有幸随父参加了彭先生的婚礼，现在只记得场面很热闹，但详情已经朦胧了。

《中国货币史》初版以后，他便着手资料，计划增补，于是有了 1958 年的第二版，1965 年的第三版。第三版的内容几乎比第一版多了一倍，文字将近 80 万。如果没有 1967 年的突发事变，我们应该还可以读到他的第四版、第五版……

二、中学

1955 年 9 月，入读浦光中学。
所谓"浦光"，意即黄浦之光，是
黄浦区仅有的三所公立中学之一。
入学时，校址在金陵东路外滩，原
法国驻沪领事馆的旧址。园区种满
法国梧桐，树身粗壮，高大魁伟。
后来读高中时，校舍搬到了四川中
路（黄浦江南面）。这两处校舍离
家都很近，步行不到十分钟的路程，

浦光中学学生证

我一般都是提前十分钟出门，途中目不斜视，只管匆匆走路。往往是踏进
教室，刚坐到座位上，或者是刚解开书包，上课铃声就响了，但从来不会
迟到。课间休息，我一般是原地不动，低头写作业，待放学时，当天的作
业已完成八八九九。下学的回程也是十分钟便到家，一般不受途中的意外
干扰，遇有起哄围观的热闹事情，我毫无兴趣，总是躲得远远的。回家后
的第一件事情是先把未完成的作业做完，然后用十几分钟的时间，把当天
上课的主要内容再过一次"电影"，再用几分钟时间把明天的课程做一简
要的预习，收拾好明天上课用的课本和用具，然后才可以做别的事情。

在初中的学业中，开始我是最怕语文课，尤其怵写作文。但我遇上了
一位好老师——语文课的马老师，他瘦高的身材，戴一副眼镜，四方的脸上，
稀疏有几颗麻子，对我特别友善。一次，课堂提问，解答课文的段落划分
和每一段的主题，我的回答居然获得了他的好评。从此，他经常要我答题，
别的同学答错了，也会让我更正，于是增强了我的信心，扫除了恐惧的阴霾。
这一变化直接影响到我后来的人生道路，在高考中，我的作文居然取得了
全班的最高分。

　　高中临毕业时，就整体而言，我的学习成绩是数理化优于文史，老师和同学都以为我会报考理工科。其实，因为家学的影响，我早已确定了历史或经济专业的意向，目标很明确，就是要走钱币事业这条道路。当年报考大学要填 24 个志愿，我填报了 12 个历史系、12 个经济系，结果被第一志愿复旦历史系录取。

三、大学

1961 年 9 月，我以第一志愿入学复旦历史系历史地理专业，可谓如愿以偿。在入学之前，我意气风发，在一本心爱的笔记本上，默默写下了五个大字："以栋梁自勉！"许下了毕生的心愿，成为我的座右铭。并第一次正式启用"续斋"的斋名，时年 17 岁。

校徽

复旦毕业证书

"续斋"之名的来由

我父戴葆庭自号"足斋"，我之"续斋"，自然有继续父亲事业之意。此外还有一层意思，当来自古钱——东汉"续铢"。请注意我说的是"东汉续铢"，非南北朝后铸。

关于"续铢"，1963年春，父亲写过一段专门的题记，曰："（这枚）续铢，一九三〇年前出土于绍兴柯山下，予之外祖家所在地，杂五铢钱中。黑水银锈带硬绿块。……今审视此钱，制作为东汉初期，罢铸货泉以后，复铸五铢以前之试作无疑，可宝也。"当时洛阳烧沟汉墓等墓葬遗址尚未进行科学的考古发掘，文物考古界对两汉五铢钱的分期断代尚无明确的认识，但葆庭先生根据大量出土的两汉五铢钱实物，已经对西汉五铢钱和东汉五铢钱的主要制作特征及其区别有所掌握，尤其是东汉光武帝十七年钱范的见证，帮助他确认这枚"续铢"的制作和钱范上的"五铢"风格基本一致，从而提出其乃东汉初"复铸五铢以前之试作"的观点。经过半个世纪的验证和大量科学考古资料的分析，目前考古学界对两汉五铢的断代分期已经取得共识，从而也进一步证明，当年葆庭先生的鉴定是正确的。

父亲特别珍爱此钱，原因有三：一是此钱出土于梓里，父亲的外祖家附近，有一种特殊的亲情；二是此钱杂于普通五铢钱中，极易被忽视漏过，能从中拣出，说明拣选的认真，也说明"功到事成"；三是此钱的断代准确，完全依靠钱币学的功力，可证钱币学的可信，其研究方法应该重视。此乃父亲开展钱币研究的得意之作，我要继承父业，立此为铭。

至今，真正的汉"续铢"钱仅此一见。市场上偶尔也有"续铢"出现，

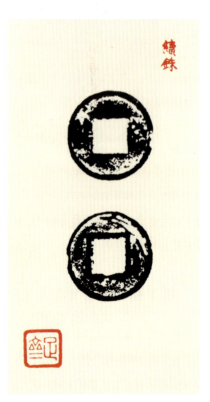

父亲手拓的"续铢"

但均为后铸，所以有人说"续铢"是南北朝的铸钱，也许是他并未见到真正的汉"续铢"钱，因此才有此说。

当时复旦历史系系主任是谭其骧教授，历史地理学泰斗，所以复旦历史系设有历史地理专业和历史地理研究室（我入学时尚处初创时期，所以称"室"，后来才改为"所"）。历史地理专业从1960年开始招生，每届20人，我是第二届入学的学生。

因为中印边境纠纷，中央要求谭其骧教授尽快完成"中国历史舆地图"的编制，据说是毛主席专门委派吴晗先生到复旦找谭先生做了交代，谭先生无法再分身来上课。于是，在1962年，把我们这一届历史地理专业的学生统统并入了中国古代史专业。这次变动，就我本人而言，波动不大，因为"中国古代史"原本就是我的兴趣所在。

1963年，大学二年级的暑期，我第一次尝试写作论文。起因是，郭沫若先生在1963年第一、二期《历史研究》上连续发表了两篇关于"漳州军饷银饼"的讨论文章，提出漳州军饷是郑成功所铸的银币。我不敢苟同，于是便利用暑假写就了《试论"漳州军饷"银币》一文。当时少年气盛，在文中直呼郭先生大名，和他讨论，并径直把此莽撞之作寄给了《历史研究》编辑部，要知道当时《历史研究》的主编正是郭沫若先生。真是不知天高地厚！的确有大不敬之嫌，结果引起一场轩然大波。

故事

关于"漳州军饷"的讨论

"漳州军饷"银饼是我国早期的一种地方性银币。和"漳州军饷"银饼前后铸行的有六种银饼，应该都铸行于福建、台湾地区，但其确实的性质、用途和铸行时间却没有一个明确的结论。

郭沫若先生在1963年《历史研究》上连续发表了两篇关于漳州军饷银饼的论文，提出漳州军饷是"郑成功大元"的观点，也就是把其铸行时间定在明末清初，由郑成功在台湾铸造发行。我认为：虽然明末清初西方机制银圆已经流入我国东南沿海地区，但还没有自铸的银圆诞生，中国自铸银圆的诞生，应该在清道光以后，于是便有了上述的莽撞之举。

郭沫若先生当时兼任《历史研究》主编，和郭先生的讨论文章，编辑部自然会送报主编。不久，施嘉幹先生（《中国近代铸币汇考》作者，著名近代机制币专家）由京来沪，并和家父谈及了有关漳州军饷讨论的事情，说郭老的第一篇文章发表以后，收到彭信威先生的函，提出了不同的学术观点，于是他又写了第二篇文章，实际是对彭先生提出问题的答复，后来"彭先生又让复旦的学生出面写文章"。为此，郭老甚是不快，专门找到施先生，约他写对答文章，并准备一起在《历史研究》上发表。这里所言的复旦学生的文章，便是指我的那篇莽撞之作，因为我文中的有些观点接受了彭先生的见解（彭著《中国货币史》），所以引起了郭老的误会。父亲告诉他，此文实在是由"犬子"所写，和彭先生无关。施先生闻言连说："初生牛犊！初生牛犊！"并示意此事到此了结。后来，《历史研究》将小稿退回，还写了一封非常友善的退稿函，在我的原稿上留有多处郭老的毛笔眉批，此件我一直珍藏至今。

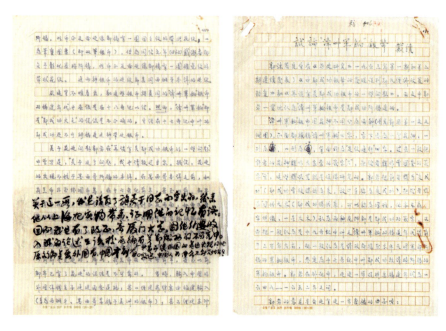

《试论"漳州军饷"银币》手稿（选页），毛笔批语是郭先生书写在宣纸上贴于眉头的

小稿是退回到复旦大学历史系的，所以系里有老师知道此事，有人还给我出主意说："北京不发，可以在上海发。"因为上海的《学术月刊》主编是我们的系主任谭其骧先生。我感谢他们的好意，但因为已经知道了上述的前情和内幕，自然不可再做莽撞造次之事。

人生百味，有顺达的时候，也有不称心的时候。在复旦的学业便是这样，刚入学的时候，正好赶上学校贯彻"名教授讲基础课"的精神，所以我有幸在大学一、二年级听到了谭其骧、周谷城、周予同、王造时、陈守实、蔡尚思、金冲及、胡绳武、朱永嘉、余之道、朱维铮、金重远等一批复旦历史系名教授的授课，这无疑为我打下了很好的治学基础，我要感恩时代给我的赐予。

复旦历史系在当时是五年制学历，到三年级末要分专门化。正巧遇到中宣部周扬副部长提出：目前，中国史研究水平相对比较高，外国史研究水平相对比较低，如果说前者的水平在桌子上，那么后者的水平只在凳子上，所以要求复旦要成立世界史研究所，开设世界史专业。根据这个指示精神，在我们分专门化的时候，内定有三个人要留校到世界史研究室，有四个人要留校到世界史专业，我便是七人之一。四年级开学（1964年9月）以后，我除了主要课程继续听课外，便要参与世界史研究所和专业的筹建工作。当时给世界史专业起了一个很时髦的名称"亚非拉美民族解放运动史"。于是我毕业的专业便成了历史系亚非拉美民族解放运动史专业（简称世界史专业）。其实我的兴趣是中国史，是中国古代史，校方的这个安排，的确令我啼笑皆非。但不管怎么说，我毕业后留校，似乎已成定局。

"小四清""大四清"接踵而来，我们便听从校方安排，入编"四清"运动工作队，到上海郊区农村（先是在崇明横沙公社，后又到奉贤戴家公社）参加"四清"运动。后来"文化大革命"的爆发，把一切都打乱了，我的人生轨迹也因此发生了大的调整。

1966年初，历史系组织我和同班的另外两名同学郭志焜、冯丽蓉，由杨群章等两名研究生带队，到解放日报社（上海市委机关报）实习，并由解放日报社安排，入驻上海市委、市政府直属的五家饭店（国际饭店、上海大厦、锦江饭店、华山饭店、衡山饭店）做店史调研，要求写出调研报告，计划在国庆节的解放日报上专栏发表，也作为我们的毕业论文。分配到解放日报社似乎成了我的第二个分配方案（后来复旦档案室被抢，证明这是事实）。

然后情况又有突变。在报社历时近三个月，既有实地考察，走访老员工，也查阅了相关的档案资料和文件，刚刚完成初稿，突然接到校方通知，

1967年复旦毕业合影照（第三排左2为戴志强）

要立即停止工作，随即返校。

此时"文化大革命"已经发动，姚文元批三家村的文章在上海《文汇报》上发表，上海市委成立了写作班，复旦也要成立写作班。我们回校就参加了校党委书记亲自主持的复旦大学写作班成立会，传达市委精神，并明确上海要批判十个"反动"学术权威，其中三名在复旦，即周谷城、周予同、谈家桢，要立即准备揪出他们的"发难文章"。分工由三人为一组，每组负责写一个"反动"学术权威的"发难文章"，我所在的组是负责周予同的材料。那天会议的气氛非常严肃，领导还专门强调：会议的内容要绝对保密，谁泄密，谁就是叛徒、就是汉奸。从此，我们便被关进了专门的教室，查资料，立提纲，写文章。日常生活固定为三点一线，即专门的教室、食堂和宿舍，几乎每天晚上都加班，一般都在熄灯铃响后才回到宿舍，即上床睡觉，不允许也没有机会和其他同学交流聊天。

随着"文化大革命"的迅速开展，运动的矛头很快指向了上海市委、市政府，所以上海组织批判学术权威的事情也就不了了之。同时，毛主席在天安门广场接见红卫兵，学生革命大串联的活动也轰轰烈烈地开展起来。然而前面的历史已经把我们这批同学捆绑起来，成为复旦党委的"御用文人"，成为复旦党委用来对付造反派的"保皇派"，所以除了学校组织我们去北京参加毛主席第三次接见红卫兵外（1966年9月，也是上海高校最后一批进京接受接见），我便再没有机会离开学校去参加任何串联活动。

因为"文化大革命"，1966年我们没有按期毕业分配，而是"留校闹革命"。原定的世界史研究所和世界史专业成为泡影，解放日报社安排的任务也被终止，所以我既没有留在复旦，也没有分配到解放日报社，而是把我"刮"到了河南安阳，这便是最后落实的分配方案。

贰 安阳工作时期

1968 ~ 1984 年

1968 ~ 1974 年　　安阳市染料厂
1974 ~ 1979 年　　安阳市化工局
1979 ~ 1983 年　　安阳市博物馆
1983 ~ 1984 年　　安阳市文化局

1981 年 7 月 16 日，我在安阳博物馆加入中国共产党，入党介绍人是张礼、李进。同年 8 月，任河南安阳博物馆副馆长。同年，被评为安阳市先进工作者。

1983 年 6 月，被评为安阳市优秀共产党员。同年 10 月，任河南安阳市文化局副局长。

安阳是我成家立业的地方，安阳博物馆是我事业起步的福地。

一、安阳市染料厂

1968年4月12日，我离开上海，赴河南报到。历史系分配到河南共7人，据说当年毕业生没人要，所以7个人被分到了7个城市，袁文娟分在郑州，胡叙良分在洛阳，王丽琼分到开封，张定中分到中原铝厂，林本梓分到新乡，冯丽蓉分到焦作，我到了安阳。

刚到安阳，"文化大革命"的"文攻武卫"尚在进行，安阳市委和市政府的工作几乎停顿，市人事局只有贾局长一人在值班。他说政府招待所已经停业，只能安排我到市政府对面的解放旅店先住下，那里还相对比较"安全"。解放旅店位于安阳市北关，是市中心最繁华的地段，但每到夜晚便可听到造反派的喧闹，还夹杂有稀稀拉拉的枪声，这在上海几乎是听不到的。我初次离家，又举目无亲，却先领略了"文攻武卫"的滋味。还有一个问题，就是吃饭问题，政府食堂已经息业，一日三餐只能在马路上解决，尤其是中饭和晚餐，我从北关走到南关，穿过安阳市的主要商业街，往往找不到合适的饭食。刚到北地中原，因为和江浙的饮食习惯完全不同，一时不可接受。饭店脏得进不去门，桌子基本不揩，油光光，黑乎乎，喝酒的人（包括吃饭的人）围着桌子蹲在板凳上（请注意：当时的安阳，板凳不是用来坐的，而是蹲脚的所在），桌上倒一大碗白酒，每人一口轮着喝，一般没有菜，考究的放一盘花生米——那是真喝酒，真豪放！加之市场萧条，下午五点左右，商店全部关门，为此我要求贾局长尽快帮助落实接收单位。

他办事是认真的，也是有能力的。三天后，便通知我可以去安阳染料厂报到，并说该厂比较远，让我从火车站取出行李，要个车（当时只有三轮车），一次都解决了。我二话没说，也没有再做任何打听和调查，径直去了染料厂。染料厂的书记孙国华、厂长王富昌似乎毫无准备，没想到我去得那么快，于是先把我安顿在王厂长的办公室。那里有一张厂长休息的床，厂长下班回家，便成了我的临时宿舍。我在这个"宿舍"，日子虽然不长，但有意外的收获，一是和厂长有了比较多的交往，增进了相互的了解；二是对安阳染料厂的情况有了一个比较全面的概念。这是我到安阳染料厂的第一个收获。

染料厂地处安阳市的北郊，周边除了一座废弃的砖窑，便是农田，厂里的工人不少出身农户，粗壮，但很朴实。厂长征求我对工作安排的要求，我回答说："哪里艰苦，就到哪里。"王厂长还真实在，便把我安排到了硫化黑车间的拼混工序，后来知道这是全厂最脏的地方。染料粉碎合成后要装入大大的铁桶，每桶200多斤，老工人推着就走，我根本推不动，工人们对我很友善，很客气，他们就帮我一起推。我是分到安阳染料厂的第一个大学生，又是来自上海的名校，车间工人都说我到车间只是过渡一下，很快就会调走的。

初到安阳，生活和作息与上海、与学校有很大的差别。我印象最深的是第一个星期天，因为染料厂周边没有杂货店，没有买吃的地方，所以只有去食堂吃早餐，我根本不敢睡懒觉，照常按时起床，洗漱过后，便拿着饭碗赶到食堂，但食堂里空无一人。正在惊讶之时，忽听见一个工人冲着我喊："你不知道今天是星期天吗？"天哪！原来这里周末食堂只有两顿饭，真是平生第一次遭遇，欲哭无泪。

三个月后，我被调到了供销科，因为当时物资短缺，原材料紧张，厂里希望我通过上海的关系，解决一点实际问题，这样我也有个经常回家的机会。后来我又先后被调到技术科、政工科。

1972年9月14日，我和同事常瑞琴成婚，托社会主义的福，厂里分给我们一间新房，我们把两张单人床合到一起，形成四四方方的一张大床，占据了将近一半的面积。靠墙的一头摆着两只岳母家打制的大木箱，全部家当便都在这里了。靠床沿拉一块布帘，里面是"卧室"，外面是"起居室"，挨床靠墙放一张三屉桌，既是书桌也是餐桌，剩下的空间，晚上还要停放自行车。门外有一间简易的小厨房，也可以放一些杂物。虽是平房，面积不大，但已非常满足。这是我营建的第一个爱巢。

1974年春节后，安阳市委组织部对分配到安阳的大学生做了一次调查，我被列入工作和所学专业大不对口的人员。3月中旬，组织部派专员到染料厂调查并找我谈话，问我对工作有何要求。在当时形势下，我又不了解上面的正式意图，只说了几句服从分配之类的官话。不料3月底便接到通知，要我4月1日到市委宣传部通讯科参加学习班。待我到了宣传部，才知道这个学习班只有我一个人，其实是以学习班的名义把我借调到宣传部，或许也是一种工作考察吧。

我在市委宣传部的时间不长，大约也就个把月的时间，但这不长的时间却让我体会了一下市委、市政府的"机关作风"。有一个每天都可以看到的现象，让我记忆终生：通讯科的办公室三个人，有三张桌子、三把椅子。如果有基层的同志来谈工作，来者只能站着，本办公室的人，各人做自己的事情，谁也不会站起来，更不会让座。要是来了兄弟科室的领导，我们就会站起来相迎、热情让座。但凡部里的领导来办公室，则全室的人都会站起来让座，站着倾听领导的指示，即使是正题之外的闲话，也一概"洗耳恭听"，正是官大一级便有"朝南"的待遇。

很快，我被调离染料厂，到市化工局办公室上班。染料厂是我走入社会的第一步，在染料厂，既有车间操作工的经历，也品尝了车间领导的滋味，又有厂部多个科室的实践；最后还有一个意外的收获，居然体验了一把市委机关工作的滋味。尽管这些和我后来的专业没有直接的关系，但它毕竟让我积累了不少社会阅历，现在回想起来，也是一段值得珍惜的历史。

故事

一路麦香入新疆

1971年，安阳染料厂的支柱产品是硫化黑，硫化黑的主要原材料是芒硝，当时芒硝紧缺，成为染料厂的"大患"，于是供销科分配给我的任务，要完成芒硝的采购计划，这便有了一次往西北地区采购芒硝的行程。我根据芒硝生产网点的调研，事先做了行程计划：先到山西运城解州盐池，此地是老协作单位，距离安阳比较近，运输也会方便一些，自然是这次行程的重点。如果这个基本盘顺利拿下，那么后面的压力就不大了，可以作为社会调查，也可以为新货源的开拓打个基础。结果第一站取得成功，我便在轻松愉悦的心情中一路西行。有几个花絮至今不忘。

一、此行，离开安阳时，正值初夏（6月下旬）麦收时节。先是北上，过石家庄后改向西行，去太原化工厂联系业务。途经阳泉，恰遇倾盆大雨，坐在车厢里，听窗外狂风怒吼，看暴雨倾盆而下，直直地拍打在光秃秃的山体上，咆哮着急奔而去。其声势，淹没了火车的轰鸣；其气势之狂野，目空一切。此情此景，在我的家乡——江南水乡，是从未见过的。我第一次意识到：这或许便是北方人的胸怀，畅亮坦白，毫无掩饰。

二、由太原走同蒲线南下，到运城又是麦收景象。但此时的我，无暇欣赏，急匆匆直奔解州，一直到解池盐场出来，我拿到了芒硝的签约合同，才粗粗地吐出了一口气，如释重负。于是，我怀着虔诚之心走进解州关帝庙，真心实意地拜了圣人，这里是关圣君真神所在之处，感谢圣君的神灵护佑。

三、由运城经风陵渡去西安，人轻松了，心情也好。在火车上与同行的山东朋友聊起了华山，一时间心血来潮，临时动议，便在华阴站下了车，到华山脚下过了夜，准备第二天一早上山。晚上在住宿处打听山上的情况，方知上华山，当天不可能回来，必须在山上过夜，但山上没有旅馆，只有一座破庙，庙门已经失修，且有老虎出入，一两个人是不能上山的。在老乡的劝阻下，我才冷静下来，第二天继续西行。

四、由西安去兰州，到兰州化工厂联系业务。火车过秦岭要穿越无数隧道，正是夏天，车厢内人多，十分闷热，所以只能打开车窗透气。蒸汽机的车头大口大口地吞噬着乌黑的煤块，又不断地吐出粉末状的煤灰，迎面而来的疾风，把它们都刮进了车厢，人到兰州，浑身上下成了一个灰人儿，流淌着黑色的汗水。

五、兰州的麦香使我神情清醒，第二天便又登程北上，过白银，越景泰，在甘肃、宁夏、内蒙古三省交界的地方，进入了腾格里沙漠的盐池，在盐场的招待所住下。房间里，桌上、床上都铺了一层密密的细沙，今夜只能与沙子相伴了。听招待所的工友说，沙漠里都是沙丘，北风一起，成堆的沙丘会搬家，会从我们的头顶飞过去，说也奇怪，沙丘飞来飞去，就是不落在这里，所以这个招待所很安全。当我将要离开这里的时候，方始专下心来再看看沙漠：真是一片沙海，无边无际，沙的海洋，和大海、和云海、和雾海一样美丽。

六、再由河西走廊向西，去新疆哈密山口的盐场。入疆的第一站哈密，便让我领略了维吾尔民族的风情，哈密的大街上，三五成群的维吾尔族姑娘，说着，笑着，便会翩翩起舞。她们穿着色彩鲜艳的长裙，画着眉毛，特别有意思的是：竟会把两根眉毛连在了一起，显得别有一番风情。

七、乌鲁木齐是我这次长途跋涉的终点，等我赶到那里，正好又是麦子开镰的时节。我入住的宾馆是乌鲁木齐市政府的招待所，据说是为苏联专家专门盖的，所以大楼盖得很敦实，还有点苏式建筑的味道。我住的房间正好朝南，开窗远眺是夏日的天山，天山终年积雪，每个山峰都是雪白的，在阳光的照耀下，仿佛是一群戴着太阳帽翩翩起舞的少女。

二、安阳市化工局

到市化工局办公室的具体工作是：一、相当于局领导的文字秘书，负责给局长起草工作报告；二、参与起草化工局的相关文件、工作简报和年终总结。由于归局长直接领导，每天早上，局长会通知我当天的工作安排，到9点以后，若无安排，我便可以自己做主，或到哪一个厂里去做调研，或去办我想办的其他事情。现在回想起来，这段时间是我最轻松最自在的日子，因为不管是哪一份报告，都不是学术论文，都不允许夹杂自己的观点，只要把上面的精神贯彻落实好便可，所以要完成这个差使，相对是容易的。在旁人眼里这是个肥缺，整天在局长身旁，基层单位的领导也都敬我三分，要和我搞好关系，可谓"有职有权"，既逍遥自在，又有升迁的空间。我却不在意这些，总觉得是在"浪费时间"。

化工局办公室还有一个风气，其实也是安阳的一种民风，就是相互请吃饭，尤其是春节的吃喝风更甚。正月初一、初二按照习俗，在家过年和走访亲戚，初三以后先是主任请客，办公室成员都要到场；再是副主任请客，办公室成员也都要到场；然后依次类推，整个办公室成员从大到小都要轮一遍。像这样的年气儿一直会延续到正月十六，才算过完。开始一两天还有点新鲜感，天天这样转，实在乏味，成了一种负担。但这样的风俗，这样的"和气"，这样的"无为"，谁又能扭转？！

1975年，为了满足毛主席著作塑料封皮需用的大红染料的供应，化工部把"毛著大红"的生产任务安排给了安阳染料厂，在安阳染料厂新建"毛著大红"车间，属于政治任务。于是安阳市政府决定成立安阳染料化工总厂，由化工局局长王佩漾兼任总厂厂长，副局长李振合兼任副厂长。我也被抽调到染料化工总厂，参与"毛著大红"车间的筹建，先在综合科（办公室）工作，后到车间参与试生产。当时车间的防护设施比较差，红色染料的粉末又轻又细，尽管穿着工作服，戴着防护口罩，但日久天长，浑身上下都是红通通的，甚至大便也是红的。1977年基建结束，生产正常运转后，我又回到市化工局工作。

1978年，我在《人民日报》上读到了作家徐迟著名的报告文学《哥德巴赫猜想》。陈景润在"文化大革命"期间不放弃数学专业、终于获得创新性学术成果的事迹，深深打动了我。陈景润可以做到，我为什么做不到？！于是，我决定要尽快回归属于我的本行。

我提出要转去安阳市博物馆工作，这个决定几乎遭到了除夫人常瑞琴外所有人的反对，尤其是化工局的领导和同事们更不理解，在这里好端端的，大家关系都很融洽，组织上正准备解决你的组织问题，准备要提拔重用，为什么突然提出要去不被人看好的清水衙门——安阳市博物馆？亲戚朋友也不理解。但我的决心已定，坚持不变，我说："很多时间已经浪费掉了，我必须回归，去搞我的专业。"

三、安阳市博物馆

第一次立下誓言

1979 年初，我调入安阳市博物馆工作，这是大学毕业十一年后，正式回归我心爱的文博事业。因为"文化大革命"，我脱离学业，荒废了青春年华，但初心不改，现在终于又回到了本专业，所以我立志要以加倍的努力，把已经浪费的时间补回来。在笔记本上庄严地写下了自己的第一个立誓："三年见眉目　五年见成效！"

　　在刘恩沛（原来安阳市化工局的同事，后调到安阳市委组织部工作）的帮助下，1979 年 1 月，我终于调到了安阳市博物馆工作。报到后，提出的第一个要求是"要去文物库房工作"。这个要求也是一般人不理解的，文物库房放的都是墓里挖出来的东西，有一股"泥土气"，一般人会犯忌，接受不了，再加上文物的安全问题，责任重大，是一般人不愿去也不会去的地方。但是在我眼里，这里是"宝库"，因为"可以接触文物，接触实物"！这对文物工作者是何等重要。我的这个要求自然得到了满足。

　　时来运转，1979 年，我也赶上了好时光，正是贯彻落实小平同志提出的"要保证六分之五"的工作时间，排除别的干扰。有了这个精神，我便有了时间保障，可以"一头钻进'保险箱'，两耳不闻窗外事"，专心致志地用功了整整一年多的时间。我和另一位文物库保管员朱爱芹合作，把文物藏品摸了个底儿清，为博物馆建立了一本馆藏文物总账。十多年后，已调职北京的我再回安阳，重访安阳博物馆时，我发现这本亲手制作的藏品总目仍在使用，倍感亲切，倍感欣慰。

　　安阳博物馆的实践，让我体会了考古学与博物馆的关系，学习了殷墟与甲骨学的知识，经历了殷墟考古发掘的现场。这些知识的积累，为后来对钱币学的理解，对钱币学和考古学的关系、和文物学的关系，以及对中

1981 年冬摄于安阳博物馆门口（袁林牌坊前）

国钱币的起源，都有了比较实际的认识，为拓展钱币学的宏观认识，创造了条件，弥补了我的考古学、古文字学的空白。

1979～1983年，在安阳市博物馆工作的4年多时间里，归纳起来，主要做了五件事情：

一是，在安阳市博物馆的主要业务工作。

1. 建立文物馆藏总账，做好并完善文物库的基本建设。

2. 参与了改造安阳市博物馆基本陈列——"殷墟"的工作；规划并参与了创建第二个基本陈列——"袁林（陵）和袁世凯"的工作（袁林是安阳博物馆馆址，老百姓称之为袁世凯坟）；参与引进了"南宋周俞墓出土文物"等展览。

3. 形成学术报告、学术讲座和学术交流一体化的研究风气。邀请中国社会科学院历史研究所甲骨学家殷商史学家王宇信、杨升南等学者到安阳博物馆讲学，并酝酿筹办全国商史学术讨论会。全国商史学术讨论会1984年10月7～13日在安阳召开，出席代表108人，甲骨学泰斗胡厚宣先生也来到了安阳。这次会议，还决定成立殷商文化研究会筹备委员会，由胡厚宣先生为筹委会主任。

故事

镇江土墩墓和西周青铜块——早期金属称量货币的认定

1981年，安阳博物馆引进了镇江博物馆的"南宋周俞墓出土文物"展，考古学家刘兴也随展来到安阳，我便和刘先生聊起了镇江地区最近的考古发掘工作。刘先生一听便来了兴趣，于是侃侃而谈，讲到了镇江地区的土墩墓挖掘，也讲到了青铜块和土墩墓的关系，认为从地层分析，它们应该是属于西周文化时期的遗迹遗物。我听他的介绍，立即联想到了我国早期称量货币的问题，并提出可否请他提供有关的发掘报告和出土资料，刘先生非常热情，回镇江后，很快便寄来了相关的资料。我通读以后，直觉告诉我：这些西周青铜块或许便是我们一直在寻找的早期称量货币。但这个结果还缺乏证据，需要进一步的论证、探索。同时我还意识到，青铜块应该不会只在江南使用，中原地区应该也有使用。这是有待研究的课题。

果不其然，1983年秋，我在洛阳博物馆陈列的西周出土文物中发现了类似的青铜块。通过了解，得知西周墓葬中经常有青铜块出土，但考古界以前把它们认定为青铜原材料或是青铜器的残块，并没有往称量货币这个路子上想。在以后的一段时间内，不断有类似的信息反馈到我这里，如洛阳、西安、宝鸡等等都发现了青铜块。这些消息更坚定了我对青铜块就是我国早期的称量货币的认识。

中国钱币学会工作以后，为了最终弄清这个问题，我和周卫荣合作，对江浙地区进行了专项实地调查，并对不同的青铜块做了取样实验，分别用物理方法和化学方法进行了分析研究。实验结果表明：古吴地出土的青铜块是人工有意配制的，它们的合金成分与铸造青铜器的原材料不同，而与某些先秦铸币十分相似；同一批青铜块的合金成分有很大差异，显然不是同一块铜饼敲碎的，而是现成的铜块经过交流，重新聚集在一起的，说明它们在入土之前已经参与过流通；再根据历史文献的多项记载，青铜在西周作为一种财富，已为人们接受，是充当一般等价物的理想材料。

经过十多年的努力和综合分析研究，终于证明：我最初的思路是正确的。于是，我们认定在青铜铸币诞生之前，西周文化时期的青铜块曾经是我国的金属称量货币，并正式撰文《中国早期的称量货币：青铜——长江下游地区出土青铜块的科学验证》，在1995年第2期《中国钱币》公开了我们的观点。这一结论解决了中国钱币学的一大悬案，填补了中国货币史的一项空白。

江南出土的青铜块

故事

和胡厚宣先生的情缘

为筹备全国商史学术讨论会，我和胡厚宣先生在安阳有了见面的机会。1984年夏，胡先生亲临安阳。胡先生是甲骨学泰斗，民国时曾在殷墟小屯做过发掘，因为甲骨学研究和安阳结下深厚的情感。

也是因为殷墟的情缘，我和他在安阳相会。相见后，我才知道他和家父戴葆庭是老朋友，他在复旦任过教，在复旦举办过殷墟和甲骨学的展览，展览展出的甲骨文拓本便是由我母亲沈燕三制作的，所以我和胡先生是父一辈、子一辈的情谊。相见自然亲切，言语中都带着亲情。他说："有你在安阳，我就放心了。"当时，我已经有了调京的意向，当他知道此事时，便喃喃自语地说道："你在安阳多好啊，多好啊。"我便回答道："您放心吧，我一定会安排好的。一定会保证会议顺利召开，即使到了北京，届时我也一定会赶回来的。"

1983年夏，胡厚宣先生在北京家中（左为麦陵）

胡先生和家父的情感甚深。1995年，胡先生病危，我去北京医院看望他，在病榻上，他还念及家父："葆庭是个好人，彭先生著《中国货币史》，他出力很多，但不计较名利。"

因为有胡先生的情缘，和他的得意弟子王宇信先生也有了几分亲情，我们视同兄弟，相互帮扶，为我后来对钱币文字的认识和理解，多有裨益。

1983年夏，李学勤先生在北京家中，右为王宇信，左为麦陵

二是，在安阳工作站补习考古知识。

我在复旦上学时，复旦还没有文博院，也不设考古学课程，到安阳博物馆工作后，我利用周末休息的时间，便到殷墟小屯——中国社会科学院考古研究所安阳工作站学习，在那里通读了《考古》《考古学报》《文物》等专业期刊以及其他相关考古学的著作。在那里，补上了田野考古的知识，让我和殷墟结缘，结识了郑振香、陈志达、杨锡璋、杨宝成等考古界著名学者，并得到他们的悉心指导。每逢重要发掘发现，他们还会给我吃点小灶，不仅可以看，可以上手，而且还能听到他们的解读和讨论。结识了胡厚宣、王宇信、刘一曼等殷商学、甲骨学名家，他们把我领进了一片新的学术天地。同时，还结识了张文彬、蒋若是、许顺湛、安金槐、郝本性、李京华等河南文博界名流，为我后来的钱币研究事业打下了比较坚实的基础。

故事

细读妇好墓遗珍

1979年到安阳博物馆工作以后，没有特殊情况，星期天我都会到小屯考古所安阳工作站去学习。时间长了，人事熟了，我一到，他们就会问："吃中饭吗？"我说："吃。"他们便会安排多做一个人的饭。因为工作站人不多，在食堂吃饭的只有几个人，所以多一个人，必须多做一份饭。

如果工地有挖掘，或者有新发现，我就会去工地，跟着杨锡璋、杨宝成他们转。他们会根据工地的进展布置工作，也会和我聊天。其实这样的聊天，往往可以得到真传。如果工地没有挖掘，我就会去资料室看书，资料室不大，十分清静，往往是只有我一个在看书。关于考古、殷墟和殷商文化的书刊十分齐全，所以走进资料室，便如鱼得水，学习效果特别好。中午吃饭，大家坐在一起，边吃边聊，十分轻松愉快的气氛，也是一个很好的学习环境。一天聊到妇好墓的发掘，说发掘时正逢雨季，地下水位高，发掘坑里积满了水，一边用抽水机抽水，一边在泥水中清理出土文物。郑振香、陈志达夫妇说着说着，来了情绪，说："小戴来我房里。"我便跟着他们到了房里，打开柜子，全是妇好墓出土的文物，两人便一件挨着一件，拿出来边看边说，如数家珍，又像在抚摸自己的孩子。这样的挚爱精神，这样的言传身教，我一辈子都不会忘记。

1984年，文化部文物事业管理局根据中国历史博物馆（今属中国国家博物馆）的要求，提出把妇好墓出土的文物分为三份，分别由三家单位来保管，即中国社会科学院考古研究所、中国历史博物馆和河南、安阳文物部门，实际上河南是两家，即河南省博物馆和安阳市博物馆。所以现在妇好墓出土的文物已经分在四个单位保管，要想同时看全已是很困难了。

三是，开展钱币研究，撰写学术论文。一年内连续两次在《文物》杂志上发表文章。

安阳市委宣传部通讯科科长申泽田曾经约我在安阳的地方报刊上写些介绍殷墟和甲骨的文章，这是他的美意，我自然要从命。但要在学术界造成影响，只有知识性的小文章是不够的，必须要有掷地有声的、真正有学术价值和学术影响的论文。我要感谢安阳博物馆的文物库，要感谢殷墟小屯提供的资料，让我在此基础上写就了第一篇学术论文——《安阳殷墟出土贝化初探》，发表于《文物》1981年第3期。

接着，又对大学时的习作《试论"漳州军饷"银币》做了大刀阔斧的修改，写成《"漳州军饷"银饼年代考——兼论我国自铸银圆的开始》一文，发表于《文物》1981年第10期。一年内，在国家级专业刊物《文物》连续两次发表文章，且都是关于钱币讨论的文章，跨度又比较大，引起了文博界同行的关注，也引起了国家文物事业管理局相关领导的重视。

我在这篇论文中提出：我国的自铸银圆是从模仿外国银圆开始的，先由民间私仿，继由沿海地方政府主持，效仿外国银圆的形式制造自己的银圆。提出"漳州军饷"银饼的铸造年代或应在清道光二十四年（1844年）。

故事

第一篇论文的发表

我的第一篇学术论文——《安阳殷墟出土贝化初探》是1980年第二季度成的稿，利用夏天出差北京的机会，我亲自把文章送到《文物》杂志社，接待我的是老编审姚涌彬先生。大概过了一个多月，我接到姚先生以编辑部的名义发来的函，告诉我文稿已送外审。又过了一个多月，我接到山东社科院朱活先生的来函，原来是他负责的外审。朱活先生是文博考古界有影响的学者，尤精先秦货币研究。他在函中首先肯定了我的成果，同时又询问了文中我提出的一些新观点的理由，我便复函一一解释。国庆以后，我又收到姚涌彬先生的来函，说文章已经可以录用，但文字略长，要我压缩到六千字左右。我自然遵命做了修改和压缩。年底前我又进京，面见了姚先生，他热情接待了我，并拿出他编审修改后的稿子，只见红笔修改得工工整整，我说是不是要我再誊写一份，他认真说道，不要再誊清，再誊写只会出差错。同时他告诉我，稿子会在1981年第3期发表。姚先生办事的认真深深感动了我，一位儒雅学者、一位仁慈长者的形象深深印入了我的脑际。

我在这篇论文中，第一次提出：我国古代作为实物货币的海贝，多有人工加工的穿孔，而这些穿孔的大小不同，可以找出一些规律，根据考古资料证明，货贝有三个发展阶段：1. 小孔式货贝是早期的实物货币形态；

2. 大孔式货贝是中期的实物货币形态，主要使行于商朝；3. 背磨式货贝是晚期的实物货币形态，出现在殷商晚期，一直到它退出货币职能。我的这个观点已被学界普遍认同。

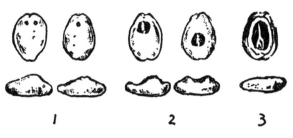

早期海贝的三阶段说

故事

第二篇论文的发表

　　我的第二篇学术论文——《"漳州军饷"银饼年代考——兼论我国自铸银圆的开始》是在大学习作的基础上修订完成的。但此时郭沫若先生已经作古，我也已经不再有毛头小子的冲动，所以修改后的文章已不再是辩论性质，而是叙述历史，引经据典，来探讨"漳州军饷"银饼的铸行时代、发行性质和用途。《文物》编辑部负责编审此稿的是叶青谷先生，也是一位资深编辑。大约也是过了一个多月，他约我去编辑部面谈，寒暄之后便直奔主题，我听得出他是个内行，或者说是做了功课的，问题都很尖锐，我们居然谈了整整一个下午。谈话结束前他告诉我：

漳州军饷银饼

他是郭沫若研究会的成员，对郭老很尊重，所以有关郭老的事情必须认真对待。听后我才恍然大悟，才庆幸我总算是过了一关。同时我也对叶先生肃然起敬，本来是观点不同，但辨明真相后，他能接受不同的见解，居然同意发表我的文章，的确有大家的风范。是文发表于1981年第10期《文物》杂志。

故事

访陈嘉庚华侨博物馆和郑成功纪念馆

1981年的某一天，我在报纸上看到一则消息，说厦门新成立的华侨博物馆正式开馆，展出了陈嘉庚先生的藏品，主要有青铜器、书画和钱币三大类，并介绍其钱币收藏成系列，不仅品种齐全、数量多，而且珍品多、精品多。这条消息引起我的关注，以前没有听说过陈嘉庚先生收藏钱币的事情，很想亲眼看看他的藏品。另外，我早就想去漳州和郑成功纪念馆，对"漳州军饷"银饼的事情做一次实地考察，于是便促成了漳州、泉州、厦门的行程。

1981年4月底抵达漳州，先参观华侨博物馆，听该馆负责人做了简单介绍，便直接去了展厅，青铜器馆和书画馆只是匆匆看过，很快就进了这次来访的主要目的地——钱币馆。本来是满怀希望，却是扫兴而归。展出场地不小，和青铜器馆、书画馆的展览面积大致相仿，展品数量也很多，古泉中的名誉品几乎齐全，但凡是稀有的品种均无一真品，而且做假的程度很低，根本没有进一步推敲的余地。参观后，我才从该馆负责人处了解到：其实陈嘉庚先生无暇顾及古玩的征集，只是委托他的管家代办，管家便奉命匆匆了事，所以冤枉钱没有少花，但谁也不知道是真是假。

再参观郑成功纪念馆，本来是想看看郭沫若先生文中提到的"郑成功大元"，但在展厅中并没有找到，经该馆工作人员说，因为学界有不同意见，所以已移至库房收藏，不再公开展出。

5月上旬在闽就"郑成功大元"等早期自制银圆，做了专题社会调查。通过当地泉友了解，在厦门、漳州、泉州一带，民间的确有关于"郑成功大元"的传说，但究竟与"漳州军饷"银饼有什么关系？有什么依据？源于何处？出于何时？谁也说不清楚，所以"传说"的可信度还有待进一步研究。

这次调研为《"漳州军饷"银饼年代考——兼论我国自铸银圆的开始》一稿的完成做好了准备。

故事

运用科学方法研究钱币的第一次实践

1982年9月，河南考古学会召开年会，成立金属考古研究会，由河南文物研究所李京华研究员牵头。李先生约我参加该会活动，说古钱和金属考古关系密切，是否可以从古钱的成分分析着手开展研究。我当场就报了一个课题，先做北宋钱币的成分分析。因为古钱中宋钱遗存数量最多，实物资料容易收集，而且到北宋时期，古钱的铸造工艺技术已经成熟，合金成分的配比相对比较科学、比较稳定，故以北宋钱币开路，学术价值也比较高。李先生热情地帮我联系了洛阳铜加工厂工程师王体鸿，作为合作伙伴。

趁热打铁，我回到安阳，很快便选定了62枚样品，尽量照顾到北宋的各个年号、不同的钱文书体和大小不同的规格，并尽量选择品相制作比较规整的钱币。对每一枚样品做了编号，照相，登记了各自的钱文、书体、尺寸、重量，做了详细的描述。然后把它们邮寄给王体鸿先生。

王先生办事也十分认真，有科学家的作风，很快完成了测试工作，做出了测试报告，把相关定性分析的数据，包括主要元素的数据和微量元素的数据，以及高倍检验的结果和它们的金相组织情况，一并完整无误地寄还给我。

在此同时，我又翻译了日本《志海苔出土古钱的金属成分》，内含119枚北宋铜钱的分析报告。把中日两份报告共181枚北宋铜钱的数据资料做了综合分析，而后对北宋铜钱的合金组成有了一个比较清晰的概念，最终完成了《北宋铜钱金属成分试析》的论文（先在河南内部刊物发表，后发表于《中国钱币》杂志1985年第3期）。

这是中国钱币学家和科学家第一次联手进行钱币研究，也是国内第一篇用科学方法研究剖析钱币的论文。以前的钱币鉴定只能看到钱币的外表，如今不仅看到外表，而且可以了解和掌握钱币的内在合金组成，开创了一条钱币学研究的新路。

我的第一个学生谢世平

1981年第3期《文物》杂志发表了我的论文《安阳殷墟出土贝化初探》以后，谢世平便慕名来访。他客气，称我老师，其实他只比我小一岁。但第一次见面，我的确给了他一个下马威。事情是这样的：他从兜里掏出几枚他收藏的古钱，多数已经被利器磨损，我一看便来了火，埋怨说："这样摩擦不是把古钱破坏了吗？"他说："有锈，看不清文字。"我说："要除锈，有的是办法，这样摩擦过的钱，再有价值，品相也完了。"他看我在火头上，也就不再说了。当时，我的确是心痛古钱被破坏，话说得过头了，事后后悔，不该第一次见面就失礼。但真是不打不成交，他不但没有责怪，我们的心反而更贴近了。

世平好收藏，他手头有一批"货泉"钱实物，约我一起观赏，我发现这批资料比较完整，可以对"货泉"做深入一步的研究，于是提出：和他一起做版式分类，一起寻找不同版式之间的区别和关系。我让他对每一枚钱都做了照相，标明尺寸、重量和主要特征，并做出大致的分类。他不辞辛苦，都完成了。然后我们对每一枚钱做了进一步的排比，重新调整和确定它们之间的关系，共同合作，完成了一篇心得文章：《"货泉"初探——兼论莽钱制作特征的演变》。先在河南省内部刊物发行，后来发表于《中国钱币》1984年第1期。

因泉结缘，我们是同好，因为有共同爱好，成了挚友。就在那一年，我调京工作，举家北上，是世平帮我搬的家，一路护送到北京新居。

同年，他正式调入安阳博物馆，专门从事钱币工作。在我国的文博界，真正从事钱币专业的人并不多，世平算是其中一个，而且几十年如一日。他收藏的2万余件钱币及相关文物也于1989年捐献给了国家，获得相关部门的褒奖。

河南钱币学会承担《中国钱币大辞典》的编纂工作，他积极投入，帮着出主意，参与了《秦汉编》辞条编写，并分别任《三国两晋南北朝隋编》和《唐五代十国编》的副主编（两分册于1998年、2003年由中华书局出版）。

他对安阳博物馆藏的空首布情有独钟，对空首布形制的考察细致入微，由此开始了对平肩弧足空首布形制的研究，进而又拓展到先秦其他布币和刀币的形制研究。早在十多年前，他对平肩弧足大空首布的弧裆，已经有了"合六而成规"的思路，并着手撰写了有关的心得文章。初稿成形后，并未引起学界的理解和关注，有人还提出了不同的意见，但他始终坚持初衷，不断探索。我敬佩他的专心和毅力，敬佩他的固执和执着，看来做学问需要有一股这样的精神，有了这样一股劲，才有可能突破，才有可能创新。

1996年10月，在安徽马鞍山三国朱然墓考察出土的五铢钱［吴荣曾、董德义、谢世平（左3）、汪昌桥、金德平、于倩和我］，边看实物边讨论

故事

把吃饭的时间省下来

"要把失去的时间补回来"，不是一句空话，如何落实，我和夫人小瑞商议，做出了如下的调整：

衣食起居一律从简。饭菜从简，有一个菜就可以，这样能把吃饭的时间省出来。我想起鲁迅不吃鱼的故事，鲁迅是绍兴人，不是不喜欢吃鱼，而是没有时间吃鱼，因为鱼有刺吃得太慢。1979年，大儿戴卓五岁刚过，小儿戴越刚满周岁，要改善他们的生活，便是猪油拌饭，那时家里常备一瓶炼好的猪油，热腾腾的米饭，加一勺猪油，撒一点盐花或者浇一滴酱油，拌匀以后特别香。

调整作息时间。我吃过晚饭便上床休息，到九点左右再起床，此时，小瑞已收拾好家务，便带孩子上床睡觉，待孩子入睡，我就可以开始工作。

这样，时间是挤出来了，只是辛苦了小瑞。沉重的家务，还要带儿育子，即使很累，她从来没有一句怨言，反而心情愉快，高高兴兴地承受着一切，支持着我的事业。夫人聪明能干，识大体，不怕吃苦，凡是我做出的决定，她都全力相助，没有她的理解和配合，我也不会有今天。

时间长了，习惯成自然。那段时间，我居然吃过晚饭，便会瞌睡，如同午睡一般。夜深人静，工作效率还是比较高的，只是夏日难熬，为防蚊子的干扰，我只得穿上长袖衬衫，长脚裤子，甚至穿上高筒胶鞋，但也不觉得太热，或许是心静自然凉吧。

现在回首，我的第一批学术成果，早期发表的几篇论文，都是在这样的情况下诞生的。我能够在三年左右实现第一个誓言，也是在这样的努力中完成的。

四是，在安阳工作站第一次登上考古培训班的讲坛。

1981 年 3 月中旬至 4 月上旬，历时二十余天，安阳地区文管会在浚县举办了古建筑与文物知识专业训练班。在这次培训班上讲课的有杨宝顺（古建）、吕品（石刻、革命文物）、赵新来（文物分期、定级）、赵青云（瓷品）、杨宝成（新石器时代和商文化考古）、陈志达（殷墟）和我（古钱），集中了在豫文博界的有关专家。我在 3 月 17 ~ 21 日讲"古钱"，共 16 个课时，这是我第一次试讲，取得了成功。

1981 年 10 月，河南文物局在小屯考古所安阳工作站举办文物保管人员训练班，请我讲钱币课。此时，我的《安阳殷墟出土贝化初探》刚在《文物》发表不久，又有 3 月份的试讲，心里比较踏实。

这个班的教员都是河南文博界的专家和考古所安阳工作站的先生们，他们都是我国考古界的名流，都是我的老师辈，只有我是博物馆的"新人"。所以这是一次极好的锻炼机会，必须抓住，我做了认真的准备，以不负众望。

当时的条件是比较艰苦的，一间长长的平房，我已经不记得是不是库房改造的，两边两排通铺，由木条床排列而成，中间正好成为一条通道。床上铺着篾竹的凉席，被子铺盖由学员自己带来。这既是学员们的卧室，很像电影里所见兵营的模式，也是讲学的课堂，在进门的地方摆一张桌子，便是讲台，讲台后有一块临时搬来的黑板。讲课的老师正好面对中间的走道，学员们挨着走道坐在床边，没有课桌，膝盖便是写字记笔记的依托。

学员有二三十人，都是河南考古、文物系统的专业人员。课程安排很紧凑，上午去工地听考古发掘课，下午和晚上在房间里听各类考古、文物专业的知识课。中午没有午睡，晚饭只有一小时的时间，所以我的课，从下午一点半开始，讲到五点钟，中间休息 15 分钟。晚饭后六点讲到九点，中间也可以休息一会儿。我讲的是"历代货币简史"，历时两天，12 个课时，学员们听得很认真，课堂效果很好。河南是文博大省，我在河南的文博班上授课成功，也在全国的文博界有了一定的影响。

五是，参加河南省文物鉴定工作。

1982 年，河南省文物局成立文物鉴定委员会，对全省文博系统的馆藏文物进行巡回鉴定评级。河南是全国的文物大省，也是全国最早成立文物鉴定委员会并开展馆藏文物鉴定评级的省份。当时我供职安阳博物馆，又有钱币方面的专长，故受聘参与其工作。

省鉴定委员只有几个人，每人负责一个专项，兼顾其他，所以都是集体开展鉴定。河南省博物馆文物保管部主任赵新来先生任省鉴定委员会主任。我不仅负责钱币鉴定，也参加了其他文物的集体鉴定，这不仅让我有机会对河南全省的馆藏文物有了一个初步的认识，更是一次文物鉴定工作的极佳的实践，一次极难得的学习机会，为后来参与国家文物鉴定委员会的工作积累了经验。

故事

刚和柔的艺术

在安阳博物馆，我经历了两任馆长，第一任是张礼，第二任是王富贵。

张礼从过戎，是军务出身，到博物馆任职后，虽然没有专业基础，但很敬业，也肯学习，一心想把事业做好。他性格刚毅，一旦决定了的事情，就专心去做，刀出鞘，便一往直前。但工作方法略显急躁，导致人际关系处理不好。

王富贵是资深的地方基层干部，工作经验丰富，善于处理人际关系。他决定要办的事情，总会先做充分的准备，疏通好各种关节，才付诸实施。

他性格细腻，往往会有以柔克刚的效果。但工作稳健有余，闯劲不足。

两位馆长的性格不同，各有所长，我从他们身上学习并汲取了宝贵的经验和教训，也成为我后来工作和处世的一笔财富。

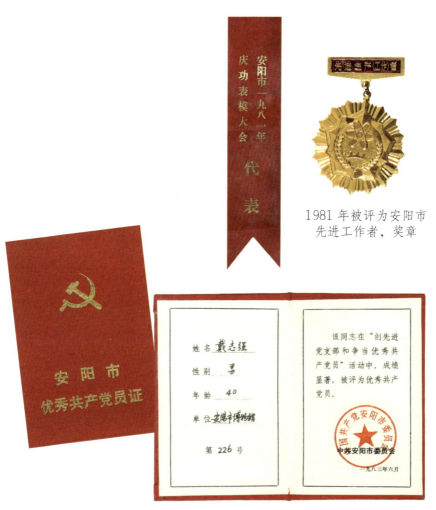

1981 年被评为安阳市先进工作者，奖章

1983 年被评为安阳市优秀共产党员，证书

第二次立下誓言

1979 年初的第一次立誓"三年见眉目　五年见成效"，我大概用了三年时间基本完成。于是在 1982 年 6 月，安阳市博物馆副馆长任上，又制订了新的规划，也就是我的第二次立誓，在笔记本上又重新写下这样的誓言："扎根河南，走向全国，放眼世界！"开始实践我新的目标，踏上了新的征程。

1982 年我两次进京，说也奇怪，居然在同一个宾馆——京西宾馆，分别参加了两个学会的成立大会：一次是 3 月召开的中国博物馆学会成立大会，当选为理事；一次是 6 月召开的中国钱币学会成立大会，当选为理事。

同年 9 月，在河南考古学会年会上增补为理事。1983 年 8 月，河南钱币研究会成立，当选为常务理事。

记得大学毕业分配时，我没有留校，也没有留在上海，而是分配到了河南。在当时上海人的眼里，河南是贫穷落后的地方，心里着实有一种委屈的情绪。临离开上海，登上火车的一瞬间，我突然有一种被发配充军的感受，心里的确是赌了一口气，便暗暗下定决心，说："究竟谁笑在最后，还不知道呢！我们走着看！"尽管如此，但心里毕竟是没有着落的。

安阳博物馆的经历，帮我获得了荣誉，也帮我树立了信心。1981 年被评为安阳市先进工作者，1983 年 6 月被评为安阳市优秀共产党员。

安阳博物馆的经历，让我融入了文博队伍。安阳博物馆是我的福地，它为我后来事业的成功奠定了基础。如果没有到河南安阳，没有初到安阳时的磨难，我就没有今天的成功。在磨难中经受住了苦练，我终于取得了"真经"，心里亮堂了许多，仿佛已经看到前面的光明。

四、安阳市文化局

1983 年 10 月，我调任安阳市文化局副局长，分管业务工作。安阳市文化局下属单位，包括剧团（安阳市豫剧一团、豫剧二团、四股弦剧团、曲艺队）、戏校、剧场（安阳剧院、红星剧院、人民剧院）、电影公司（人民影院、东方红影院），还有群众文艺馆、文博、考古和图书馆。当时安阳市管辖四区（文峰区、北关区、铁西区、郊区）、五县（安阳县、林县、浚县、汤阴县、淇县），县级文化单位自然也是下属单位。

市文化局的领导班子是一正三副，以前的分工，一般由三个副局长各管一块业务，所以我想，我一定会分管文物、考古和图书馆工作。但出乎预料的是，这次分工不同，是把市区所有的业务都给了我。表面的理由是：有一位副局长因病住院，我年轻力壮，可以多担当一点。后来才知道，其实是领导的有意安排，因为当时市里已把我列为"第三梯队"的培养对象，市委重点培养的年轻干部，所以有意压担子，要实践来考验一下。

当时，安阳有两个豫剧团，还有豫剧名家崔兰田、张宝英，剧团演出和电影播放是文化局的重点工作。虽然我在文化局的工作时间不长，却体验了一番别样的生活，这也成为我一生中的一个花絮。

首先是剧团。剧团的演员情况复杂，各个层次的人都有，生活也比较散漫；名演员又手眼通天，有办法直接找到市里领导，甚至是省里的领导，所以管理难度比较大。演出的剧目又直接面对群众，影响大，不可掉以轻心，这里不只是演出水平的高低，更要严把政治关，不能犯政治性的错误。所以节目的排练和审查是重点，必须从头看到底，认真对待，不可疏忽。正式演出的第一场戏，是一定要看的，以示重视，同时也是再一次审查。同样的道理，外地剧团来演出，第一场戏也是一定要看的，而且要看到演出结束，还要上台和演员握手合影，以示礼貌，当然也有审查的意思，只是不可公开言明而已。再加上陪同客人，陪同领导，所以那段时间，我三天两头都要看戏到夜深。

　　我在任时期，有一次上面紧急通知，要连夜审查电影，特别是纪录片，凡有问题镜头的片子一律停演。这是政治任务，必须亲力亲为，不敢怠慢。于是把库房里的胶卷都清理出来，认认真真地一部一部审查。

　　文化局的工作丰富了我的人生阅历，让我这个"古板"的人，接触到一些戏曲、文艺界的工作和生活。现在回顾，也是很有收益的。但在当时，对我而言，看似风光，看似潇洒，其实是甜酸苦辣，别有一番滋味，好在时间不长，只是多了一种"锻炼"的内容，多了一份人生的色彩。

1984年离开安阳时，在市文化局门前，我（左1）与王世杰局长（左2），赵、党两位副局长合影告别

故事

我的第一次出国

　　中国钱币学会和日本大藏省造币局泉友会协议共同举办一次历代货币展，确定1984年春先在大阪市立博物馆举办，第二年在上海博物馆举办。于是有了我的第一次出国机会。

　　这次访日团队有两部分人员组成，一是随展工作人员，由张季琦带队，成员有李玉林、杜金娥（天津博物馆参与展品提供）、周炳启（翻译）和我；二是代表团成员，中国钱币学会理事长耿道明为团长，副理事长千家驹为副团长，成员有朱纯德、耿宗仁、韩嘉谷、史汉芳（翻译）。我先是随展工作人员，提前于3月6日抵达大阪，参与布展。待代表团到日后，又参与代表团的活动，负责答复涉及钱币专业方面的问题，并向新闻媒体介绍中国历代货币。

中国历代货币展在大阪市立博物馆展出

　　3月19日展览开幕，中国的历代货币展在大阪市立博物馆三楼南大厅和南侧厅，展览面积400多平方米，展品1600余件。日本历代货币展在北大厅展出。大阪市市长、市议长、大藏省造币局局长和日本泉友会理事长北泽光男出席。耿道明理事长致辞。

赴日代表团合影于展厅前［后排左起：韩嘉谷、耿宗仁、朱纯德、耿道明、千家驹和大阪市立博物馆主办人员；前排左起：戴志强、日方人员、史汉芳（翻译）、张季琦］

千家驹在大阪市立博物馆作学术报告，我为他做板书

在大阪举行了两次学术交流会。第一次是3月21日，由日本大手前女子大学校长、京都大学名誉教授日比野丈夫和千家驹先生共同主持，会上耿宗仁先生解读了陈尊祥的《西安何家村唐代窖藏钱币的研究》，我解读了郝本性的《关于周代使用银币的探讨》，这两篇论文引起日本学者和泉友的浓厚兴趣，尤其是对我国历史上金银币的起源、演变与兴衰等问题，还专门展开了讨论。在学术交流和私下交谈的时候，他们很关心"明刀"的铸行时期，因为在日本冲绳等地有"明刀"的出土记录。日本始铸铜钱的时间，相当于我国的唐代，有一千五六百年的历史，但他们的宣传册强调"三千年的文化交流"，"三千年"的依据便是在日本曾经有中国战国时期的"明刀"的出土记录。这次学术交流是中日两国学者第一次正式进行货币史研究的交流。

3月24日的第二场学术交流会，本来安排了五位学者发言，后来实际上成为千家驹先生的学术报告会，题目是《中国货币的基本特征》。因为当时还没有PPT，所以由我为他做了板书。100多人的会场，大家听得非常认真，收到了很好的效果。原定日方的交流论文和我的论文均改为书面发言，收录在《日中货币展》的图册之中。

大阪市立博物馆留念

　　这次中日的交流，使我发现：日本泉界也分有实战派和学院派，他们各有不同的治学方法和治学目的，若能坐到一起，共同切磋，对于钱币学的进步就太有利了。

　　对于我来说，这次出访还有一个惊喜，就是：时年88岁的日本泉界泰斗小川浩先生也亲临展览现场，还带来了珍藏多年的藏品一起分享，同时还提出了有关中国钱币的出土情况和断代的问题。他说："我虽已年过七旬，但一定要到中国去，好好看看中国。"日本各地来的泉家几十人，还有港、澳、台地区的泉界人士，济济一堂，可以说是一次东方钱币文化圈的大集会。

4月2日，我和张季琦一起随代表团回国。在大阪的展览历时一个半月，至5月6日结束，李玉林、杜金娥和周炳启才回到北京。

对我来说，初次出访，有很多花絮，都是新鲜的，留下了美好的回忆，谨记于此：

一是，文化的意识。中国和日本同属东方文化范畴，但随着时代的变迁，尤其是日本明治维新以后，更多地接受了西方的文化意识。这次中日同展，展厅又是门对门，特别有意思的是，中国展厅的大门高挂大红灯笼，日本展厅的大门则高挂白灯笼，形成明显的反差。就是展览的开幕式，中方贵宾胸佩大红花，日方贵宾则胸佩大白花，尽显异国风情。

二是，泉学的共识。日本货币的起源受中国货币文化的影响很深，应该说是同属中国货币文化的范畴，开始我还担心日方是否会有异议，但走进日本展厅，就完全消除了顾虑，因为日方展览的第一部分便是"渡来钱"。所谓"渡来钱"，便是由中国传入日本的钱币，可见他们完全承认这一历史事实，并不回避，还公开宣称我们是"同宗同源"，十分亲热。

三是，工作的效率。日本人的工作和休闲分得十分清晰，工作时精神集中，干净利索，效率极高，走路似乎都是小跑，绝无慢条斯理，这在当时的国内很难看到。我自以为是对时间抓得很紧的，但和眼前的日本工作人员一比，真是自愧不如。

四是，黄酒与清酒。在日方的接风宴会上，我第一次看到每人面前放了五种酒杯，一是茅台，二是葡萄酒，三是绍兴黄酒，四是日本清酒，五是啤酒。在这阵势里，看到我家乡的老酒赫然在列，心中不禁有一种自豪。再喝一喝日本的清酒，虽是白色的，但口味和绍兴黄酒极其相仿，心里又升起一种莫名的亲切。

五是，开放初期的严谨。1984年，我国的出访人员还非常少，在安阳还几乎没有。作为安阳市文化局副局长，我的这次出访，引起市文化局的高度重视，文化局骆局长还带领一帮人到火车站为我送行，这是安阳的情况。北京也是如此，出行前，耿行长专门召集我们到总行大楼，请办公厅洪斌主任为我们讲解外事纪律；回国后，又认真做了出访总结，上报行里。李玉林是红管家，在大阪期间，经济控制得特别紧，日方支付给随展人员的津贴，并没有分给每个人，而是由他统一掌控，节省下来的日元后来都上交给了印钞造币总公司。

　　六是，战争与和平。3 月 23 日，由日方安排，我随代表团去广岛，我第一次体验新干线的舒适和速度。大约两个小时，从大阪到了广岛。我们先参观了广岛造币支局，随后便到了和平纪念公园。日本偷袭美国珍珠港海军基地以后，美国便还以颜色，于 1945 年 8 月 6 日在这里和长崎扔下两颗原子弹，当时的惨状在纪念馆里历历在目，而且后遗症极为严重，如今纪念碑、长明灯以示警觉，广场上和平鸽成了主角，故称之"和平纪念公园"。

　　七是，利用在日期间的工作间隙，我还抓紧翻译了一篇日本的考古发掘报告《志海苔出土古钱的金属成分》，内含 119 枚北宋铜钱的分析报告，把它和我们自己的 181 枚北宋铜钱的数据资料做了综合分析，然而对北宋铜钱的合金组成有了一个比较完整的概念，最终完成了《北宋铜钱金属成分试析》的论文，发表于《中国钱币》杂志 1985 年第 3 期。

　　这次赴日，对我而言，有两大收获。一是，我的能力和实干的精神，得到了中国人民银行领导和中国钱币学会领导的认可，为后来的进京之路和事业的发展奠定了基础；二是，我在 1983 年 3 月《中国钱币》创刊号上，整理发表了先父葆庭先生的遗作《〈历代古钱图说〉校正》，此时刚传到日本不久，这次赴日又结识了小川浩等诸位日本泉界友人，与日本泉界建立起了友谊和情感，也为后来中日泉界的交往拓宽了道路。

故事

"以不变应万变，万变不离其宗"

　　复旦读书时，我正好赶上金冲及先生开的中国近代史课程，他的讲课激情洋溢，生动活泼，课堂效果非常好，深受学生好评。这是金先生在复旦最后一次开课，此后便调京，先后任《文物》杂志主编和文物出版社总编辑、《红旗》杂志主编、中共中央文献研究室副主任等职，但他笔耕不断，且疾笔如飞，一夜可成稿万言。后来先后著成《毛泽东传》《周恩来传》《刘少奇传》《朱德传》等。

　　我曾多次拜访过金先生，他看到复旦的学生十分亲切，每次都热情接待，并发自内心的谆谆教诲。记得有一次去府上拜访，他正在写作《周恩来传》。他告诉我这是组织的安排，必须服从。他又说，他的近代史研究，仍和胡绳武先生合作，不会放松。接着他意味深长地对我说：工作要"以不变应万变，万变不离其宗"，需要的时候，要服务于时代，要变通、要服从，但人生必须要有主线，这根主线不能变，必须坚持。金先生的这番话，给我留下极深的印象，成为我后来学习、工作的指针，也成为我决心离开安阳、重返专业的动力。因为我的"宗"就是钱币学。

回顾我的人生道路，有过几次关键的转折，我都比较好地把握了自己，因为我始终没有忘记自己的"宗"，没有离开这根"准绳"。

故事

我的进京之路

1981 年在《文物》杂志连续两次发表文章，引起了国家文物事业管理局相关领导的重视。后来知道，1982 年，时任局长的任质彬在会议上还专门提出来并讨论过我的问题。当时文物事业管理局有一个意向，拟成立中国历史货币博物馆，馆址定在故宫午门到端门之间的廊房，实物从中国历史博物馆调拨，或者也可以作为中国历史博物馆的一个分馆。所以决定先调我到国家文物事业管理局或中国历史博物馆。但是，进京的户口控制很严，经和人事部门接洽，进京户口只能解决两个名额。而我当时有两个孩子，需要四个名额。他们又和上海博物馆联系，看是否可以先入上海博物馆。时任上海博物馆馆长的马承源和副馆长汪庆正先生，也和上海的人事主管部门进行了联系，结果上海也只能解决两个户口。为此，汪先生还专门和我商量，可否分两步走，先进两人，再以夫妻分居为由，再解决两人，但我还是希望一次解决，以防日后生变。

1982 年中国钱币学会成立，1983 年《中国钱币》杂志创刊，钱币学会急需配备专业干部。于是，中国历史博物馆钱币研究室主任耿宗仁先生（时兼任中国钱币学会常务理事）便把我的情况介绍给了张季琦先生（时任中国钱币学会秘书处负责人），季琦先生非常热心，即刻向中国钱币学会副理事长、《中国钱币》主编千家驹先生做了汇报。

千家驹先生是社会名人，著名经济学家，时任全国政协常委。他非常爱才，听说此事后，便和中国人民银行李葆华行长联名给国务院副总理万里同志写信，说明我是"难得的人才"，中国人民银行急需这样的人才，希望将我调来北京，调入中国人民银行。万里同志圈阅后，便交国务院副秘书长李灏同志办理。有了尚方宝剑，此后便是一路绿灯，进京的户口自然不再是问题。

与此同时，复旦文博院也在正式启动，也有意让我回复旦母校，并向我表达了此意。因为中国人民银行的工作已在进行，我自然只能婉言谢绝。

故事

安阳对我的最后的挽留

当安阳市委得知我要调京的消息，专门委派市委常委、宣传部吴克光部长代表市委和我正式长谈了一次，主要是想友善地挽留。吴部长明确告诉我："市委钟书记近期要调去省里工作，安阳市委的班子有一次调整，你若能留在安阳，可以进常委班子，具体工作，或为宣传部部长，或为市政府分管文化工作的副市长，想听听你的意见。"这次谈话告诉我：若是留在安阳，前面是一条从政的仕途，工作条件相对优越，生活条件也会相对舒适；若去北京，则是一条从事钱币研究事业的学术之路，须要努力奋斗，方可取得成功，是一条相对艰辛的拓荒之路。我毫不犹豫地选择了后者，一条"自讨苦吃"的道路。

河南省文化厅分管文博工作的丁发杰副厅长也约我谈了一次话，这完全是一次礼节性的谈话，他单刀直入地说：中央要调你，我们想留也留不住，但还是希望你能留在河南。然后讲了一些客气话，说我和河南有感情，以后还望多想着河南……

为此事，安阳博物馆的老同事、青年书法家、后来接任馆长的刘顺也在私下和我讲过几句体己话。他说："去北京，房子越住越小，车子越坐越大。在小国称君，去大国称臣，两者权衡，不如在小国称君。"但我意已决，决心走上一条"不归之路"，他的美意我只能是心领了。从此，我便和钱币成为终身伴侣，不离不弃。

虚心向前辈泉家求教

（1）拜访前辈泉家骆泽民先生

1979 年初，我调入安阳博物馆工作以后，重新步入钱币的圈子，9 月因公出差北京，顺便拜访了琉璃厂骆泽民先生。回豫后，1979 年 9 月 11 日致函骆先生，给他寄去一本蒋仲川的《中国金银镍币图说》。骆先生很快又寄来 13 枚钱币的拓本，作为回礼，于此我又于 10 月 20 日复函致谢。不料这两封致骆先生的信函被佟昱从阳明拍卖公司拍得，奇迹般地重新回到我的手中。

骆泽民

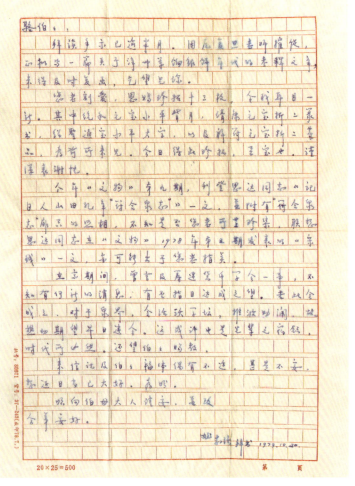

1979 年 10 月 20 日致骆泽民的函

相关链接

天显通宝出土良乡——访骆俊生

　　1985 年 5 月 29 日夜，我与钱杰同去东琉璃厂拜访骆泽民先生之子骆俊生，谈及"天显通宝"钱。他说：《历代古钱图说》中收录的一枚是民国廿七年在良乡砖瓦厂挖烧砖土时出土的，钱身很薄，"天"字右侧有裂痕，锈色严重，后来辗转被日人购去。

　　又：当时北京宣武象来街有"破烂市"，其中有钱币市场，每周四和周日上午 7 ～ 10 点为闹市。

（2）前辈泉家杨成麒先生为我抄录的"续铢"资料

　　1980 年，上海博物馆为处理"文革"抄家物资，委派杨成麒和我们协商，因家父已经去世，我在安阳博物馆工作，故上海的事宜由小弟沈鸣镝出面。馆方开始提出，馆里要留下十几枚钱币（当然都是大珍之品，其中包括"续铢"），其余可退还我们。

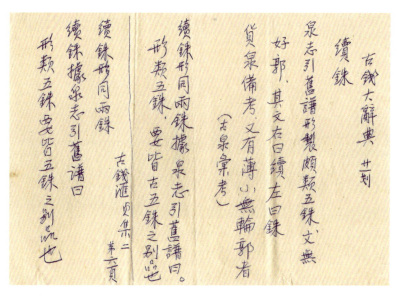

杨成麒笔录的"续铢"资料

安阳博物馆公用笺

成麒叔：

昨接小平来函，备告叔多方帮助，使主在博物文物中较快地达成协议。今特函再致谢忱。

蒙叔文大人厚爱，手抄有关侯传的纪事，以得拜读，这对晚辈尔生的远途尤一极好的教材。此外，关于购买旧书一事，均将我馆之处员为辈主。因又要烦劳叔文大人从中帮助，除上举所列之外，有关文物。特别是日本的书。若有机会更希为留望。《考古》杂志，须配全整理成套，若配不全，有单本也好。

若有帮在各馆文物的事情，望告余，当尽犬马之力。

谨此

崇候

                                      1980.7.20.

我致杨成麒函的底稿（1980年7月20日）

我们强调，"续铢"必须归还，因为父亲对"续铢"有特殊的情怀，我的斋名也由"续铢"而起。这些情况杨成麒自然清楚，也深表同情，故积极向领导汇报，并达成归还"续铢"的决议。杨成麒在归还这批钱币时，还特意抄录了有关"续铢"的资料，交代要好好保护。为此，我于1980年7月20日致函成麒先生，专门表示了感谢之意。

此事被上海泉界传为佳话，马定祥先生在追忆我父亲时，还专门提及我之斋名是因"续铢"而起的事情（见马传德《泉坛往事》之"识宝传奇戴葆庭"，香港文艺出版社，2020年）。

（3）拜访前辈泉家马定祥先生

1984年夏我决定调京后，在赴沪公务时，专门拜访了前辈泉家马定祥先生，向他讨教了有关泉学的问题，为赴京工作做了前期准备。

1984年夏在马定祥先生家讨论泉学（左为马定祥，中为郭若愚）

相关链接

马定祥的日本水户虎钱之说

日本水户虎钱，庆应三年（1867年）水户地方铸币，当百大钱，有铜铁两种。正面为一走虎，取富国强兵之意。国内有仿制者，就此我请教过马定祥先生。正好马先生约我为他代购10本1987年出版的《中国古钞图辑》，故于1988年4月16日给我寄来汇款350元，便在汇款单的附言中答复了我的询问："志强仁弟：您好！函询之泉，铜者有背加极印及面加极印，闻铁者无极印，后者少于前者，海外俱不多，国内有仿品……"今日怀旧，偶见先生汇款单附言之原件，颇有感慨，谨小记于此。

水户虎钱

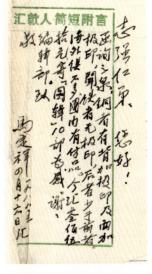

马定祥在1988年4月16日汇款单附言中给我的函

叁 中国人民银行

工作时期

1984 ~ 2007 年

1984 ~ 1990 年　中国人民银行印制局（中国印钞造币总公司）
1991 ~ 1992 年　中国人民银行货币发行司
1992 ~ 2004 年　中国人民银行钱币博物馆（中国钱币博物馆）
2004 ~ 2007 年　中国人民银行参事室

1984 年　11 月起任中国钱币学会副秘书长，中国人民银行印制局秘书处副处长。

1986 年　4 月起任中国人民银行印制局秘书处处长，主持中国钱币学会的日常工作。

1986 年　11 月起任中国钱币学会常务理事、秘书长，受聘《中国钱币》杂志副主编。

1990 年　兼任中国钱币博物馆筹委会副主任（主任童赠银，副主任李树存、张弘、戴志强）。

1991 年　3 月起中国钱币学会秘书处迁入中国人民银行总行大楼，和中国钱币博物馆筹备处合署办公。同年 3 月任《中国钱币》杂志主编。10 月任中国人民银行货币发行司副司长，分管钱币工作。

1992 年　中国钱币博物馆正式成立，任首任馆长（2002 年"定为正司局级"）。最终完成了中国钱币博物馆、中国钱币学会和《中国钱币》杂志三位一体的凤愿。

2004 年　任中国人民银行参事。

2007 年　在中国人民银行退休（关系转到离退休干部局）至今。

1984年我正式调入中国人民银行，先后在中国印钞造币总公司、货币发行司（今货币金银局）、中国钱币博物馆和参事室工作，直至退休，关系转到离退休干部局，始终都是在中国人民银行总行的统一领导和部署下开展工作，从事的主要业务始终没有离开钱币和钱币研究。就具体工作而言，大致包括：《中国钱币》编辑部的工作；中国钱币学会秘书处的工作；中国钱币博物馆的筹备和建设工作；兼职国家文物鉴定委员会钱币组的工作；中国钱币学学科建设的工作。

一、中国印钞造币总公司

有了尚方宝剑，进京之路变得十分顺畅。国务院把万里同志的批复下达到中国人民银行，人民银行人事司便多了四个进京户口的指标。因为中国钱币学会秘书处归人民银行印制局（中国印钞造币总公司）代管，我的进京事宜便由印制局人事处具体落实。

因为来京的目的很明确，所以就直接分配到了中国钱币学会秘书处。1984 ~ 1990年，我在印制局工作期间，当然是从事钱币学会秘书处的工作，具体来说有两项任务，一是《中国钱币》杂志的编务，二是学会秘书处的日常事务。

（一）《中国钱币》杂志

1984年10月，刚到京的时候，中国钱币学会秘书处日常工作人员有五六个人，还有一两个兼职人员。学会工作尚在起步阶段，会刊《中国钱币》杂志也刚刚创办，办公地址在北京印钞厂招待所，借了两间房子，作为办公之用。其中较小的一间是负责人张季琦和李玉林的办公室，也是我进京后的第一个办公地点，长方形的房间，十来个平方米，靠窗的两侧各有一张单人床，两张床的中间竖排摆着两个三屉办公桌，两张床自然便是办公的座椅。白天这里是我的办公室，下班之后便是我的宿舍。的确应了刘顺的话，"房子越住越小""车子越坐越大"，出门是公共汽车，不会有专车侍候。现在还加上了一句："乌纱帽化为平民百姓。"但我早有思想准备，所以心甘情愿，心情舒畅，面对现实。

当时，学会秘书处和钱币杂志编辑部是两块牌子一套班子，统一由秘书处主持工作的副处长张季琦负责，安排我的第一份工作是《中国钱币》杂志的来稿审核和文字编辑，当然还要帮他处理秘书处的日常事务。

我在安阳已任市文化局副局长（副处级），本来以为应该是平调到京，但到印制局报到以后，迟迟没有我的职务任命。后来才听说，外地、外系统调入印制局的人员都要考察一段时间。我没有研究过这个问题，也不知道是否属实。但季琦对我还是非常友善，在人事部门没有任命文件之前，1984年11月先在中国钱币学会增补我为副秘书长。12月1日，印制局人事处才正式任命我为钱币秘书处副处长，这或许已是特别的"开恩"了。

1986年冬《中国钱币》编辑部的同志在讨论工作

故事

晚饭，是人生最大的享受

因为印制公司没有现成的家属宿舍，所以我是单身先到北京，小瑞和两个孩子暂时留在安阳，她正常上班，早晨先把大儿戴卓送去上学，回来再照顾小儿戴越起床，还要赶着去上班，好在安阳染料厂有个托儿所（尽管十分简陋），否则就真的不好办了。即便这样，她早晨来不及吃早点也是经常的事。

小瑞在安阳过着苦行僧的生活，我在北京却比较逍遥，除了上班工作和自己的专业课题外，没有任何家务劳作。所以，这段时间，也是工作效率比较高的时期。白天要参与中国钱币学会秘书处的日常事务，很少有时间坐下来看稿子，更不可能静下心来思考专业课题。晚饭以后，只有我一个人，再无别人干扰，是看稿、编稿的最好时光。我记得，大概一周至十天，便能编好一期《中国钱币》杂志的稿子。当时的《中国钱币》是季刊，三个月才编一期，其余的时间便可以思考或撰写自己的研究课题——这是我的"私活"。

我住的招待所在北京印钞厂内，北京印钞厂时称541厂，是保密单位，下班以后特别清静。下午五点下班，我便在厂里的食堂买好晚饭，拿到宿舍再吃，有时还会在厂门外的一家叫"好再来"的小酒馆买一杯生啤和一份合口的小菜，一起带回宿舍，一边看着报纸，一边慢条斯理地喝酒吃饭，这便是人生最大的享受。晚饭一般用时半点钟，饭后再到厂区散步半小时，六点以后便按时"上班"。这样的安排很规律，既不浪费时间，也不算紧张，还很有成就感。

故事

刻骨铭心的教训

1983年，《中国钱币》创刊，是白手起家，自力更生创业，没有一个专业人员。负责人张季琦，文字编辑王连洲，美工和排版马力平，负责实物保管的李玉林都是从北京印钞厂（代号541厂）调来的，还有从安徽刚来秘书处的随调家属童子玉。他们每人都身兼多职，全凭着一腔热情，打开了一片新的天地。

1984年，充实了一些人员，我和姚朔民几乎是同时调入，但他在原单位（北京师范大学）还有一些工作，所以比我晚到，我先接了王连洲的工作（连洲便随即调离）。下半年又来了位年轻的大学生周洪，协助马力平做美工。

1985年第1期《中国钱币》封面改版，"中国钱币"的英文"CHINA NUMISMATICS"居然漏了一个字母"S"，虽然这是初来乍到的小伙子周洪的粗心所致，但校对时，谁也没有发现，好在杂志装订完，正要发行的时候，发现了。也幸好

《中国钱币》1985年第1期封面

是黑色印刷的草书字母，当时很节约，不舍得重印，于是发动全体人员连夜加班，用黑画笔补上了"S"，总算还没有明显的败露。但此事对于我来说，的确留下了深刻的印象，可以说是刻骨铭心的教训，是对我走马上任之前的一个"下马威"，一个"警示"。

以前，我只以为编书、编杂志，关键在文章，似乎有了好的文章便完事。通过这次教训，我才认识到校对的重要，不是任何人都可以做好的，为此，我们专门从文物出版社调来了专职校对张武一，而且特别注意了对封面和标题的校对。

故事

初识篆书光定元宝平钱

刚到北京不久，西夏考古学家牛达生来访，带来一串新出土的西夏古钱，让我大开眼界，兴奋不已。又听他介绍西夏考古的新进展、新发现，让我大饱耳福。

原来，1979～1980年，

篆书

行书

在贺兰山北端的石嘴山市西部的深山中，先后出土两批古钱，牛先生亲自到现场考察，并做了分类清理。这次带来的西夏古钱便是其中的一部分。

看过这串古钱，我的深刻印象是：西夏钱币的制造工艺精湛，和辽钱

绝然不同，却和北宋的制钱风格相仿。从中可以看到党项人治国深受中原文化的影响，我甚至怀疑，他们就是使用北宋的匠人，采用北宋的铸钱工艺。在这串钱里，我又第一次发现了篆书光定元宝小平铜钱。光定钱的钱文，以前所见均是行书书体，这次又看到了篆书钱文，真是拍手叫"绝"，原来光定也有"对钱"，而且是篆书和行书配对。这不仅是发现了一枚古钱大珍，更是为西夏钱币研究提供了重要的实物佐证。

二十年后，我再到银川，再访宁夏考古研究所，又专门去拜访了"篆书光定元宝"，老朋友相会，真的是格外亲切！

故事

首次提出钱币断代标准器的观念

大康六年铜钱

1985 年 5 月，我有一次东北之行，先到沈阳参加"辽、西夏、金、元"货币专题讨论会，再到长春，访问了吉林省博物馆。在黄一义先生（时任吉博保管部主任）陪同下，考察了吉博馆藏钱币，其中"大康六年"钱引起我极大的兴趣。此钱是 1972 年 9 月在吉林省哲里木盟的一座辽墓中出土。"大康六年"四字右旋读，光背，直径 4.85 厘米，厚 0.4 厘米，外廓宽 0.5 厘米，穿径 1 厘米，重 47.8 克。钱体制作精美，堪称辽钱中的精品。出土后一直保存在吉林省博物馆，我看到时依然保存完美，钱币没有受到任何磨损，原包浆、原锈色，"大康六年"四字隶楷相间，大小错落，文字制作古拙质朴。再细看，它的边廓还清晰地留有当年锉磨加工的痕迹。

此钱是专为墓主殉葬而铸的瘗钱，文字风格和制作手法与辽钱正用品毫无二致。然此钱的钱体硕大，所以其反映的辽钱特征更加充分、明晰。看着"大康六年"，脑中浮想起日前在沈阳泉家张澍才先生家中见到的"大康七年"。那是一枚传世品，虽已被搓磨圆润，但辽钱神韵不减。可与"大康六年"相比较，同为辽钱，韵味截然不同。

由此我想到一个问题，在考古学上，常常利用标准器来断代，古钱出土也往往成为古墓葬、古遗址分期断代的重要依据。这枚"大康六年"有明确的墓葬出土记录，有绝对纪年，大康六年即北宋神宗元丰三年（1080年），又具有典型的辽钱风格，如果将它作为辽钱断代的标准器，当是最合适的了。也就是说可以把它作为标本来理解、来认识、来把握辽钱的制作特征。于是，我当即代表《中国钱币》约请黄一义写一篇介绍"大康六年"钱的专文。1985 年第二期《中国钱币》杂志上发表了谷潜（即黄一义）的《吉林省博藏"大康六年"纪年铜钱》，我为此稿配写了"编者按"，明确提出了将"大康六年"纪年铜钱作为辽钱断代标准器的观点，这是科学考古的方法第一次在钱币鉴定上的应用，也是首次提出钱币断代标准器的观念。

故事

千家驹先生的信任和提携

千家驹先生不仅好才、重才，而且善于用才。他不仅把我引领进京，引领进了中国人民银行，引领到了中国钱币学会秘书处，而且把我"扶"上了《中国钱币》副主编的岗位。

我到京不久，便和张季琦先生一起去他府上拜望，季琦先生此去，一是汇报学会工作，二是把我引见给千老。

此后，每期《中国钱币》的稿子编好后，我都会按时送到千老府上，请他审定。但他看过一期的稿子后，便告诉我："以后不必把所有稿子都拿来，只要把目录和重要的几篇稿子

1986 年 11 月千家驹先生在南昌会上

送来，就可以，其余稿子由你负责。"其实，我送去的稿子，他都认真过目，并写有具体意见。有时也会就一些稿子和我商议，听取我的意见。他说，你是专家，把你调来，就要发挥作用。

两年后，1986 年 11 月 4 日，在千家驹主持召开的《中国钱币》编委会上，我受聘为《中国钱币》杂志副主编，千老便对我说："现在你是副主编了，具体的编辑工作由你负责，没有特殊情况，我就不再管了。"他扶我上马，又送了一程。1991 年 3 月 22 日，他又来信，要我提请中国钱币学会常务委员会："说我主动提出辞去中国钱币学会副理事长及《中国钱币》主编，请予通过。"并提出"中国钱币学会出版刊物仍请照送"。所以，到 1991 年第二期《中国钱币》出版时，我正式接任主编之职。

故事

"从今起我只参加全国政协的会议和钱币学会的会议"

千家驹（时任全国政治协商会议常务委员）在 1991 年全国政协大会上的发言引起了很大的反响，同时也引来了不同的意见。会后，他便移居深圳。行前，他找我交代了有关《中国钱币》杂志的工作，并说："这次政协大会上的发言，已经把要讲的话都讲了，从今起我只参加全国政协的会议和钱币学会的会议，其他社会活动就不参加了。"要我把新出的《中国钱币》杂志每期寄他两本。此后，我们就几乎没有联系。

事隔 7 年以后，我突然接到总行办公厅通知，要我和全国政协办公厅联系。接通电话方知千家驹到了北京，住在首都宾馆，约我会面。原来这次他来京是全国政协的安排，时任政协主席的李瑞环同志和他面谈，准备在适当的时候给他平反。

我和张季琦、姚朔民商量后，就在首都宾馆安排了午宴，款待千老夫妇。千家驹这次来京，尽管年事已高，但思路十分清晰。他说，就是想再看看熟悉的地方，看看北京的市容。但他走路已经不方便，要靠轮椅代步。这次分别不久，我接到了他逝世的讣告，《人民日报》也发表了一条简短的消息，这或许便是盖棺定论吧。

（二）中国钱币学会秘书处

中国钱币学会成立于 1982 年 6 月 29 日。当时我还在安阳工作，但应邀参加了中国钱币学会的成立大会，并被推举为第一届理事会理事。学会成立后的第二年，我被借调到学会秘书处工作，一直到 2004 年底离开中国钱币博物馆，离开中国钱币学会的工作岗位，和钱币学会的工作相伴 20 余年（若加上退休后的时间，至今已是整整四十年）。回想这 20 余年，有太多的感慨，其中感慨最深的是中国钱币学会、中国钱币博物馆的工作得到了历任中国人民银行领导的重视和支持，这对我国钱币事业的发展至关重要，起了决定性的作用。

钱币学会秘书处是中国人民银行新设的一个处室，前身叫古币组。在人民银行总行的内设机构中，和"古币"相关的部门有三个：一是货币发行司，钱币实物主要保管在货币发行司管辖的金库内；二是金融研究所历史货币研究室，当时研究的重点是革命根据地货币；三是印制局，对外称印钞造币总公司，简称印制总公司，是当代货币生产的管理部门。古币组便由这三个部门抽员组成，因印制局有双重身份，既是人民银行总行直属的一个司局，又是一个事业单位，管理印钞造币企业，所以人员、编制、经费等问题相对容易解决。古币组便挂靠在印制局，由印制局代管。中国钱币学会正式成立后，秘书处便由古币组改编而成，自然也就是印制局下属的一个处室。

但钱币学会秘书处毕竟不是印制局的主要业务部门，而且还涉及总行的其他有关司局，甚至还牵涉文物事业管理局、社会科学院以及相关高等院校和文博单位的有关专家，所以印制局只是代管。这样，我们在印制局是一个边缘处室，我戏称是"三类处室"，在开局务会议时，我也很知趣地坐在后排，并自称是"后排就座的，还有……"。汇报工作的时候也很知趣，先让主要业务处室讲，大家讲得差不多了，我再讲，话语尽量精简，只说要点，不讨人烦。有了这个主导思想，摆正了位置，还经常有点成绩可以汇报，于是"三类处室"还比较受人器重。

然而，这样的处境也有很多好处，那就是自主性强，可以发挥更多的主观能动性，我们只要做出成绩，不给别人添麻烦，就会赢得好评，也会得到领导的支持。当然，我们还有一个"特权"，真有事情，可以直接找理事长（分管副行长），或者副理事长汇报，只要得到他们的认可，工作便可开展。

相关链接

研究货币历史是一种责任

中国人民银行对历史货币的重视，缘于一次钱币的捐赠。

西安的纸币收藏家渠汇川是人民银行陕西分行的员工，他业余爱好集藏纸币，从收藏革命根据地货币起步，逐渐成为我国纸币收藏的大家。1978年，他写信给人民银行总行，表达了想要捐赠钱币的意愿。1979年春节过后，他捐赠的纸币送到了总行。

当年，中国人民银行分管副行长胡景沄看过这批纸币以后，深有感触。

他语重心长地说了一句感人肺腑的话："我做了一辈子银行工作，却对我国历史上的货币不了解，是有愧于祖宗的。" 1979年5月4日，他主持召开了一次行长办公会议，为开展历史货币的研究，提出了三项要求：一是收集、整理历史货币，包括向社会征集，要鼓励民间捐献；二是筹办历史货币展览；三是编纂历史货币图册，尽快写出我们自己的货币史。他指示，不仅要在人民银行系统内加强对历史货币的管理和保护，要宣传历史货币知识，而且要在社会上开展历史货币知识的宣传教育，并建议"发起组织全国历史货币学会"。

这项工作也得到李葆华行长的重视和关心。会后，胡景沄副行长正式约见了文物事业管理局副局长齐光，商议由中国人民银行和文物局"共同筹办历史货币学会"。与此同时，中国人民银行正式组成历史货币临时领导机构，由他亲自牵头，会计发行局、金融研究所、印制管理局的负责同志参加，下设历史货币组（简称"古币组"），挂靠在印制局，由副局长李常友负责日常工作，这便是后来的中国钱币学会秘书处的前身。

相关链接

中国钱币学会的成立

中国钱币学会成立于1982年6月29日，当时我还在安阳，但应邀参加了中国钱币学会的成立大会，并被推举为第一届理事会理事。在成立大会上，经过认真讨论，正式把学会定名为"中国钱币学会"。并明确：与会的60多位代表为中国钱币学会的第一批会员。当时美国钱币学会已有会员6000多人。

中国钱币学会是由中国人民银行和文化部文物事业管理局联合发起成立的，第一届理事会的领导成员有：名誉理事长李葆华（中国人民银行行长），理事长耿道明（中国人民银行分管副行长），副理事长千家驹（经济学家、社会知名人士）、齐光（文化部文物事业管理局副局长）、杨秉超（中国人民银行印制局局长）。后增补吕济民（国家文物局新任局长，实际是接替齐光）、殷毅（中国人民银行印制局新任局长，实际是接替杨秉超）；秘书长杨秉超（兼），副秘书长朱纯德、张季琦，后增补戴志强（均为印制局钱币秘书处负责人，秘书处设在中国人民银行印制局）。

中国钱币学会的宗旨，在学会章程中明确为："团结全体会员和广大

钱币爱好者，遵守宪法、
法律、法规和国家政策，
遵守社会道德风尚，组织
各种钱币学术活动，推进
钱币学和货币史的研究，
开展群众性集币活动，普
及钱币知识，弘扬中华货
币文化，为人民服务，为
社会主义建设服务。"

中国钱币学会首任理事长耿道明

　　中国钱币学会成立的同时，还有两件事情也值得纪念：一是由中国人
民银行印钞造币总公司和中国历史博物馆联合举办"中国历代货币展览"，
这个展览历时两个月，规模大，内容丰富，影响遍及海内外，许多海外的
钱币学者和收藏爱好者也专程来京参观，取得了较好的社会影响；二是《中
国历代货币》图册由新华出版社正式出版发行，由北京印钞厂专门印制，
这是我国第一部中国历代货币的全彩版图册。

1982年6月29日中国钱币学会成立（笔者为三排左第10人）

相关链接

李葆华行长的关心和支持

　　在中国人民银行系统有了两个"国"字头的学术团体，即中国金融学
会和中国钱币学会。李葆华行长为两个学会的工作职责做了明确的分工：
要求中国金融学会以当前的金融工作为研究重点，通过分析当代世界各国、

各地的金融政策、金融形势，总结其成败得失，洋为中用，为当前中国的金融政策、金融事业提供可供借鉴的经验教训；要求中国钱币学会以历代货币的演变为研究重点，分析各历史时期货币发行、货币政策的成败得失，古为今用，为当前中国的货币政策、金融事业，提供可以借鉴的经验教训。葆华行长的意见，实际上是为钱币学会的工作制定了大政方针。

1980 年 12 月 25 日，筹备小组（时称历史货币组）在北京印钞厂办了一个中国历代货币展，是一个小型的内部展览。展览的第一天，葆华行长便率领胡景沄、李飞、耿道明三位副行长一起亲临现场，审查展览内容。一个小型的内部展览，惊动四位行长一齐登场，仅此一举，足以说明总行领导对钱币工作的高度重视。

1983 年，葆华行长又和千家驹先生联名向国务院上报了题为"制止古钱化铜，开放国内市场"的报告，当年 11 月国务院正式批复同意。随后，才有了 1984 年 2 月由文化部和中国人民银行联合下发的紧急通知《加强对古钱币的抢救和保护工作》；才有了《人民日报》发表的相关署名文章；才有了文化部文物事业管理局以山西省博物馆为试点单位，开始清理馆藏钱币；才有了有关各方对钱币工作的重视和支持。

从学会成立到 2005 年 4 月葆华行长逝世，他一直是中国钱币学会的名誉理事长。在离开中国人民银行行长的岗位之后，他以更大的热情来关注钱币事业和学会工作，他几乎把将近一半的工资收入用于钱币及相关文物、书籍的收集，凡是发现了新品、奇品，都要送到学会秘书处，请我们研究。他以实际行动感染着周边的同志，在银行系统、在学会系统产生了很大的影响，引导大家热爱历史货币，研究历史货币。中国钱币学会在每年辞旧迎新的时候，都会召开一次常务理事（扩大）会议，总结过去一年的工作，议定新一年的计划。在我的记忆中，葆华行长几乎每次都要到会，每次都要听完大家的发言，发表了自己的意见以后，才肯起身离席。这样，他一直坚持到逝世。

是李葆华行长和千家驹先生的明鉴，使中国钱币学会秘书处得以落户中国人民银行，也使我有机会来到了北京，来到了中国印钞造币总公司，来到了中央人民银行的货币发行司。有了这座大山的支撑，中国的钱币事业终于挺起了腰板。也是改革开放的春风给了这棵种子发芽的机会，终于迎来了新时代中国钱币事业的万紫千红。

故事

山西博物馆成为清理古钱的试点单位

1984 年 2 月，文化部和中国人民银行联合印发了《加强对古钱币的抢救和保护工作》的紧急通知。文化部文物事业管理局为落实"通知"精神，明确山西省博物馆为试点单位，开始清理馆藏钱币。中国人民银行还特批了无息贷款 50 万，作为经费支助。

山西省是全国文物大省，无论地上文物还是地下文物都极其丰富。山西省博物馆馆藏的钱币不仅数量众多，而且内涵丰富，多数是山西省内的窖藏出土。

为此，文物局副局长庄敏专程赴太原，我则以专家的身份一起赴晋指导古钱清理工作。山西省博物馆对此高度重视，我们到晋之前，他们已经开始行动，辟出专门场地，配备必要设施，全馆动员，凡有条件者，下班后可以加班参加古钱清理，并给予经费补贴。在那个年代，给加班补贴，也是一笔可观的收入，大家十分踊跃。一时间群情激动，"古钱"成了山西省博物馆的热门话题。

省博还专门邀请山西省钱币学会秘书长刘建民做现场指导，讲授古钱币知识，指导古钱分类的具体做法。这次清理工作持续了几个月，收获颇丰：一是，大大提升了钱币在人们心目中的"文物"地位，通过这次清理，古钱成为山西省博的一个重要收藏门类，为举办馆藏钱币展览奠定了基础；二是，培养了一批钱币专业人才，刘建民后来成为国家文物鉴定委员（钱币组成员），时任省博办公室主任的刘军后来担任副馆长，成为主攻钱币的文物界专门人才；三是，融洽了金融和文博的关系，不仅山西省钱币学会和山西省博物馆的关系密切，而且中国钱币学会、中国钱币博物馆和山西省博物馆也建立了十分密切的关系，尤其是在钱币实物的征集、收藏方面得到了山西省博物馆的大力支持。

这次赴晋指导古钱清理，也成为我进京以后的第一次钱币鉴定活动，第一次和文物系统的同志合作开展工作。实际上，当时我还只是刚刚借调到学会秘书处工作的新人。

第三次立下誓言

1984 年 10 月正式调京以后，我的第二次誓言"扎根河南　走向全国　放眼世界"已经不再适宜。经过一段时间的实践和酝酿，到 1986 年 4 月我已担任中国钱币学会常务理事、秘书长，主持钱币学会日常工作，故对自己今后工作又重新做了规划，并立誓："誓把我国钱币学研究引向新高峰，跻身世界学术之林，推进并完善钱币学的学科理论建设。"这便是我的第三次立誓。

中国钱币学会秘书处的工作主要有：

1. 积极推进钱币学会的组织建设

中国钱币学会的组织建设是富有中国特色的，钱币学会秘书处是中国人民银行印制局的一个处室。所以，钱币学会成立以后，便以中国人民银行总行的名义，行文下发全国各地分行，要求各省、自治区、直辖市分行，联合文博、社科等部门，成立省、市级钱币学会。需要明确的一点是，秘书处设在（挂靠在）当地人民银行，实际上也就把钱币学会的工作纳入了人民银行的工作之中，中国钱币学会在各地的分支机构——各地钱币学会也就把中国钱币学会称作"总会"。因此在比较短的时间内，钱币学会组织得以迅速发展，钱币研究活动在全国范围内得以顺利开展，并取得长足进步。

为了推进各省地方学会的成立，我们采取了"先成立、后理顺"的原则，先解决有没有的问题，再解决好不好的问题。所以，各地学会组织有的挂靠在金融研究所，有的挂靠在货币发行处，因人制宜，因地制宜，并不强调统一。各地学会的名称也不要求一致，有的叫中国钱币学会某某分会，有的叫某某省（市）钱币学会，也有的叫某某钱币研究会。总之，一切从实际出发，不拘一格，只要有利于学会工作的开展便可。

联合国教科文组织下的国际钱币学委员会，其成员包括钱币的收藏者（机构）、研究者（机构）和生产者（单位），我们在全国各省、自治区、直辖市成立钱币学会组织的基础上，进而又在有条件的地、市成立钱币学会的基层组织，还在钱币的生产单位和收藏单位发起成立钱币学会的组织，诸如上海造币厂钱币研究会、中国历史博物馆钱币研究室等等，都接纳为中国钱币学会的团体会员，逐步和国际钱币学委员会的组织体系接轨。

（1）各地学会的建设

从1983年3月19日河南省钱币研究会成立（后改名为河南省钱币学会），至1990年9月11日中国钱币学会西藏研究会成立（后改名为西藏钱币学会），历时七年半，全国各省、市、自治区钱币学会的机构设置工作基本完成。

各地钱币学会的机构设置，均按照中国钱币学会的设置模式，由中国人民银行牵头，联合文博、社科等部门，以及相关的钱币收藏者、研究者共同组成。钱币学会的领导成员也按照中国钱币学会的模式配置。各省钱币学会秘书处的工作人员，多由当地金融研究所和货币发行部门的同志组成，不少从事金融、银行、货币研究工作的同志由此转入了钱币研究。各地钱币学会的成立，也极大地调动了当地钱币收藏者、研究者和爱好者的积极性，很多人主动来找"组织"，自愿来当支援者，也有人自愿提供钱币实物，参与钱币展览。

相关链接

各省市自治区钱币学会成立

1983年　3月19日，河南省钱币研究会成立，后改名为河南省钱币学会。

　　　　3月23日，中国钱币学会广东省分会成立，后改名为广东省钱币学会。

　　　　7月1日，中国钱币学会陕西省分会成立，后改名为陕西省钱币学会。

　　　　10月17日，上海钱币学会成立。

　　　　12月9日，云南省钱币研究会成立，后改名为云南省钱币学会。

1984年　3月28日，江苏钱币研究会成立，后改名为江苏省钱币学会。

　　　　5月22日，中国钱币学会黑龙江省分会成立，后改名为黑龙江省钱币学会。

　　　　9月20日，吉林省钱币研究会成立，后改名为吉林省钱币学会。

1985年　3月12日，内蒙古自治区钱币研究会成立，后改名为内蒙古钱币学会。

8月15日，广西钱币学会成立。

9月24日，江西省钱币研究会成立，后改名为江西省钱币学会。

12月27日，浙江省钱币研究会成立，后改名为浙江省钱币学会。

1986年　4月21日，福建省钱币学会成立。

5月21日，中国钱币学会辽宁分会成立，后改名为辽宁省钱币学会。

8月6日，新疆钱币学会成立。

9月4日，贵州省钱币学会成立。

11月25日，山东省钱币学会成立。

11月26日，中国钱币学会四川分会成立，后改名为四川省钱币学会。

12月20日，甘肃省钱币学会成立。

1987年　6月18日，天津钱币研究会成立，后改名为天津市钱币学会。

9月21日，青海省钱币学会成立。

11月3日，湖北省钱币研究会成立，后改名为湖北省钱币学会。

11月25日，山西省钱币学会成立。

11月25日，北京市钱币学会成立。

12月21日，河北省钱币学会成立。

1988年　4月21日，湖南省钱币学会成立。

5月25日，安徽省钱币学会成立。

7月5日，宁夏钱币学会成立。

1989年　5月22日，海南省钱币学会成立。

1990年　9月11日，中国钱币学会西藏研究会成立，后改名为西藏钱币学会。

宁夏回族自治区钱币学会成立，"你必须亲自去"

童赠银副行长分管学会工作时，对每一个新成立的学会都十分关心。记得在1988年7月宁夏回族自治区钱币学会成立之前，他专门对我交代说："宁夏成立学会，你一定要亲自去，因为宁夏是全国最小的一个省区，不能不去，否则人家会有想法；宁夏又是民族自治地区，有独特的民族风情、民俗文化，你必须亲自去，才会有切身的体会，对今后民族地区的钱币研究工作有好处。"

我遵嘱亲自赴银川出席了宁夏钱币学会的成立大会。大会期间，西吉县文管会在银川鼓楼举办了一个钱币展览，很有地方特色。我看过展览，主办展览的县文管会李主任送我到门口说："我这里还有一枚。"说着便从口袋里又掏出一枚古钱，我接到手里一看，居然是"元德通宝"小平铜钱，我说："好。这是枚好钱，比里边展出的钱都好。"又认真地叮嘱他："一定要好好保护。"他听了十分高兴，由此我们也就结下了泉缘。

这个展览以后，他们便着手筹办钱币博物馆。"有志者事竟成"，经过几年的努力，到1996年，西吉钱币博物馆终于建成开馆，还请童赠银理事长题写了馆名。十年后，我在人民银行当参事时，还特意安排了一次去宁夏的考察，也到了西吉，实地考察了西吉钱币博物馆。三层的楼房，在西吉这个贫困县，是十分显眼的地标建筑。童赠银理事长题写的馆名高高竖立在屋顶，李主任已经退休，由一位县文化局副局长接任了馆长。这个馆应该是全国最早的县级"钱币博物馆"，而且还有一个特点，县里只有这么一个博物馆，县文管会也设在这里办公，其他文物也都在这里收藏和展览，这恐怕在全国也是独一无二的。

其实，每一个省级学会的成立，我们都会派专人前往，或是副理事长，或是秘书长、副秘书长。"祝贺"只是一种名义，实际是代表"总行（总会）"表明我们重视的态度。更重要的是，和当地学会组织共同讨论工作思路，明确工作重点，提出具体方案，以便切实打开局面，顺利开展学会活动。

在童理事长这种务实的工作精神指导下，我在秘书处工作期间几乎走遍了全国所有的省、区，不仅掌握了各地钱币集藏的历史概况、钱币研究的重点和特色，同时也掌握了各地秘书处的人员配备情况，优势在哪里，需要弥补的问题有哪些，等等，在心里便有了一盘棋。

（2）秘书处自身的建设

中国钱币学会成立时，秘书处人员几乎都是从北京印钞厂借调来的，他们有热情，有很强的责任心，这是印钞造币行业的工作传统。但他们不是钱币工作的专业人才，所以引进人才和培养人才，充实专业人员，让历史、考古、经济、金融等学科的专业人员，乃至有关学科的专家来参与，成为秘书处自身建设的必须。

第一是引进人才。我和姚朔民都是 1983 年先由秘书处借用，然后再正式调入的。此后调入秘书处工作的业务干部，诸如金德平、黄锡全、周卫荣、高聪明、王安等，也多数经历了严格的考核，实践证明都是比较优秀的。

第二是培养人才。主要手段是举办钱币知识培训班。第一次便是和文物部门联手举办，随后便由学会秘书处为主，联手中央财政金融学院金融系，或有关省、市学会一起来办。实际上，秘书处的同志们，既是工作人员，也是学员；既是为他人服务，也在实践中锻炼了自己，提高了业务能力。

故事

处理好张季琦、姚朔民的关系

1986 年 4 月我升任秘书处处长，主持中国钱币学会的日常工作。学会的日常工作原来由主持工作的副处长张季琦负责，我归他领导，现在我成了他的领导，所以和季琦处好关系尤为重要。虽说我的这次提职主要是年龄的优势，但不能忘记：我的调京，季琦是出了力的，于我是有恩的。更何况今后我们在一起共事，他的经验丰富，很多地方要仰仗于他，我必须加倍尊重他，多听取他的意见。

此时，恰逢第十次国际钱币学大会（9 月初）在伦敦召开，当时，分管副行长耿道明理事长点名要我去参加。我接到通知便向道明行长做了汇报，说明为了今后的工作开展，这次会议我不能去，最好请季琦去。道明行长同意了我的意见，决定改由张季琦和姚朔民赴会。

这次谦让是对的，为此后和张季琦、姚朔民的团结合力，开了一个好头，也为营造秘书处的团结和谐奠定了基础。所以有人说，我和张季琦、姚朔民是中国钱币学会的"铁三角"。事实上，事业的成功必须有一个好的团结的领导班子，一个好的团结的实干班子。

故事

中国钱币学会工作研讨会的实践

为了提高秘书处专职干部队伍的素质，推动各地钱币学会的工作，我们于1987年4月6～15日在京召开了中国钱币学会工作研讨会。这个研讨会分两个单元：一是工作交流总结；二是学术研讨，请了相关专家来作学术报告，相当于一个专业业务学习班。既是业务学习又是专业培训，会议从实际出发，讲究实效，大家反映很有收获。通过这次实践，这种形式成为我们后来的一种工作方法。

（3）完善工作机制，建立理事长办公会制度，建立全国秘书长工作会制度

逐步完善中国钱币学会的工作机制，形成每年春节前召开一次理事长办公会（或理事长扩大会议）的制度，做好年终工作总结，讨论确定新一年的工作重点。随后，每年年初（一季度）召开全国秘书长工作会议，贯彻落实理事长办公会议精神。

1989年1月，在兰州首次召开中国钱币学会全国秘书长工作会议。1992年1月，在石家庄召开第二次中国钱币学会全国秘书长工作会议。此后便每年都召开一次全国秘书长工作会议，使之形成制度。

1988年12月，童赠银理事长主持常务理事会

　　理事长办公会和全国秘书长工作会议的制度化，使学会工作逐步规范，做到目标明确、重点突出，经验得到及时总结和推广，每个成员都能够做到心中有数。

　　同时还逐步形成了每两年有一次全国性学术活动的机制，一次是全国性学术讨论年会，一次是中国钱币学会全国代表大会（含学术讨论）。除了两年有一次大的活动之外，每年都会有几次小型的专题性活动，如专题学术研讨会、专题展览等等。这样，便形成大小活动结合、互补的态势，既有舆论宣传的造势，又有扎扎实实推进专项研究的具体行动。

1994 年，在中国钱币学会第五次年会期间，和童赠银理事长交谈

相关链接

历届全国代表大会和学术年会

1982 年 6 月 26 日，中国钱币学会成立大会在北京召开

1983 年 3 月 16 日，中国钱币学会第一次学术讨论会在南京召开

1985 年 10 月 30 日，中国钱币学会第二次年会在上海召开

1986 年 11 月 1 日，中国钱币学会第二次代表大会在南昌召开

1989 年 11 月 5 日，中国钱币学会第三次年会暨成果汇报会在苏州召开

1991 年 8 月 1 日，中国钱币学会第三次代表大会暨学术讨论会在哈尔滨召开

1992 年 7 月 29 日，中国钱币学会第四次年会在北京召开
1994 年 5 月 28 日，中国钱币学会第五次年会在黄山召开
1997 年 4 月 21 日，中国钱币学会第四次代表大会在南京召开
2002 年 4 月 6 日，中国钱币学会第五次代表大会在厦门召开

1994 年 6 月，黄山会后顺访芜湖，考察清弋江出水的"永通泉货"铁钱，左第 3
人是我

2. 组织各种钱币学术活动，推进钱币学和货币史的研究

作为一个学术性的社团组织，必须经常开展学术活动，才会逐渐形成
学术风气，不断取得学术成果，推进学术研究的深化。

（1）举办钱币专业培训班，培养专业人才

我到京不久，便积极建议并促成了由国家文物事业管理局出面举办的
钱币整理工作骨干成员培训班，取得了很好的效果。从此，举办钱币专业
培训班成为学会工作的一项经常性任务，每隔几年举办一次，每次都会根
据工作的需要突出每一期的重点，有时也会和秘书处的工作结合起来。后来，
一些省、市钱币学会也举办钱币专业培训班，培养专业人才。

在第一期钱币工作骨干培训班上的讲课

1985 年 3 ～ 6 月，文化部文物事业管理局第一期钱币工作骨干培训班。
这次是由中国钱币学会秘书处积极推动，文化部文物事业管理局出面组织，
在河南郑州文物培训中心（河南省文物研究所）举办的。培训班历时 3 个
月，先用两个月时间讲授中国钱币基础知识和有关专题，再用一个月实习，
清理窖藏钱币，最后每个学员都要写出整理报告。这是至今历时最长、讲
解最翔实、结合实物鉴定效果最好的一次钱币专业培训班，培养了一批钱

币研究事业的骨干，成为后来各个文物机构业务工作的中坚力量。

担任讲授的老师是从全国各地请来的钱币学家、货币史学家和考古学家，有朱活、郝本性、汪庆正、吴镇烽、蒋若是、陈尊祥、耿宗仁、戴志强、牛达生、郭若愚、王贵忱、王松麟、郭彦岗等，实习指导老师是唐石父、高桂云、孟宪民。学员是由全国各地博物馆和钱币学会推荐的从业人员，50 余人。

我参与了这个培训班的组织工作，这是我到京后参与组织的第一个钱币培训班。在班上还主讲了"两宋钱币"和"钱币专用名词"两个专题，课时 10 天。

中国钱币学会的五期培训班

1988 年 8 ~ 9 月，中国钱币学会和中央财政金融学院金融系合办钱币专业培训班。第 1 期培训班历时 42 天，有 25 个省市的 60 多名学员参加，开设了中国钱币史、中国纸币史、货币银行学、中国近代金融、考古学和历史地理学等六门主课。还聘请了有关专家学者来作专题报告，比较系统地讲授了相关的理论知识和专业知识。中国钱币学会童赠银理事长亲自出席开幕式并讲话，学员们情绪高昂。

第 1 期培训班合影，前排左五为童赠银理事长

1989年6～7月，中国钱币学会在江西九江白鹿书院举办第2期钱币专业培训班。当时，白鹿书院刚刚修缮完，据说我们的这个班是书院恢复后的第一个班。九江的6月，多雨潮湿，屋内的墙壁还流着水，尤其是北方来的同志很不适应。但大家的求知欲高涨，心情愉快，在欢乐中完成学业。书院领导特别满意，在学习班结束时，特意要求我们立碑作为纪念。我还被受聘为白鹿书院教授。

在白鹿书院举办第2期钱币专业培训班，全体学员合影
（二排左2张世铨、左5孙宪章、左6徐吉周、左7戴志强、左8姚朔民）

此后，1995年10月，中国钱币学会在北京南口中国人民银行干部管理学院举办第3期钱币专业培训班；2004年5月，中国钱币学会在陕西临潼举办第4期钱币专业培训班；2009年10月，中国钱币学会在湖北宜昌举办第5期钱币专业培训班。

这五期钱币培训班以及有关省、市学会举办的培训班为培养学会工作专业干部和普及钱币知识起到了积极的作用。特别是前三期的影响比较大，不少学员成为学会工作的骨干，在学员中往往戏称自己是"黄埔"一期、"黄埔"二期、"黄埔"三期，并以此为荣。

（2）开展钱币知识的宣传教育

举办各种形式的钱币展览和讲座，不仅是宣传钱币文化、传播钱币知识的有效措施，也是开展钱币工作的好办法。中国钱币学会没有成立之前，"古币组"就在北京印钞厂举办过小型的内部展览，不仅在印钞厂、在印钞造币系统内部取得了很好的效果，而且得到了中国人民银行领导的重视，为后来中国钱币学会的成立、钱币事业的发展起了积极的推进作用。

中国钱币学会秘书处成立以后，在秘书处办公室的隔壁，我们也开辟了小型的内部展览，专门为来访者，特别是省、市地方学会的来访者开放，同样也取得了很好的效果。所以，凡是钱币学会的活动，只要条件允许，我们都会配合举办一个钱币展览，使与会者耳濡目染，在谈笑中学习钱币文化。

举办各种形式的钱币讲座，讲好钱币故事。形式生动活泼，可以营造轻松的气氛，有时候能取得意想不到的效果。所以我们在不同场合都会因地制宜，讲讲钱币的故事，作为一种聊天的内容。

（3）重视对年轻人的培养

在中小学开展宣传教育，在学生中发现、培养典型，是后继有人的百年大计。

1986年初，中国钱币学会秘书处收到成都市东城区教研室雷鸣富的来信，建议在历史课外活动中开展收集研究古钱币的内容。这个建议好，我们立即复函赞同，支持他立即行动。

1986年3月，成都市东城区教研室向区属各小学发出通知，倡导在历史课外活动中开展收集研究古钱币的内容。经过两个多月的实践，效果明显，深受青少年儿童的喜爱，很快收集到各种古钱3000多枚，200多种。在此基础上，写出了一批小论文，还有七所小学举办了展览，20多所小学相互参观。其中川棉一厂子弟小学的展览，厂长来参观，还在厂大门口贴出海报，有800多职工来校参观，在社会上引起了很好的反响。

在学校展览的基础上，区教研室汇总了30多所小学上千名学生的钱币，从六一儿童节开始集中展出半个月。还印发了《中国钱币常识》小册子，小册子中专门附加了"四川在中国钱币史中的地位"，"做一名少年钱币爱好者"等内容。展览室中还列出了二十多个思考题，诸如："怎样从古钱上了解古代度量衡？""怎样了解钱币上的书法艺术？""为什么纸币也能流通？"……四川电视台跟进做了报道，《中国钱币》也及时做了报道。经过三年的酝酿，1988年成立了成都市少年钱币爱好者协会，并被接

1988年8月成都，与雷鸣富在一起

纳为中国钱币学会四川分会的团体会员。

在成都儿童节活动的同时，河北张家口市东风小学少先大队也举办了"沧海一粟"的钱币展。此后，在很多省、市的中小学中都开展了这项活动，有的还编写了专门的课外读物。

江苏江阴市文林小学，在当地钱币学会的支持下，作为特色教育，编印了专门的钱币和银行知识的读物；自编自演了有关人民币反假的小品短剧；创办了钱币博物馆，由学生分别兼任馆长、讲解员；还开办了小银行，由学生兼任行长和营业员，做得非常认真，有声有色；校园内还设置了"泉币苑"——历代钱币的石刻展示长廊，既美化了校园又普及了钱币知识。2004年5月，我去常州参加吴越与早期货币研讨会，出席徐跃中收藏钱币展开幕式之后，曾经去做了实地考察。

（4）组织不同规模、不同主题的学术研讨会

中国钱币学会四年召开一次全国会员代表大会，除了完成学会换届、章程修订等会务工作外，同时也是一次全国性的钱币学术研讨会。开始时，鉴于钱币研究力量的薄弱，一般不设专题，各位代表只要有心得体会，有讨论文章即可。随着学会工作的开展，钱币集藏者、爱好者和研究者人数的增加，钱币学研究的逐步深化，每次大会便会明确一个主题，作为研讨的重点。自1985年，开始编辑出版《中国钱币论文集》，后来形成每次全国会员代表大会之前出版一本《中国钱币论文集》的惯例。

在两届全国会员代表大会之间，我们每年都要组织专题研讨会，或以

区域为主，或以内容为主，专题讨论灵活多样，不拘形式，不限人数。专题研讨的题目小，但容易深入，容易出成果。有的专题研讨会也会编辑出版专刊、专论或专著。

对新出土、新发现的新问题及时开展讨论，组织研究。如：1985年，高邮铁钱从大运河出水（出土），我闻讯便赶赴江苏，由江苏金融研究所所长王凯陪同到高邮实地调查，及时避免了出土钱币被瓜分流散的危险，并组织泉友立即清理出土资料，写出专题报告，在《中国钱币》1987年第2期发表后，引起宋钱研究者的广泛兴趣，尤其是对新见的新品种组织了重点研究。1988年第2期又对新见品"纯熙元宝"铁钱开展了专题讨论，设专栏发表了讨论文章。经过十年努力，反复锤炼，终于编成《高邮出土铁钱》一书，于1995年由中国金融出版社正式出版发行。

（5）成立专题委员会

开展专题研究是推进钱币研究不断深化的有力抓手，从少数民族钱币到革命根据地货币，从丝绸之路货币到东南亚货币，从先秦货币到秦汉魏晋南北朝半两、五铢钱的断代研究，中国钱币学会在实践中逐步形成了古代钱币、近现代钱币、外国钱币和中国货币史等四个专题研究委员会的架构。

开展少数民族地区、少数民族政权钱币的研究

传统的中国钱币研究注重中原地区、中原皇朝钱币的研究，忽视少数民族地区、少数民族政权钱币的研究。为了适应我国多民族融合统一国家的需求，中国钱币学会成立以后，在原来关注的课题之外，又着力于少数民族地区、少数民族政权钱币的研究。从1985年起，就专门组织开展专题学术讨论，并成立了专题研究会，持续开展学术活动。

相关链接

学会早期少数民族钱币研讨活动

1985年6月在沈阳召开第一次少数民族钱币学术讨论会。

期间，应辽宁省博物馆馆长徐秉琨（图中正面）之邀，我（徐左侧）和卫月望（右坐者）等专门考察了该馆珍藏的钱币（主要是李佐贤先生的旧藏）。

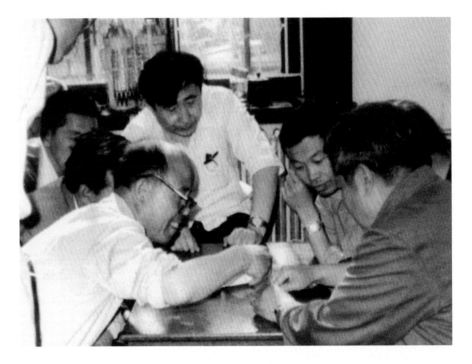

1986 年 8 月在乌鲁木齐召开少数民族钱币研究会成立大会暨第二次学术讨论会。

1988 年 5 月在昆明召开西南地区少数民族钱币研究工作座谈会。

1989 年 7 月在拉萨召开藏族钱币研讨会。

1990 年 9 月在敦煌召开首届丝绸之路货币学术讨论会，并成立丝绸之路货币研究组。

故事

藏族钱币研讨会在拉萨召开

1989 年 6 月下旬，在白鹿洞书院培训班讲过中国硬币史之后，于 7 月 2 日由长江航船离九江赴汉口，再由汉口坐 77 次列车，经重庆到成都，7 月 7 日飞抵拉萨，参加 7 月 10～15 日在拉萨召开的中国钱币学会少数民族钱币研究会藏族钱币研讨会。

中国幅员之大，从九江到拉萨，我整整走了五天，可谓是跋山涉水，水路、陆路、空路都用上了。青藏高原，雪域高原，高原缺氧，在拉萨我终于有了体会。我虽然没有吸氧，但反应还是很明显的，头晕不能入睡，行动就像踩在棉花毯上，根本不能快步行走，连说话都气喘，思路慢，跟不上节奏。

西藏分行的会议组织者很有经验，到第三天才转入正轨，会议正式开始。来自西藏、四川、青海、新疆、甘肃、云南、内蒙古等省区的代表参加了会议。这次会议的议程和一般的研讨会一样：

1. 领导致辞，分别由索朗达吉行长代表中国人民银行西藏分行；由马李胜副主席代表西藏自治区政府；由我代表中国钱币学会致辞。我平时的会议发言一般不用纸稿，但这次不一样，事先写了个纸稿，只能照本宣读，我也试着想脱离纸稿，但始终没有做到。

2. 大会转入主题。议程主要有：由西藏货币史学家、《西藏地方货币史》的作者肖怀远作学术报告；由西藏金融研究所所长次仁平措介绍原西藏地方货币的概况；参观西藏钱币展览。

3. 开展学术交流，分大会交流和分组座谈。

对我而言，这次研讨会是最好的学习机会。最大的收获是：一、西藏是我国使用银币历史最长久的地区，西藏地区的钱币文化，既受中原地区的影响，也受到印度、尼泊尔钱币文化的影响；二、西藏正规币制的建立是按照清中央政府在各省设局铸币的程序进行的，1791年乾隆皇帝主持制定了治理西藏的《钦定章程》，设置宝藏局制币是经乾隆御批的。从而对藏币有了一个整体的认识。

故事

民族政策非儿戏

这次西藏之行，也给我留下了一个深刻的教训：民族政策非儿戏，必须高度重视民族政策，遵守民族政策。会议中间安排了一次寺庙的参观，代表们分坐两辆面包车，我在第一辆车，待我们回到宾馆，第二辆车迟迟没有回来，等了一个多小时，还不见车影。我正在焦急的时候，突然王彤（内蒙古代表）跑了回来，气急败坏地叫着："出大事了！出大事了！"原来，在返回途中，有人说起"今天正好有天葬"，几个人一起哄，司机便把车开到了天葬的附近。按照藏族风俗，天葬是严禁外族观看的，这便招来了塌天的大祸，车被砸了，人被打了，相机也被毁了……幸好这次天葬有几位慈善的长者从中劝说，没有酿成大祸。

此事确实令我后怕，万一有个闪失，后果将不可设想，"中国钱币学会"的牌子就被砸了，以后的学会活动都会受到影响，这是关系事业的大事。所以对我而言，教训深刻！

1989年7月赴藏途经成都，在三苏祠和东坡先生神会

1989年7月，与西藏政协恰巴副主席（左4）、西藏分行达吉行长（左6）、海南分行喻瑞祥行长（左2）、西藏钱币学者肖怀远（左3）、次仁平措（左1）合影于拉萨

1989 年 7 月，与卫月望合影于拉萨

开展革命根据地货币研究

在抓好少数民族钱币研究的同时，我们还把重点向革命根据地货币倾斜。共产党人必须把自己的货币历史弄清楚，否则没法向我们的先辈交代，没法向社会交代。1987年，我们在原中央苏区所在地召开了革命根据地货币研究会的成立大会。由于革命老同志年事已高，我们便把这项工作明确为"抢救性的任务"，不仅要收集文献资料，更要注重口述资料，要把它们记录下来，著书立说，传给后人。同时还强调：一是要深入，一个根据地一个根据地搞，每个根据地都要出成果，都要把自己的货币史理清楚；二是钱币学会编的书一定要有自己的特色，不是只写史，而是要有实物佐证，要把文献资料和实物资料一起理清楚。最后形成了20本套的《中国革命根据地货币史》丛书，由中国金融出版社自1992年开始分卷出版，每个根据地一本专册，到2008年出版由许树信主编的《中国革命根据地货币史纲》，作为全书的总结。

和周世敏、郭彦纲等合影

学会早期革命根据地货币研讨活动

1987年11月，中国钱币学会革命根据地货币研究会成立大会在福建龙岩、江西瑞金举行，同时召开革命根据地货币首次学术讨论会。

1989年8月，中国钱币学会革命根据地货币研究会第二次学术讨论会在陕西延安召开。

1990年7月，中国钱币学会革命根据地货币研究会东北地区研讨会在辽宁兴城召开。

故事

国家主席参观钱币展览

1989年8月24~28日，中国钱币学会革命根据地货币研究会第二次学术讨论会在延安召开，为了配合这次研讨会的召开，陕西钱币学会专门筹办了一个"陕甘宁边区货币展览"。

1989年9月10日，中共中央总书记江泽民同志到延安考察工作时，由国家计委副主任甘子玉陪同参观了"陕甘宁边区货币展览"。他看得很认真，不时会提出问题，诸如，这些货币都是哪里收集的？边币和法币如何开展斗争？对石印版、印钞机都看得特别仔细。最后称赞道，这个展览"办得很好，让广大群众看一看很有必要"。

其实这已经是江泽民同志第二次与中国钱币学会结缘，第二次参观钱币展览。早在1985年11月1日，中国历代货币展和日本历代货币展在上海博物馆开幕前，时任上海市市长的江泽民就到会观看展览，并会见了中国钱币学会理事长耿道明、副理事长千家驹和日本代表团全体成员。

开展丝路货币研究，开展外国货币研究

1990年6月10日，中国钱币学会东南亚货币研究组成立，在广东珠海举办了第一次南方丝绸之路货币学术讨论会（第一次东南亚货币讨论会）。

1990年9月少数民族钱币研究会在敦煌召开首届丝绸之路货币学术讨论会，并成立丝绸之路货币研究组。

1991 年 10 月 6 日，中国钱币学会丝绸之路货币研究组在新疆乌鲁木齐召开了第二次丝绸之路货币研讨会。

1991 年 11 月 19 日，中国钱币学会东南亚货币研究组在海南海口召开了第二次东南亚货币讨论会。

此后，丝绸之路货币、南方丝绸之路货币、东南亚货币讨论会相继开展学术活动。

在东南亚货币和丝绸之路货币研讨的基础上，我们成立了外国钱币专委会，请外交部的刘振堂先生任专委会主任。

（6）中国钱币学会第三次年会暨成果汇报展

在全国各省、市、自治区钱币学会的组建工作基本完成的大形势下，1989 年 11 月，在苏州召开了中国钱币学会第三次年会暨成果汇报会，举办成果汇报展。这次会议是对学会前期工作的一次检阅，也是对钱币研究成果的一次检阅，是一次继往开来的会议。会议收到学术论文 80 余篇，各地钱币学会编辑的钱币专刊和文集 13 本，工作报告 16 份。

成果汇报展览形象地展现了学会的组织发展，已有团体会员 31 个，有的地、市、县也成立了学会组织，个人会员已达 7000 余人；各地展示了近年取得的学术成果，涌现出《国际钱币制造者》《中国历代货币大系·先秦编》《中国山西历代货币》《新疆钱币》《云南历史货币》《东北地区近代货币》等一批新著，鼓舞人心。有的省为收集资料，调查钱币分布的情况，在全省范围内做了普查，如山西钱币学会，王重山会长亲自带队几乎走遍了全省各县。这样的实践和经验，也为钱币学会的工作带来了启示，指明了方向。

3. 三大基础工程的逐步形成

中国钱币学会的成立，深受钱币爱好者、收藏者的欢迎，群情高昂，都想做一点实事。1983 年 10 月 21 日，中国钱币学会首届年会在河南洛阳召开，当时上海钱币学会刚刚成立，马飞海（上海市委宣传部常务副部长）、黄朝治（中国人民银行上海分行副行长、上海钱币学会会长）、郁祥桢（上海人民银行货币发行处处长）三位领军人物就在考虑上海应该做些什么？我应邀参加了上海组的讨论。当时社会上很难找到有关钱币的资料，几乎看不到有关钱币的图书，所以首先考虑的是：要有一本完整的钱谱，为开展钱币研究提供资料，上海博物馆钱币收藏宏富，有这方面的优势。这算是初步有了一个意向，会后便开始和有关方面接洽，考虑如何实施。1985 年 10 月 30 日，中国钱币学会第二届年会在上海召开，上海组又就此事做了具体研究，基本落实了三项工

在第二届年会上和马飞海商谈《中国历代货币大系》编纂事宜

作。一是书名初步定为"中国历代货币大系"。二是明确由马飞海任总编，初步分设十编，每编也有了主编人员的意向，第一编先秦编，由汪庆正任主编；当时我被安排负责两宋编的编纂工作，后来因为时间和精力，无法做到全身心投入，只能辞去这项任务，当然这是后话了。三是明确由上海钱币学会秘书处负责联络协调，由上海分行提供主要的经费支助，以上海博物馆的钱币藏品作为实物资料的主要依托。有了人民银行和博物馆作为后台，钱币学会的工作开展便有了靠山，钱币事业便有了光明的前景。

1985 年 10 月 30 日，在中国钱币学会第二届年会期间，又传来了另外一个喜讯：河南组在赵会元（河南分行副行长、河南钱币学会会长）、赵宁夫（河南分行总经济师）和谭忠善（河南分行金融研究所所长）的带领下，发起要编《中国钱币大辞典》的倡议，并立即得到千家驹、李葆华等学会领导的支持，一时间情绪高涨，事情也就这样定了下来。李葆华亲自出任编委会主任，《中国钱币大辞典》的编辑部设在河南钱币学会秘书处，由河南分行作为后台支助，河南省博物馆、河南文物系统作为实物资料的主要依托，同时也注意发挥收藏家的积极性，形成合力。

1987 年 11 月 12 日，中国钱币学会革命根据地货币研究会成立，召开首次学术研讨会。1992 年 2 月 23 日，纪念中华苏维埃共和国国家银行成立 60 周年大会在江西瑞金隆重举行，会议决定正式编写"中国革命根据地货币史"丛书。丛书由中国钱币学会秘书处负责联络协调，由各相关省钱币

学会负责本省有关的协调工作，各相关省人民银行提供主要的经费支助。丛书由周世敏（中国人民银行金融研究所副所长）任编委会主任，许树信（中国人民银行金融出版社总编辑）和我任副主任。同年6月，第一本《湘赣革命根据地货币史》由中国金融出版社出版。

从此，中国钱币研究的三大基础工程逐步形成。在后来的实践中，我们进一步认识到这三大工程的重要性，它为中国钱币学的学科建设准备了条件、奠定了基础。

4. 开创钱币的文化产品，尝试钱币文化的创新

1989年的某一天，上海造币厂厂长朱桐荪到印制总公司找殷毅局长，汇报上海造币厂要创办"三产"，希望得到总公司的支持。殷局长便把我引见给他，要我帮助出些点子，这是我第一次和造币厂有了直接的接触。因此，便有了由中国钱币学会名义监制的、上海造币厂设计制作的第一枚纪念章——"中国机制银圆铸行100周年纪念章"。经过这次实践，我了解了纪念章和流通货币的关系，进而又发现：通过纪念章的选题、设计和制作，可以更深入地了解当代的钱币文化，可以在实践中体会钱币文化，推动钱币文化创新发展。由此，我对纪念章产生了浓厚兴趣，也慢慢提高了积极性，逐步由"被动"转化为"主动"，这便又有了从1990年开始，由中国钱币学会监制、上海造币厂设计制作的"中国钱币珍品系列纪念章"的发行。

故事

"背个小包裹，去卖它几件"

为中国钱币市场的开放和钱币学会的经费来源出谋划策。早在1987年9月，由中国钱币学会副理事长李树存牵头组团访问香港，成员三人：张季琦、童子玉和我，都是学会秘书处的。香港钱币学会名誉会长毛景安、会长马德和、副会长陈逴和蔡良碖等泉界人士接待，并和我们进行了两次交谈，就学会工作和相关钱币学术问题交换了意见。我会在港的理事沈家驹也在座。

这次访问的一项重要内容，就是去考察香港第六届世界钱币展销会(今称国际钱币博览会)。临行前，童赠银理事长专门约我谈过一次话，要我

留意海外的钱币市场状况，摸索古钱币和老金银币市场价格的现状和走向。他还诙谐地说了一句俏皮话："以后，我们有机会也背个小包裹，去卖它几件。"听来这是一句打趣的笑话，现在想来，其实是寓有深意的，在当时，他已经在勾勒中国钱币市场开放的蓝图。

这次访港，我和马德和先生还就当代泉界的现状和今后的走势做了长谈，我们一致认为：中国钱币深深植根于中华民族传统文化。中国钱币，不管是古钱、机制币还是当代的纪念币和纪念章，真正的收藏群体应该在中国。当下为了解决外汇问题和鉴于国内的经济状况，纪念币（章）都外销了，但今后终有一天会回流，会回归的。

1995 年首届北京国际钱币博览会正式举办，从此，中国有了自己的钱币展销会，有了自己的钱币博览会。

故事

激发领导兴趣，争取领导理解，寻求领导支持

我说过，回想在职的 20 余年，有太多的感慨，其中感慨最深的是中国钱币学会、中国钱币博物馆的工作得到了历任中国人民银行领导的重视和支持，这对我国钱币事业的发展至关重要，可以说是起到了决定性的作用。

1. 李葆华行长，因为任中国钱币学会名誉会长，又兼任《中国钱币大辞典》编委会主任，也受他的秘书杨永林喜欢收藏钱币的影响，退休后便拿出三分之一的工资来收藏钱币，所以对有关钱币的工作格外关照。

2. 耿道明副行长任中国钱币学会会长后，对钱币事业产生了兴趣，他的两个孩子也都喜欢收藏，和我志同道合。

3. 童赠银副行长任中国钱币学会会长后，对钱币事业的兴趣更浓，也更为关照，他的孩子童刚也喜欢收藏。

因为他们从内心喜欢，并不把我当作"下属"，而是认我为"专家"，只要他们在京，我有工作需要，随时可以登门汇报，开诚布公，把话说透，他们也会全力支持。

我深有体会：钱币事业要发展，一定要激发领导的兴趣，得到领导的理解，取得领导的全力支持。

二、货币发行司

　　1991 年 3 月，中国钱币学会秘书处（含《中国钱币》编辑部）迁入中国人民银行办公楼内，与中国钱币博物馆筹备处合署办公，由我主持工作。这不仅是把分散的力量联合起来，合力作战，提高效率，也为后来的钱币博物馆、钱币学会、钱币杂志三位一体的建制打下了基础。

1991 年初入总行大楼的办公室

　　1991 年 10 月我任中国人民银行货币发行司副司长。中国人民银行是当今中国的中央银行，是管理银行的银行，也是管理货币和发行货币的银行。货币发行司正是代表中央银行管理货币和发行货币的主管部门。虽然我在货币发行司主要分管钱币工作，负责中国钱币博物馆的筹建工作，但毕竟身在货币发行司，因此对发行司的其他业务工作，乃至印制总公司、金币总公司的现金生产和发行、纪念币生产和发行等事项也都参与了讨论和决策。

在货币发行司的工作，让我有机会参观考察了我国当代的各个印钞厂、造币厂，同时也有机会参观考察了国外相关的印钞厂、造币厂。

尤其是作为第五套人民币设计方案的领导班子成员（从 1996 年 2 月 16 日召开筹备小组第一次会议开始），我有幸参与了当代货币设计方案的制订，了解了有关货币的政策。第五套人民币从开始酝酿，到设计方案的提出，到逐级报批，反复修改，直至国务院最终审定，正式印制生产到发行流通，整个过程我都亲身经历了。这样的实践，大大拓宽了视野，极大地丰富了我对钱币的认识，使我对钱币学有了全新的理解，认识到钱币学不是古钱学，应该是自古至今、一以贯之的。当代钱币是古代钱币的发展和继续，反过来了解当代钱币也可以更深刻、更全面地解析古代钱币。

故事
打开纪念币的发行渠道

普通流通金属纪念币（1元、5角、1角）开始发行时，并不受到欢迎，发行渠道不通，银行只能在发工资时搭配发放，为此 1992 年 6 月我曾专门做过调研。为了做好宣传，让更多人了解和热爱纪念币，我们做了两件事情：

一、通过学会的渠道，每个会员可以按面值兑换 1 ~ 2 枚。因为会员都是钱币爱好者，这不仅给了会员兑换的方便，也打开了发行渠道，成为和会员联络的一个纽带。

二、1996 年第一次尝试做装帧币。把 1984 ~ 1996 年已经发行的普通纪念币集中装在一个册子里（时称"定位册"），方便钱币爱好者收藏。此事委托北京钱币学会秘书处办理，由程纪中具体操办，开始只收成本费，先在银行内部发行，受到欢迎。于是便推向市场，因为数量有限，一旦流入市场，价格便直线上涨，一时间声势大振，社会效果很好，把积压在发行库的普通金属纪念币全部发放了，仍供不应求。后来，钱币市场各种形式的装帧币也由此而生，形成了纪念币收藏的热潮。

　　如今，普通流通纪念币早已受到人们的认可和青睐，甚至要排队抢购，这样的形势也引起了纪念章市场的繁荣。当年受人冷落，发行"渠道不通"，已经成为历史。

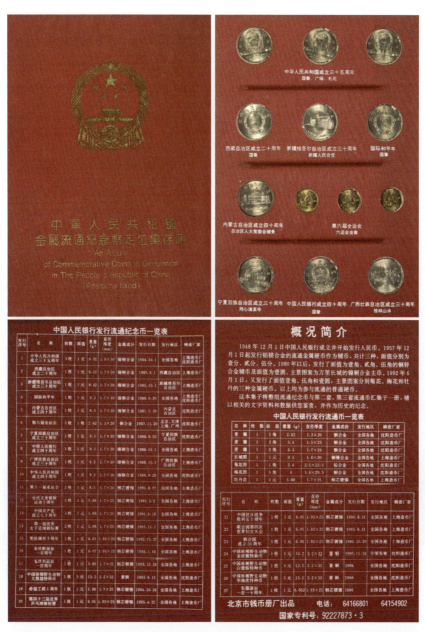

第一本纪念币装帧册（局部）

三、中国钱币博物馆

1990年5月18日，中国人民银行组织成立了中国钱币博物馆筹委会，分管副行长童赠银出任筹委会主任，货币发行司司长李树存、副司长张弘和我任筹委会副主任。我负责筹委会日常事务。

1992年7月29日，中国钱币博物馆在新建的中国人民银行大楼内建成开馆，童赠银副行长主持开馆仪式，成为献给中国钱币学会成立十周年庆典最实在的厚礼。从此，钱币博物馆、钱币学会、钱币杂志三位一体的体制正式形成，作为社团组织的中国钱币学会终于有了十分贴切的依附实体。

1992年中国钱币博物馆开馆之初，和杨秉超、张季琦、姚朔民合影于展厅入口

中国钱币博物馆落成时的序厅内景

中国钱币博物馆成立纪念章

中国钱币学会十周年纪念章

1992年，国家文物局局长张德勤、前局长吕济民出席钱币博物馆开馆典礼并参观展览

故事

马茂宗的钱币梦

20世纪80年代落成的中国人民银行总行大楼，坐落在北京复兴门长安街的北侧。从长安街北望，大楼的前厅像是一块厚实的圆饼，后面弧形的主楼紧握着这块圆饼。若从上面俯视，整座大楼犹如一个大大的元宝，前面的圆厅则是一块厚厚的金币。圆厅的地下一层是钱币博物馆的展厅，再底下一层便是金库。金库的内部结构是一枚"古钱"——方孔圆钱，正中的方形库房是钱币库（钱币博物馆的库房），四周的四个弧形库房是中国人民银行总行的货币发行库。后来钱币博物馆展厅的布置也是方孔圆钱，正中是方形序厅，四周分列四个展厅。这样的构思可谓独具匠心。

中国人民银行总行大楼基建的负责人是时任基建司司长的马茂宗，马茂宗也和钱币有缘，在他任职基建司之前，是人民银行总行海外金银币经销的总代理，香港长城钱币公司的首任老总。在主持大楼基建的时候，他也做着钱币梦，不仅大楼的整体构思离不开钱币，而且在内部布局中也没有忘记钱币。他还设想自己会当上钱币博物馆的馆长，所以在主楼底下的夹层中，特意为钱币博物馆预留了几间办公室。虽然他没有圆了这个梦，但他毕竟是中国钱币学会的常务理事，那是他任职香港时，作为中国钱币学会的海外代表入选的。

故事

朱镕基行长签发的任命状

1991年，中国钱币博物馆落成，任命我为首任馆长。1994年，时任国务院副总理的朱镕基兼任中国人民银行行长，人民银行干部的"政治待遇"似乎也有所提高，具体表现在"任命书"上。原本中国人民银行的司局长任命只是一纸红头文件，这

我的任命状

次我却赶上了好时光，居然收到了盖有朱镕基签名章的"任命书"。对这一特殊待遇，有点喜出望外，我高兴了许久，因为它是一件难得的纪念品，值得收藏。

相关链接

办公地址的多次搬迁

在我任上，中国钱币学会秘书处的办公地址和后来的中国钱币博物馆馆址共有五次搬迁，可以从一个侧面体现了中国钱币事业的发展。

1. 1984年，我刚到北京，中国钱币学会秘书处在541厂（北京印钞厂）招待所借两间客房作为办公室。

2. 1986年，搬至白广路22号，中国印钞造币总公司办公楼的五层，有三间办公室。其中一间是秘书处办公室，一间是《中国钱币》编辑部办

1998年天安门广场西侧的中国钱币博物馆大门

公室，一间是库房。在秘书处办公室的旁边还有两间房子，做了个小型钱币展。

3. 1991年，搬至中国人民银行办公楼一楼大厅后面，楼下一层为中国钱币博物馆展厅，楼下二层为中国钱币博物馆钱币库。我任货币发行司副司长后，在中国人民银行办公楼九层，分给我一间办公室，一楼的办公区仍保留。

4. 1998年，迁入西交民巷22号，原金城银行北京分行的旧址办公。地处天安门广场西侧，正门面对天安门广场，打出了"中国钱币博物馆"的馆名，第一次有了向社会开放的钱币展厅。从此，中国钱币博物馆入驻了中华人民共和国的中心区域。

5. 2002年，中国钱币博物馆馆址最后落定在西交民巷17号院，此院包括原大陆银行北京分行、原保商银行北京分行和原中央银行北京分行三行的旧址。这里既是北京市文物保护单位，也是中华人民共和国成立后中国人民银行总行最初的办公地址，当然更是钱币博物馆的最佳选址。

故事

行长合力解决中国钱币博物馆馆址

中国钱币博物馆馆址最后落定在
西交民巷17号院，但因为历史的原
因，此院的几幢楼房已经分别为不同
的单位使用，涉及不同的管理部门，
所以落实起来，难度极大。为此，史
纪良副行长亲自出面，和中国银行等
房产使用单位及各有关部门的领导反
复沟通协调，还在会计司落实了相关
的补偿经费。

2002年落成的新馆

2001年9月4日，戴相龙行长
还专门约谈时任中国银行行长刘明康，才最后落实，同意将使用权转让给
中国人民银行，并以会议纪要的形式确定下来。

事情最终如愿以偿，但其间的辛苦和曲折至今我都历历在目。

故事

"一荣俱荣，一损俱损"

1992年7月29日，中国钱币博物馆落成时，我以货币发行司副司长
的身份兼任钱币博物馆馆长，中国钱币博物馆的机构设置却仍是处级单位。
后来，中国钱币博物馆独立编制，也因为种种原因，没有改变这个格局，
所以我长时间享受着"高配"的待遇。

1994年9月1日，中国人民银行下发（银"三定"〔1994〕28号）《关
于中国钱币博物馆"三定"方案的批复》。因为我早就是副局级干部，所
以人事司原来的意思，想趁此机会解决博物馆的副局级设置问题，但因牵
涉其他几个兄弟单位的类似情况，也未如愿。此时有位好心的同事悄悄对
我说："博物馆既然不升格，何必再留在那里，不如回发行司，还有升迁
的机会。"我对他笑笑，感谢他的好意，但我内心却十分坚定：即使"不
升级，我也不会离开钱币博物馆"。因为这里有我终生的事业，别人是不
一定理解的。

2007 年，在我办退休手续时，时任博物馆党委书记的庞则义也曾和我商量，可否将人事关系转到总行机关，或许待遇会好一些，也会稳定一些。我也只是一笑了之，因为我心里明白：我的命运已经和钱币事业连在一起，"一荣俱荣，一损俱损"，别的就不再考虑了。所以我是第一个以钱币博物馆员工的名义退休的人员（在我之前，钱币博物馆员工退休后，都是人民银行退休职工）。

（一）中国钱币博物馆藏品的积累

中国钱币博物馆的藏品主要来源是：①原人民银行金银库的藏品，包括金银币和金银锭；②原人民银行货币发行库的藏品，包括已经退出流通的旧币和古代钱币、原革命根据地货币以及有关的样币、样钞；③文物部门的调拨；④钱币收藏者的捐赠，包括纸币收藏家渠汇川、金银币收藏家黄梅祯等的早期捐赠；⑤向社会征集，包括新疆、西藏等少数民族钱币和丝绸之路等外国钱币的征集；⑥当代钱币，包括新发行的流通币、流通纪念币、贵金属纪念币；⑦由外交部支持，委请派驻各国的使馆帮助征集。

为了征集藏品，在钱币博物馆筹备时期，我们从有关省市借调了几位业务骨干，有程纪中、刘建民、盛观熙、张弛、胡学源等来充实征集的力量。又和国家文物局协商，由国家文物局正式发文，请各文博单位大力支持，为钱币征集创造良好的政策和舆论环境。

事实上，我们对钱币和相关文物的征集工作，始终没有放松过。因此，中国钱币博物馆虽然建馆较晚，但也拥有了相当的藏品数量和质量，形成了自己藏品的特色。诸如：先秦钱币，历代金银锭，机制金、银、铜币，革命根据地货币，少数民族地区的钱币，当代钱币和外国钱币，都有引人瞩目之处。

中国钱币博物馆开展钱币征集是下了大力气，可以称得上"大手笔"的。诸如，以前忽视对少数民族钱币的收集和研究，我国是一个多民族国家，不能只收藏、只研究中原地区的钱币，也要大力征集和研究少数民族政权、少数民族地区的钱币，一旦发现，便全力抢救，大力征集。

同样，对中国周边国家和地区的钱币也要征集。有一段时期，越南等一些周边国家的历史货币流入我国，赠银同志指示："凡是流入我国境内的外国钱币也要收集，妥善保护，并要开展研究。"正是在他的支持下，才有了云南钱币研究会和广西钱币学会联合编纂的《越南历史货币》（中国金融出版社，1993年）。后来越南历史研究所、考古研究所所长杜文宇先生来访，我送他此书，让他十分吃惊，连说越南都没有这样翔实的专门研究越南钱币的书籍。

1. 人民银行各相关部门的协力

（1）总行会计司的支持

1990年，中国钱币博物馆筹委会成立时，我和李树存同为筹委会副主任，当时李树存身兼数职，既是货币发行司司长，又是会计司司长、金银管理司司长，是总行有名的"三军司令"。中国钱币博物馆筹备工作开展时，藏品征集是首要的事情，当时他就以会计司司长的身份给我许了愿，说："以后，在钱币博物馆的账户上，给你存50万用于钱币征集，用多少补多少。"他兑现了这个诺言，在当时50万已经不是一个小数了。

1991年，钱币博物馆展厅布展时，时任会计司司长的马德伦（后任中国人民银行副行长）也给予了特别的关照。他为布展专门划拨了200万专款，还特意给我交代："这是因为你，才给了那么多，要珍惜着用。"

1993年，陈世范接任会计司司长后，又给了更宽松的政策。他说："我在会计司的总账上设一个'钱币'的户头，钱币博物馆设分户。这样，博物馆征集实物，只要你签字就实报实销，上不封顶。"

有了会计司的支持，博物馆征集实物的费用再无后顾之忧。有了这个底气，在征集新疆古钱、西藏古钱时，我才有了"托拉斯"的决心，有多少，收多少。伊拉克战争时，据说其国家博物馆受损，部分藏品流散民间，有的钱币也流散到中国，我们也着力抢救，能收的就收。在征集越南钱币、苏联钱币时，我们才会要求有关省、区钱币学会：凡是流入我国境内的，都要想办法收集；进而通过外交部的关系，征集世界各国的钱币。所以中国钱币博物馆的藏品除了中原地区的钱币外，又增加了其他博物馆并不多见的少数民族地区钱币、边疆地区钱币和外国钱币，形成了自己藏品的特色。

当然我作为负责人，必须十分谨慎，要保证征集的钱币没有差错，不给国家造成损失。会计司的这个政策一直沿用到我离任。

在征集钱币这件事上，我没有给博物馆丢过人，也没有辜负了会计司领导对我的信任。我离任后，接任的钱币博物馆党委书记温克勤曾告诉我："我们曾对你经手征集的钱币做了核查，至今增值近一倍。"我不知道他们会做得那么细，但知道了这个结果，还是大为释然，终于可以放心告诉自己："我无愧于博物馆，无愧于国家。"

（2）总行货币发行司的支持

钱币博物馆开始是货币发行司下属的一个部门，所以钱币博物馆成立后，原来由货币发行库保管的古钱币便转交给钱币博物馆保管，成为钱币博物馆的基本藏品的一部分。钱币博物馆从货币发行司分离出来，直属总行管理以后（实际上仍有货币发行司代表总行管理），和货币发行司仍保持着特殊的关系。我记得有几件事对博物馆的收藏影响很大：

一是，1996年，在喻玉娟任金银管理司副司长时，曾将一批他们名下的"老银圆"移交给钱币博物馆。

二是，1998年，货币发行司有一个大手笔：对全国货币发行库所保管的金银做重新鉴定分类，明确凡属珍稀的纪念币均划拨钱币博物馆保管。经过一年多的筹备，到1999年12月7日在武汉重点库正式开始实施，当场开箱重新鉴定，重新分类保管。

尽管后来随着人事变动，情况有变，但对金银做了重新鉴定，对珍稀纪念币划定并专门保管，已成事实。

三是，2000年，总行机构调整，把货币发行司和金银管理司合并成货币金银局，在段引玲任局长时，将原金银管理司保管的"老银圆"（清、民国时期的金银纪念币）划拨给钱币博物馆，成为钱币博物馆的基本藏品。

（3）中国印制总公司和金币总公司的支持

1991年，中国钱币博物馆正式成立，中国钱币学会秘书处迁入总行大楼办公，归由中国钱币博物馆代为管理。原钱币学会秘书处收藏的钱币实物自然也由中国印钞造币总公司名下转到钱币博物馆名下，成为钱币博物馆的基本藏品。

1992年，在皮执凯任中国金币总公司总经理的时候，将原金币总公司自留的一套当代贵金属纪念币转拨给中国钱币博物馆。从此，凡金币总公司新发行的纪念币，钱币博物馆都有收藏，钱币博物馆在人民银行系统成

在办公室接收山东钱币学会捐赠的战国"齐刀"，背景是赵朴初先生为中国钱币博物馆题写的馆名。

为收藏当代钱币的"专业户"，也在全国博物馆界形成自己的特色。

（4）各地钱币学会的支持

各地钱币学会和中国人民银行各分支机构，以及相关金融部门的支持。有的捐赠古钱币，有的捐赠旧藏金银锭、金银纪念币，有的捐赠革命根据地货币。

2. 文博系统的支持

国家文物局的支持，中国钱币博物馆的筹建工作，从一开始就得到国家文物局的大力支持，国家文物局专门行文要求各地文博单位给予相关文物的支助，支持中国钱币博物馆的建设工作。所以，现在中国钱币博物馆的馆藏文物中，有相当部分是由文博单位调拨的，包括古代钱币、金银钱币和纸币。

安徽寿县的捐赠　1992年夏，淮河水灾，安徽沿淮六县灾情严重，为抗灾自救，寿县县长专程来京，希望得到银行贷款。

寿县是战国晚期楚国国都寿春的所在地，地下文物丰富，尤其是楚晚期的"郢爯"金版占当今遗存总数的大多数，其中完整者更是不可多见。这次他们带来两块完整的"郢爯"金版，捐献给中国钱币博物馆，希望我们帮助协商贷款事宜。为此我即刻请示了行领导，并与总行资金司副司长钟起瑞取得联系，请"专项"处协助解决，最后取得了圆满结果，分两年

"郢爯"金版

解决了寿县的无息贷款150万。1993年冬，我去安徽出差，还专门了解了落实情况，也算为抗灾出了一份力。

第一次和考古部门合作发掘铸钱遗址　2002年春，由中国钱币学会提议和配合，国家文物局批准，福建博物院主持，对泉州市承天寺五代十国闽"永隆通宝"铸钱遗址进行了正式探测和科学发掘。这是中国钱币学会第一次和考古部门合作开展铸钱遗址的专门发掘，也是第一次对唐以后的铸钱遗址进行专门发掘。从酝酿到正式立项，我三次奔赴福建，到福州，到泉州，到遗址实地考察，和福建钱币学会、泉州钱币学会、福建省博物院和福建文博系统负责同志反复协商并取得一致意见。其间，蒋九如、赖俊哲起了重要的作用。

福建钱币学会、泉州钱币学会的钱币学者参与了这次发掘的资料清理

永隆通宝陶范

和研究工作，并协助整理出了发掘报告。通过这次专题考古发掘，我们认识到：在中原地区，隋唐时期，我国的铸钱技术早已进入翻砂铸钱的工艺阶段，但在南方边缘

钱币学者潘用福、谢志雄在清理出土文物

地区的福建闽地却仍滞留在一钱一范的原始铸钱工艺阶段。2005年，在中华书局正式出版发行了这次清理和研究的成果：《永隆通宝钱范》。

　　3.外交部的支持

　　外交部工会有个钱币组，对外称外交部钱币协会，而且有一位部级领导兼任会长，钱其琛、杨洁篪、吉佩定等都兼任过会长。外交部有很多同志都喜欢集藏钱币，主要是外币。驻各国使馆的工作人员，尤其是信使，世界各地都去，所以集藏外币成为他们的一种传统兴趣，他们举办过展览，编著过钱谱，中国钱币学会成立以后，一直和我们友好相处，成为我们的团体会员。杨洁篪、吉佩定还担任过我们的常务理事、副理事长。刘振堂（曾任外交部西亚、欧洲司司长，以色列、伊朗等国大使）不仅热心于收藏，而且还用心研究，是外交部钱币协会顾问，中国钱币学会外币委员会主任。

　　因为和外交部有这样一层亲密的关系，外交部专门下文给驻各国的使馆，要求各国使馆帮助我们征集有关各国的钱币，成为他们分内的工作。中国钱币博物馆收藏有一批外国钱币，形成馆藏的一大特色，我们也曾多次举办过外国钱币的专题展览。

　　此外，也通过外交部邀请有关国家来我馆举办钱币展览。2001年11月，为庆祝中国、黎巴嫩建交卅周年，举办了黎巴嫩货币展；2012 年 9 月，在西安举办"世界珍稀特货币展"，刘振堂专门邀我去出席开幕式，后来我为此写了一篇"世界珍稀特货币展"观后感，题目是"在欢乐和享受之中，获取新鲜的钱币知识"。此文被收入我的第二本文集之中。

4. 钱币收藏家的支持

从社会收藏到国家收藏　渠汇川是当年民间收藏纸币的大家，后来他的藏品捐给了中国人民银行，成为中国钱币博物馆的藏品。

其实，老一代钱币收藏家的藏品，不管是通过什么渠道，后来大部分都归集到了博物馆，成为国家的收藏。如罗伯昭、张季量（其子张开济）、沈子槎、陈仁涛（包括原方若、张綗伯的藏品）、戴葆庭的部分藏品先后入藏中国国家博物馆；孙鼎、李荫轩、蒋伯勋、李伟先、施嘉幹、吴筹中、杜维善的部分藏品先后入藏上海博物馆。此外，天津博物馆、辽宁博物馆、大连博物馆、浙江博物馆等也都收藏有老一代藏家们的旧藏。

实际上民间收藏已经成为国家收藏的预备队，并为国家收藏做好了入藏的前期准备，诸如真伪的鉴定、珍稀程度的鉴定、品相的保护、相关资料的汇集等等，在民间收藏时都做过大量的工作。

王贵忱先生的捐赠　王贵忱先生是著名古籍目录版本学家，曾任中山图书馆副馆长、广东省博物馆副馆长。尤其注重珍藏钱币的文献资料，"对古钱币图书，见无不收"，故"所得独多"。曾主编"中国钱币文献丛书"，1993 年开始在上海古籍出版社出版，共成书 11 辑 15 册。

1999 年 12 月 25 日，他把其珍藏的泉币文献资料 600 余册捐献给中国钱币博物馆。这次捐赠的图书，包括不少善本、稀本，甚至孤本。诸如明正德本元马端临《钱币考》、明欣赏本宋李清照《打马图至》、明秘册汇函本宋

王贵忱先生介绍他捐赠的藏书

洪遵《泉志》、明崇祯
银粮册蓝格印本、明崇
祯间津逮秘书本宋洪遵
《泉志》；清本53种；
晚清民初谱录100余
种；名家稿本、批校本
3种；近现代名家泉拓
30余种；还有清币制
奏案辑要等60余种等，
对研究中国货币史、金

给萧清先生介绍收藏证书内容

为陈文涛先生颁奖（右黄锡全）

融史、钱币学都是重要的资料。我特意为他颁发了收藏证书，以资鼓励和
感谢。并设专号专柜保存这批资料，成为我馆藏品的一大亮点。

　　此外，货币史学家、中国人民大学教授萧清先生也向钱币博物馆捐赠
了他的藏书600多册，已故钱币收藏家沈子槎之子沈善齐向钱币博物馆捐
赠了沈子槎旧藏古钱1680枚，纸币收藏家徐枫向钱币博物馆捐赠了中外纸
币2155张……我都代表博物馆分别为他们颁发了收藏证书。

（二）中国钱币博物馆的陈列展览

中国钱币博物馆开始的规划，是站在中国人民银行的高度，所以中国钱币博物馆陈列展览工作的最初布局是：

（1）把中国印钞造币博物馆、中国金币博物馆都作为中国钱币博物馆的分馆，所以中国钱币博物馆的基本陈列以历代钱币通史为基调，从钱币的诞生到中国人民银行成立，第一套人民币发行为止。

（2）印钞造币博物馆的基本陈列以当代钱币为基调，重点介绍中国人民银行成立之后印钞造币技术的进步。

（3）金币博物馆的基本陈列以当代金银钱币为基调，重点介绍贵金属纪念币、章的艺术性，彰显华贵之气。

（4）中国印钞造币总公司下属的印钞厂、造币厂，中国金币总公司下属的造币厂和营销网店也可以根据自身特点创办各具特色的博物馆，供参观。

根据这样的思路，在中国钱币博物馆建设的同时，中国印钞造币总公司和中国金币总公司也开始酝酿筹建博物馆，其下属企业也先后筹建了博物馆。现在看来，这个规划基本实现，各单位都已有了自己的博物馆，只是管理体制和原规划有了一些变化，各博物馆建成以后，仍由原单位各自分管。

故事

赴青海举办钱币展览

1997年7月底8月初，由中国钱币博物馆和青海省分行联合主办的"中国历代货币展"在西宁市青海省会议中心展出，历时一周。这是中国钱币博物馆成立以后，第一次到外地举办展览。展览由历代铸币、人民币和金银纪念币三部分组成。

展览的成功，为后来的同类活动提供了实践经验，既宣传了钱币文化，也联络了和相关省、市人民银行的感情，可谓一举多得。这次展览还约请中国金币总公司一起参加，实践了展、销结合的模式。此后，与各地学会联合在地方举办钱币展览，成为一种常态，并且还有了走出国门举办展览的实践。

（三）中国钱币博物馆的研究成果

有了中国钱币学会前十年的积累，钱币博物馆成立时已经有了一定的研究力量，建馆后又陆续调入一批研究人员，基本形成了现在的格局。又有《中国钱币》杂志，既是钱币学会的会刊，同时也是钱币博物馆的馆刊。

中国钱币博物馆成立以后，各类学术活动不仅继续开展，而且力度更大，范围更广，也更为规范。与各专题委员会、各省地方学会相互配合、相互支持，学术活动逐步深化细化。

1. 成立学术委员会

1991 年 8 月 1 日，在中国钱币学会第三次全国会员代表大会上，成立了中国钱币学会学术委员会，明确学术委员不仅是相关领域的学术带头人，也是学术成果评选委员会的主要成员，聘请李学勤为主任委员，戴志强、张季琦、姚朔民为副主任委员。

经过四年的实践，于 1995 年 8 月 27 日，中国钱币学会学术委员会在山西太原召开座谈会。《中国历代货币大系》编委会、《中国钱币大辞典》编委会、"中国革命根据地货币史"丛书编委会、东南亚货币研究会、《中国钱币》杂志编辑部分别做了工作汇报，到会的学术委员进行了认真讨论，并对学术委员会的工作发表了意见，提出很好的建议。

我在会上回顾了学术委员会成立四年来钱币界学术研究活动进展的情况、取得的成果，提出了今后工作的思考。强调要进一步加强学术研究的工作；要注意收集中外钱币书刊，了解掌握学术动态；要坚持编好书、出好书；要发挥好学术委员会的作用，进一步重视专家学者、各专题委员会和《中国历代货币大系》编委会、《中国钱币大辞典》编委会、"中国革命根据地货币史"编委会的作用。

1997 年 4 月 21～23 日中国钱币学会第四次全国会员代表大会期间，同时召开了学术委员会会议，把学术委员会的工作列入了学会的日常工作。学术委员的人数从成立时的 32 人，到 1997 年增至 54 人。年龄配比逐步年轻：

	1991 年		1997 年	
50 岁以下	1 人	占比 3．1%	12 人	占比 22．2%
60 岁以下	10 人	占比 31．3%	12 人	占比 22．2%
60 岁以上	21 人	占比 65．6%	30 人	占比 55．6%
合计	32 人		54 人	

1995 年 8 月出席学术委员座谈会的国家文物鉴定委员合影（左起刘建民、董德义、朱活、唐石父、吴凤岗、戴志强）

2. 建立学术成果奖励制度

为了鼓励学术活动，开展学术研究，学会逐步建立并完善了有关学术研究成果的奖励制度。

1993 年 3 月，广西南宁召开的中国钱币学会全国秘书长工作会议决定，设立"金泉奖"，作为中国钱币学会最高学术奖，并定在 1994 年的中国钱币学会第五届年会上颁发第一届金泉奖。

金泉奖的筹备工作，除了制定奖励工作条例、设置和落实奖励项目、奖励制度和办法外，我们遇到的一个具体问题是奖金的标准如何确定。作为全国最高学术奖，奖金少了和它的身价不符，拿不出手；奖金高了，经费来源又是问题。最后请示时任中国钱币学会理事长的童赠银副行长，童行长出了一个极好的主意：做一枚金质的仿制"古钱"，作为"金泉奖"奖章，既华贵，又不落俗套；既有钱币学会的特色，又能发挥造币厂的优势，推进当代的钱币文化；做出自己的个性，根据获奖名额，限量定制；花钱不多，但升值空间很大。

根据这个主意，第一届"金泉奖"选定为仿唐"开元通宝"钱，寓意深刻，文字秀美，又端庄大方。设计方案确定为：正面制作完全仿照唐"开元通宝"，背面穿上加铸中国钱币学会会徽，背部外廓加宽，下方阴刻"中国钱币学会 第一届金泉奖"字样和年号。并确定由沈阳造币厂来制造。

沈阳造币厂接到任务后，我要求他们，必须要仿古像古，要用当代的打制技术做出古代的浇铸效果，做出"中国钱币学会"这块牌子的分量。但他们初见图稿，看似简单，一个代表当今国家造币水平的大厂、老厂做这样一个小项目，应该不在话下。但实际操作之后，并非想象得那么简单。第一次打制的样钱和预期相去甚远，只能推倒重来。

为这枚奖章，我先后三次到沈阳，多次会同沈阳造币厂主管生产的副厂长宁应成、生产处处长董江以及相关技术人员、车间负责人座谈，共同讨论存在的问题，如何解决形似而"神"离的问题，还要做一点钱币学的知识讲解，让他们一起来体会、来理解。在实践中，他们逐步提高了对"古钱神韵"的认识，对欧阳询书法的理解，对"唐风"的体会，经过反复调整，四次修改，四次打制样钱，才相对满意。

继仿唐"开元通宝"钱之后，后来的几届"金泉奖"，又有仿宋"政和通宝"钱、仿明"永乐通宝"钱、仿清"康熙通宝"钱的制作，仿古钱系列成为沈阳造币厂的一项专利、一项特色工艺，也成为获奖者心爱的至宝。

相关链接

四届金泉奖的收获

第一届金泉奖：1994年6月，评出优秀论文41个，优秀学术著作5个，优秀科普著作2个，优秀刊物2个，重大发现2个，合计52个。另有特别奖3个。

第二届金泉奖：1998年10月，评出优秀论文35个，优秀学术著作17个，优秀科普音像制品10个，优秀刊物5个，合计67个。

第三届金泉奖: 2003年10月，评出优秀论文30个，优秀学术著作12个，优秀科普音像制品4个，优秀刊物4个，优秀陈列展览4个，合计54个。

第四届金泉奖: 2008年10月，评出优秀论文40个，优秀学术著作17个，优秀科普音像制品5个，优秀刊物5个，优秀陈列展览5个，合计72个。

金泉奖活动的开展，大大提升了我国钱币界的学术氛围，拓宽了钱币学术研究的广度，推进了钱币学术研究的深度，为中国钱币学的学科建设做出了有效的贡献，也为中国钱币学学科培养了一批专业人才。

附：我的获奖项目

第一届：学术著作奖一项，《戴葆庭集拓中外钱币珍品》（与沈鸣镝合作）；科普著作奖一项，《中国历代货币》修订本；优秀论文奖两项，《中国历代铜铸币合金成分探讨》（与周卫荣合作）、《货泉初探——兼论莽钱制作特征的演变》（与谢世平合作）。另外，由我主编的《中国钱币》杂志获优秀刊物奖。

第二届：科普作品奖一项，《中国文物鉴定——货币》录像带（中国历史博物馆主持组织）；优秀论文奖两项，《试论中国钱币的鉴定》《中国古代黄铜铸钱历史的再验证》（与周卫荣合作）。

第四届金泉奖证书和奖章

第三届：优秀论文奖两项，《对钱币学的一点认识》《"夹锡钱"问题再研究》（与周卫荣合作）；科普音像奖一项，《孔方春秋》（中央电视台十频道"探索发现"栏目）；另外，由我主编的《中国钱币》杂志获优秀刊物奖。

第四届：优秀著作奖一项，《戴志强钱币学文集》；科普音像奖两项，《中国钱币史话》（武汉电视台）、《中华人民共和国货币（电子版）》（与朱纯德合作）。

相关链接

中国人民银行授聘研究员职称

1993 年 6 月我被总行聘为研究员职称，成为钱币系统第一个被授予研究系列正高级职称的人。

研究员资格证书

相关链接

三次受聘中国人民银行研究系列高级职称评委

1997 年 10 月，受聘为中国人民银行研究系列第 4 届高级专业技术职称评审委员。此后，金融系统钱币研究者中有多人相继被授予正高级职称，包括中国钱币博物馆，也包括有关省、市、自治区钱币学会秘书处的研究人员。广西钱币学会秘书处的张世铨是省、市、自治区学会秘书处中最早被评为正高级职称的学者。

2000 年 7 月，受聘中国人民银行研究系列第 5 届高级专业技术职称评审委员。本届报名参评者共 51 人，其中钱币专业申报 9 人，通过 6 人，是人数较多的一次。

2002 年 12 月，受聘中国人民银行研究系列第 6 届高级专业技术职称评审委员。本届评委由戴相龙行长任评委会主任，李若谷副行长任评委会副主任。参评者共 34 人，通过 16 人，钱币博物馆高聪明就是本届通过正高职称的。

（四）中国钱币博物馆和中国钱币学会的著录成果

1.《中国历代货币大系》

马飞海总主编，上海钱币学会组织落实，上海人民出版社出版，1988年出版第一卷《先秦货币》，至2016年出版第十二卷《钱币学与货币文化》，历时28年，共成书12卷15册。我参与了课题启动时期的酝酿和组织工作，并分工负责宋代卷

1992年7月陪同裘锡圭参观中国钱币博物馆，现场讨论空首布铭文

的编写，后因其他事务缠身，只得退出具体编纂事宜。

2.《中国钱币大辞典》

1999年7月，和赵会元一起向李葆华汇报《中国钱币大辞典》工作

1991 年 8 月 1 日，中国钱币学会第三次代表大会在哈尔滨召开，与刘宗汉（左）、周卫荣合影于松花江畔

河南钱币学会组织落实，中华书局出版，1995 年《先秦编》出版，至今已成书 10 编 18 册。我作为编委会副主任、副总编，没有虚度其名，几乎参加了每一编（册）的编审会和审稿会。在这里，我要感谢《中国钱币大辞典》编辑部赵宁夫、胡国瑞、刘森等几届主任，是他们负责书稿的编纂工作，是他们的努力和担当，保证了编纂的顺利开展。

《中国钱币大辞典》自 1985 年 10 月正式启动，至 1995 年 11 月首编《先秦编》正式发行，历时整整 10 年。

本书责任编辑刘宗汉先生，是中华书局语言文字编辑室主任。他师从著名古文字学家于省吾，善书法，是中国书法家协会理事；广学识，是北京市政府参事；他喜欢文物、喜欢钱币，也是中国钱币学会理事和学术委员。我和他相识于 20 世纪 80 年代，是志同道合的好朋友，《戴葆庭集拓中外钱币珍品》便是他担任的责任编辑，于 1990 年由中华书局出版的。丁福保编著的《古钱大词（辞）典》，也是在他的努力下中华书局再版的。由他来责编《中国钱币大辞典》，特别是《先秦编》，是最合适的人选。他的全身心投入，不仅保证了书的质量，而且提高了书的质量，事实上他既是这一编的编者，也是这一编的半个作者。

本书主编朱活先生是先秦货币的著名学者，既是钱币学家，也是古文字学家。副主编蔡运章先生、石永士先生都是考古学家，也是古文字学家、钱币学家。所以，这本书是钱币学、科学考古和古文字学相结合的产物。

中华书局把这套书列入"八五"规划，后又延续列入"九五"规划。其实，在此书出版之前，我们还没有一本现代意义上的钱币辞典。经过作者、编者、中国钱币学会和中华书局的多方协商努力，最终采取了现代百科全书式的编纂形式：先列出大的框架，确定综合词条；然后以综合词条为纲，以具体钱币词条为目，分5级设置框架，确立了以"钱币铭文（面文）＋钱币（币型）特征"为词目命名的基本原则。先秦编共收录词目974条，为确保书的质量，刘宗汉最后还做了两件事情：一是，先秦钱币铭文属战国文字，书稿完成之后，又特意请著名古文字学者裘锡圭、李家浩作了最后审定；二是，全书收录钱币拓本1500余件，他也要我做了最后甄别。

凡事开头难，十年的辛苦，终于有了《先秦编》的成功，也为以后各编提供了成功的范例。

故事

"盛世修志，历来如此"

史纪良副行长从1998年开始分管钱币工作。他做领导，为钱币工作的开展，解决了很多具体问题。譬如，世纪之交，《中国钱币大辞典》编纂工作一度经费困难，出现了人心涣散、难以为继的局面，史纪良副行长听取我们的汇报后，在签报上明确而肯定地批示："盛世修志，历来如此。为此，两本大作(指《中国历代货币大系》和《中国钱币大辞典》)应当继续并善始善终。如有困难，请上海、济南分行全力支持。"

2001年6月27日史纪良在签报上的批示

他的批示，不仅解决了编纂工作的具体问题，扭转了局面，而且带动了相关领导和部门对钱币工作的重视，大大提升了钱币工作者的热情。

2008年秋，大辞典《清民国铜圆卷》审稿会

附录：

刘春声的《中国钱币大辞典·压胜钱编》编后记

"春晓同行助远游，声细心语话泉学"。这副联句是5年前戴志强先生为我撰写的。联句用了藏头格，把我的名字"春声"二字嵌入其中，戴先生无疑是费了一番心思，我十分珍视。

戴志强先生是浙江绍兴人，毕业于上海复旦大学历史系，国家文物鉴定委员会委员，国家文物局专家组成员，原中国钱币博物馆馆长，当代钱币学著名学者和学术带头人，学养渊深，待人谦和。我20多年前就结识了戴先生，那时他是中国人民银行货币发行司副司长，主持筹建中国钱币博物馆，主持中国钱币学会工作，是中国现代钱币研究事业的开拓者。我当时则是才入门的一名普通钱币爱好者，可以说，戴先生是我的老师，从那时起，我不断得到戴先生的指导和教诲。改革开放后，戴志强先生着力推动钱币研究事业的复苏，并把钱币交流、研究推向市场，毫不夸张地说，中国文物市场的解冻是从古钱币市场开始的。在这方面，戴先生功不可没。

戴先生一直兼任《中国钱币大辞典》副总编，大辞典在编纂过程中，曾把压胜钱的内容作为附录，其后随着压胜钱集藏队伍的不断扩大，研究成果不断刷新，编辑部遂将压胜钱作为正式一编开始编纂，这还是20世纪末的事情，当时聘任著名学者、考古学家郭若愚先生为主编。后来，由于郭老年事已高，这一编的编纂实际上一直没有向前推进，直到郭老辞去主编，编纂委员会才重新物色新主编。承蒙戴先生及中国钱币学会姚朔民、金德平、高聪明等诸位老师推荐，我于2008年受聘担任《压胜钱编》主编。

本文开头提到的那副联句，记述的是2008年4月21日，我与戴志强先生同行赴郑州出席《中国钱币大辞典·元明编》编纂审稿会议，乘动车从北京到郑州有4个多小时，我们一直在兴味盎然地聊着当代中国钱币学研究的过往与现状。戴先生自幼随父戴葆庭出入上海古玩市场，多次参加上海泉币学社例会，了解许多钱币界的往事，熟知很多旧上海著名古钱学家、商家的掌故。聊到当代钱币研究的一些热点问题时，戴先生谈到一些他的学术看法和观点，这让我受益匪浅。在两个月后的大辞典《压胜钱编》的审稿会上，戴先生嘱我会后到上海去一下，争取征集到活跃在20世纪二三十年代几位钱币收藏家的资料，编入大辞典中。并为我做了一些联系和铺垫工作。会后，我专程赴上海，在当地有关部门和热心人士的帮助下，征集到珍贵拓片一百多幅，为大辞典增色多多。在审稿会上，戴司长作了精彩的总结发言。这个发言，我做了详细记录，发言提纲挈领，抓住了压胜钱编纂工作的主线，针对压胜钱有别于行用钱的特殊性，提出了许多带有指导性的意见和要求，比如断代问题、辨伪问题、炉别问题等等，回过头来看，戴司长的这个发言确实是真知灼见，为压胜钱编的编纂工作起到了画龙点睛的作用。我在编纂实践中，常常回味戴司长的话，深受启发。有时，脑子中就会突然闪现一些前所未有的想法。譬如，在确定了贵州官炉的诸多品种后，我发现这样一个有趣的现象，即贵炉多铸先秦经史子集中的经典名句，而贵州自古交通闭塞，经济落后，为什么引用古籍中的经典名句反倒多于江浙发达地区呢？这就给我提供了一个新的研究课题。

戴先生在审稿会上指出，相对来说，《压胜钱编》的难度更大，基础相对薄弱。前辈在压胜钱的研究方面，能提供借鉴的东西不多，在压胜钱上面下的功夫不多，只是一种"业余"爱好，欣赏而已。专论很少，图谱也有限。这是从20世纪大辞典开始着手编辑时就预料到的。考虑到当时的研究成果相对少，决定编附录。这是个新课题，后来网络兴起，民俗钱币学会成立，短短几年就编了三本论文集，这些都为现在这一编奠定了基础。可以说，把附录改为正式一编，并重新聘请主编开始编纂，是抓住了历史机遇。这本书，只要印出来，就是前所未有的，就是历史上的第一部，当然，这样讲不等于可以放松要求。春声同志在这方面下了很大功夫，倾注了很多心血，比如"综合词条"，这是纲领性的，分量最重，他修改了10遍，大辞典编了这么多编、卷，十易其稿，恐怕是没有的。

（录自刘春声《探花集》，作家出版社，2014年）

3．"中国钱币文献丛书"

马飞海、王贵忱主编，上海古籍出版社，从1993年开始出版，全书计划31辑，实际只成书11辑，共为15册。是书由贵忱先生发起，并付诸实施；我虚列编委会副主任之名。其中第28篇《寿泉集拓初集》《寿泉集拓二集》由我提供原书影印。

4．"中国革命根据地货币史"丛书

中国金融出版社自1992年开始分卷出版，每个根据地一本专册，最后以《中国革命根据地货币史纲》作为全书的总结，于2008年出版。这套书调动了全国各有关省区的力量，以钱币学的视野，在重新调查研究的基础上编著完成，全书20本，由周世敏任主任委员，许树信、戴志强任副主任委员。

2002年8月《东北革命根据地货币史》在哈尔滨召开第一次编委会

5. 相关钱币图录

《中国历代货币》，新华出版社 1983 年初版，1988 年我主持出版了修订本；《中国古钞图辑》，内蒙古钱币研究会和《中国钱币》编辑部合编，中国金融出版社 1987 年出版；《中国古钱谱》，文物出版社 1989 年出版，由刘巨成主编，我参与了具体的编纂工作；《中华人民共和国货币图录》，中国钱币博物馆编辑，中国大百科全书出版社 1993 年出版；《国际流通货币全书》，中国钱币博物馆编辑，戴志强、黄锡全主编，经济日报出版社 1999 年出版。

6. "中国钱币丛书"

甲种本（学术专著），自 1997 年开始由中华书局出版，由我担任丛书主编，共出书 20 本，退休后虚列为顾问之名，至今已出书至 29 本；乙种本（知识性读物），自 2001 年出书，共成书 4 本。

（五）和中国金币总公司合作成果

1. 参与创办北京国际钱币博览会

由中国金币总公司发起并主办、中国印钞造币公司和中国钱币博物馆协办的北京国际钱币博览会，创始于 1995 年，至今已经第 16 届了。北京国际钱币博览会创办伊始就强调要融入文化意识，所以有两个鲜明的特点：一是，每届博览会都会邀请各国印钞厂、造币厂的专业技术人员参加，举办学术论坛，他们会带来新思路、新计划、新产品、新技术，相互交流，共同切磋；二是，每届博览会都会举办一个钱币展览，介绍和展示某一历史时期、某一地区，或某一专题的钱币和钱币文化。把钱币文化融入钱币市场，融入商业活动，使之更接地气，也更有活力。

每届博览会还会发行一枚北京国际钱币博览会纪念银币。开始是在中国熊猫纪念币上加制"博览会纪念币"字样（1995～2006 年），自 2007 年起，北京国际钱币博览会纪念银币实现了单独立项。第一系列十枚（2007～2016 年），我作为这 系列纪念币的主创人员，明确这套纪念币最初的设计意向：以中西方钱币文化对比的形式，勾勒出中西方钱币的沿革历史。我负责内容的选择，做到中国历代货币和西方货币的同时期匹配。

2007 年北京国际钱币博览会纪念银币（这一系列的首枚）

钱币文化丰富多彩，但真正独立发展的只有两支，一支是以希腊罗马为代表的西方钱币文化，一支是以中国为代表的东方钱币文化。这一系列的纪念银币，把大致同一历史时期具有代表性的东、西方钱币并列在同一币面上，形象地反映了历代钱币走过的踪迹，取得了较好的社会效果。

这也是我第一次直接参与纪念币的创作。

2. 中国金银纪念币样图和样币评审委员会成立

1998 年北京国际钱币博览会期间，和李葆华行长交谈，中国金币公司总经理尹成友陪同

1979 年，中国人民银行发行中华人民共和国成立 30 周年纪念金币，是当代贵金属纪念币的肇始，开启了当代贵金属纪念币的历程。

1998 ～ 2000 年，贵金属纪念币经历了一段市场调整期。时任分管贵金属纪念币计划、设计工作的中国金币总公司副总经理王喆，曾经为市场复苏事宜找我商量过对策。其中有一条是，为了保证和提高贵金属纪念币的质量，他提议成立一个评审委员会，引入评审机制，对样图和样币进行评审。我非常赞同并支持这个意见。

2000 年 6 月，中国金银纪念币样图和样币评审委员会正式成立，第一批委员有 8 人受聘，包括美术家、雕刻家、造币专家和钱币学家，我以钱币学家的身份受聘，史纪良副行长颁发了聘书。

样图和样币评审制度的确立，可以说是立竿见影。第一次评审会评审通过的 2001 年 1 盎司熊猫普制金币便获得了 2003 年世界硬币大奖"最佳金币"奖；2001 年中国石窟艺术（敦煌）盛唐菩萨像纪念银币采用无边高浮雕及喷砂工艺，获得了 2003 年世界硬币大奖"最佳银币"奖。评审制度的确立不仅保证了图稿设计的质量，也引起了各造币厂的高度重视，大大提高了造币的质量。

有了这个实践和经验，后来在货币发行司的统一领导下，普通纪念币（包括金属币和纸币）也成立了样图和样币评审委员会，我也被聘为评审委员。一直延聘至今，是任期最长的评审委员之一。

2010 年 11 月 8 日，在国际博协第 22 届大会（上海）上，我发表了《当代中国钱币的文化试析》的论文，提出：如果从钱币文化的层面来分析，普通流通币的文化含量，从一个侧面反映了当代社会的综合实力，包括经济实力、科学技术实力和文化素养，它的技术含量应该是当代科学技术水平的代表，或者略高于时代的一般水平；纪念币（钞）则是开创当代先进钱币文化的主要载体；纪念章（券、张）和与货币文化相关的其他衍生产品，可以扮演先进钱币文化开拓者的角色。事实上，由国家造币厂精心制作的高质量的纪念章，由国家印钞厂精心印制的高水平的手工雕刻制品，以及水印防伪制品等等，已经成为当代钱币文化创新的载体。

故事

第一次评审会

　　记得在第一次评审会上，关于 2001 年 1 盎司熊猫普制金币（样币）的讨论非常激烈，主要争议的焦点是关于纪念币的外廓。传统意义上的硬币都会有明显突起的外廓，所以多数同志自然会坚持这一传统，而我却力主把外廓去掉。有人说："没有外廓像是纪念章，不像币了。"我说："这的确是纪念章常用的工艺，但用在这枚币上非常合适。这枚纪念币的主景是一只健壮的熊猫从竹林中往外走，去掉外廓，视野开阔，含义更好，可以暗示我们改革开放，走向世界的决心。"有人说："没有外廓，钱币容易磨损。"我说："这是纪念币，并不会参与市场流通，所以影响不大。"经过认真的讨论，最后表决通过了我的意见，中国纪念币上第一次去掉了外廓，面目一新，也赢得了国际同行的认可，获得了 2003 年世界硬币大奖"最佳金币"奖。

2001 年 1 盎司
熊猫普制金币

2001 年 2 盎司
盛唐菩萨像纪念银币

3. 主编电子版《中华人民共和国货币》

　　2002 年，金融电子音像出版社成立不久，计划要出版电子音像版的《中华人民共和国货币》，采用 4G 技术，图像逼真，钱币可以 360 度旋转。他们约我承担此课题。我作为中国人民银行的一员，责无旁贷。

　　我知道，新中国的货币，中国钱币博物馆收藏了 90% 多，前不久又刚刚编过《中华人民共和国货币图录》，但金、银纪念币的品种尚有缺口。于是，我找来了素有"金银纪念币之父"之称的朱纯德先生，商量和他合作，来共同主编。他刚刚退休，从中国金币总公司副总经理的位子卸任，时间可以有保证，而且能写能画。新中国金银币从诞生到发展，他经历了全过程，可谓一清二楚。

但在实际编纂过程中，还是发现了问题，我始料不及的是，除中国钱币博物馆外，我找遍了货币金银局、印钞造币总公司、金币总公司，以及中国人民银行所辖的和货币制造、发行有关的所有部门，居然还是没有找全。这里有历史的原因，就是有一个时期金银币生产是委托给了外国企业，但也的确暴露了我们的档案资料管理存在着严重的缺失，必须引以为戒。通过这次清点，总算摸清了家底，也算是个弥补吧。

最后，我们只能求助于香港的金银币收藏大家陈景林先生，请他帮我们补齐了空缺。电子音像版的《中华人民共和国货币》终于在 2003 年出版了中文版，2004 年又出版了英文版。

相关链接

《货币贵族Ⅱ》序

十年前读过张向军主编的《货币贵族》，如今再读他总撰稿的《货币贵族Ⅱ》，耳目一新。从全书的立意、内容的编排，到行文的手法，都给人以新的感觉。

新中国的金币事业和改革开放四十年同步，我满怀喜悦，读着书稿，重走了一遍中国金币事业的发展历程。往事历历，深深地感受到：我们的事业在大踏步地前进！它告诉读者：中国当代金银币走过一条从无到有、从小到大、从弱到强的成长之路。它向读者展示了当代金银币的"形"和"美"中蕴含着内在的"神"和"魂"。

有三点感触颇深：

一是，逐步形成科学管理的模式。1979 年开始的草创时期，金银币的管理工作只是由中国人民银行印制局生产二处（硬币管理处）兼管，如今，中国金币总公司已成为中国人民银行的一个直属单位，还创建了自己的造币企业和分布在海内外的经销单位。

二是，继续发扬大国工匠精神。在机雕流行的当下，仍坚持以手工雕刻为主要工艺的原则，使浮雕生动灵气，富有个性和艺术魅力。对设计和生产中的每一个环节都反复推敲，精益求精；工艺技术不断革新，每一年、每一个新品种，几乎都有新的闪光点，新的成果。

三是，引进竞争机制。为保障和提高金银币质量，1999 年成立了中国贵金属纪念币设计图稿及样币评审委员会，一改以前把产品分配到某一个厂，指令完成的制度，而是要求各造币企业根据样稿，都要做出样币，经统一评审，中标者方可取得生产资格。竞争是激烈的，评审是严苛的，但有竞争就有奋进的动力，能够在分毫的差距之中脱颖而出，赢得荣耀。说来也有灵验，评审委员会成立之初，第一个由评审通过的 2001 年版熊猫币，便在国际硬币大奖赛中获得了殊荣。

金银币在中国历史上早已有之，它们作为宝物主要流行于上层社会，用于大额支付和储藏手段，所以把金银币称之为"货币贵族""贵族货币"，当之无愧。西汉武帝为推行新政，举办重大庆典活动，曾经铸造作为贺礼用的马蹄金、麟趾金纪念币；为奖励拓疆固土立下赫赫战功的将士，铸造过专为赏赐用的金"五铢"钱；陕西法门寺出土的唐金、银"开元通宝"钱，山西五台山出土的北宋金"淳化元宝"钱，都是和佛事活动有关的佛藏钱（庙宇钱）；宋、元、明、清历朝历代都把金、银钱大量用于皇宫内廷，称之为"宫钱"。

当今中国的金银币仍然不是普通货币，无论作为投资币还是收藏币，都属于纪念币性质，它们不仅材质高贵，而且从规划、设计到雕刻、制造，都是高规格、高标准的，赋予了丰富的文化内涵，因此它们是当然的"货币贵族"。

作者抓住了"文化"这个要领，不仅作为落笔的切入点，而且作为贯穿全书的一条红线，格调提升了，可读性增强了，读者一定欢迎。

是为之序。愿中国的金币事业再登高峰！

戴志强

2019 年 8 月 22 日

（六）我个人的专题研究及成果

到中国钱币学会和中国钱币博物馆工作以后，我的学术研究活动主要集中在集体项目，个人的兴趣和爱好都首先要服从集体项目。只有在有机遇、有时间的情况下，才能忙里偷闲，做一点"私活"，写一点简短的论文。谨举要如下：

1. 把科学分析方法引入钱币鉴定

把科学分析方法引入钱币鉴定成为我终生的事业。我起步于河南安阳，当时的成果发表以后，在学界引起了关注，中国科学院自然科学史研究所的华觉明研究员和北京大学化学系的赵匡华教授专程来访，和我商量合作课题，他俩的学生和助手周卫荣也因此和我相识，后来居然调到了中国钱币博物馆，成为我的助手和课题合作者，如今又成为中国钱币博物馆馆长。

科学分析方法引入钱币鉴定，既可以用于宏观鉴定，也可以用于微观鉴定。

用于宏观鉴定者，诸如，通过科学分析测试得到的数据，来研究验证西周青铜块有流通使用的痕迹，的确是我国早期的一种金属称量货币。又如，通过各个历史时期金属铸币的合金成分分析，可以知道各历史时期金属铸币的合金组成不同，我们可以找到它们的演进轨迹，有了这些数据资料，自然会有助于钱币的鉴定。通过这些数据的对比研究，我们可以知道，北宋的古钱，铜、铅、锡的合金比例最合理，熔点低，硬度强，耐磨度好，成本也低；也让我们知道了，明以前是青铜铸币时期，明嘉靖至万历年间是我国铸钱由青铜向黄铜的过渡时期，明万历以后直至清末则是黄铜铸币时期。

通过科学分析的实践，对于微观鉴定者，更要注意微量元素的情况变化，它们的存在与否、含量多少，往往可以标识着在同类钱币中不同版别钱的不同铸地、不同铸期。

这些研究成果，陆续发表在相关刊物，多数收入了我的文集和《钱币学与冶铸史论丛》（与周卫荣合作，中华书局，2002年出版）。

2. 秦汉金饼研究

人们常说的"西汉金饼"，其实始铸于战国秦，故统称之为"秦汉金饼"更为妥当。

1995年11月初，我到西安参加陕西钱币学会第三次会员代表大会。11月4日晚饭后，陕西师大历史系教授何清谷先生来我房间看望，寒暄之后，便谈到了先秦和秦的用金问题，说到战国秦兼并六国，实际是采用软硬两种手段：一是强大的武力征服，二是收买各国奸细，瓦解对方阵营，其中必定要大量使用黄金、珠宝等财物。

第二天，即 11 月 5 日，安排去参观乾陵。听说在永泰公主墓区，正好举办一个出土文物精华展，自然要去参观，庆幸的是获得了意外的收益。展览中，有一个展柜专门陈列了几枚秦地出土的"郢禹（爰）"金版，经仔细观察，发现有几处特别的地方：一是戳记，楚"郢禹（爰）"金版的铭文戳记多是正方形的，戳记与戳记之间的排列相对比较整齐，也比较密集。而这次看到的，只有一枚经切割、有使用痕迹者属于这种情况，其余几枚的戳记排列均稀疏，没有规律；二是器形，楚"郢禹（爰）"金版为龟甲版状，这次所见者，虽亦有"郢禹（爰）"戳印，但器形有圆形者，有似圆非圆者，且金版呈卷曲状；三是背纹，因浇铸时气流运动而自然形成的"波纹"，和楚金版亦不相同。一望便知是当时秦地仿制的金版。

在此基础上，加之其他相关资料的综合分析，我得出了如下结论：一是战国晚期秦也使用黄金；二是战国秦的黄金货币，大约经历了三个过程：①引进并使用楚金版；②用本地自产的黄金仿铸楚金版；③自铸金饼（后人俗称"柿子金"）。秦始皇统一六国时，又把战国秦的金饼作为"上币"，和"下币"半两铜钱一起，推行到全国，西汉初年承继秦制，继续并大量铸行金饼，于是后人便称之为"西汉金饼"，其实它们源于战国秦。

3. 关于曹魏五铢的认定

1996 年 5 月，《中国钱币大辞典·三国两晋南北朝隋卷》的编纂遇到了拦路虎，关于曹魏五铢的确认问题影响到全书的进程。编辑部把有关资料和不同意见寄给了我，要我有个决断。

关于曹魏五铢的认定，是钱币史上的一个悬案。80 年代初，我在安阳博物馆工作时期已经注意到这个问题。1982 年底，安阳西郊出土一批南北朝时期的古钱窖藏，谢世平在清理这批古钱时，首先提出：一种钱体轻薄、制作粗糙、外廓侵压钱文的五铢钱应该是曹魏时期的铸币。1991 年，河南许昌黄留春等人也提出了类同的观点。1996 年，大辞典编辑部又做了大量的资料汇集和调研工作，并提出安徽马鞍山三国朱然墓和江西南昌三国高荣墓中均有外廓侵压钱文的同类五铢钱出土。根据这些信息，我敏感地意识到：三国"曹魏五铢"应该到断案的时候了。

因为事关重大，为审慎起见，我和大辞典编辑部商定，于同年 10 月到朱然墓现场考察，就地召开专题讨论，还专门约请北京大学历史系钱币学家吴荣曾教授参加研讨。我们从东汉五铢，到东汉中后期出现的磨边五铢、剪边五铢，再到朱然墓出土的外廓侵压钱文的五铢做了排比分析，发现他们有着明显的传承关系；朱然墓、高荣墓同为三国墓葬，又同出外廓侵压钱文的五铢，所以可以认定这种五铢钱当为三国时期的铸币，并基本取得了一致意见。

　　翌年5月，我们又在洛阳召开第二次专题论证会，邀请考古文博界有关专家学者一起研讨，也取得了一致意见。于是，这个多年的悬案，终于有了答案，为大辞典编辑清除了一只拦路虎。

1996年10月8日，考察组在朱然墓门前合影

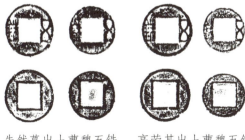

朱然墓出土曹魏五铢　　高荣墓出土曹魏五铢

1997年5月曹魏五铢钱学术研讨会在洛阳召开

4. 十国吴越钱的考证

1996 年 10 月的江南行，收获甚丰，先到安徽马鞍山调研了曹魏五铢，后到浙江杭州、海盐、嘉兴、绍兴考察了十国吴越的铸币，沿途还实地调查了早期青铜块的出土情况，座谈研讨了近年绍兴发现"越戈"的情况。

对于五代十国的铸币，中原地区梁、唐、晋、汉、周五代的脉络比较清晰，但对十国的铸币，有的还模糊不清，如吴越国就属于这一类情况，这次考察就想解决这个疑团。

1980 年夏，在临安吴越王钱镠母水邱氏墓的发掘中出土了 7 枚开元通宝鎏金银钱，当是钱镠为殉母特意铸造的冥钱，这从一个侧面反映了吴越国的铸钱或应仍是开元通宝。

1986 年前后，嘉兴地区乃至杭、嘉、湖地区，多次出土窖藏的开元通宝铅钱，因是铅钱，制作又不精，钱体又轻薄，容易破碎，不受收藏者的重视，也没有引起学界的关注。

这次系统的调研，仔细察看了窖藏出土的开元通宝铅钱，发现这几批钱的制作特征符合五代十国的时代特征，有的还颇具晚唐气息，可以确定吴越国的铸钱仍是开元通宝钱。由于国力和财力的原因，吴越国铸钱选用的材质是铅，铸造工艺也比较落后，不仅钱体轻薄，而且制作平夷，字口不清晰。

5. 两宋木质雕母钱的发现和研究

《中国钱币》2002 年第 1 期，发表了王仕国的文章《四川广元发现木质宋年号钱》，报道了 1999 年作者在嘉陵江边采沙人处得到木质北宋年号钱 6 枚。2003 年 4 月 14 日又收到王仕国来稿《广元和两宋铁钱》，说嘉陵江广元段，"北宋铁钱从景德元宝到靖康通宝，几乎都有发现，南宋铁钱自绍兴以下，亦发现有十余个品种"；又提到，"发现了一些与铁钱相同的木质古钱"。最后的这句话引起了我的注意。4 月 16 日，我拨通了他的电话，做了详细核实。我敏锐地感到这些木质古钱是否会是两宋铁钱的母钱。这可是一个重大课题，于是决定要亲自去做实地考察。

但是"非典"疫情阻断了考察之路，我只能通过电话、照片和书信，反复和他交换意见，反复核实情况，反复核实数据，并利用五一假期，草成了《两宋木质雕母钱的发现和研究——兼论宋钱的铸造工艺》初稿。5 月

7日晚，再次和王仕国通话，交换了我的看法，并做了反复修改，终于在《中国钱币》2003年第3期上正式发表，完成了我的心愿，向钱币界正式提出了"两宋木质雕母钱"认定的观点，进一步肯定了两宋铸钱采用翻砂法，母钱即是铸钱的钱模。

这个观点引起国际学界的认可，引起了大英博物馆克列勃和汪海岚的高度重视。2003年9月，我们在马德里见面时，他俩为这个观点的提出，竖起了大拇指。

6. 我对辽钱认识的三个阶段

以前，在江南地区很难看到辽钱，对辽钱有一种神秘感。到了北京，到了中国钱币学会以后，因为工作的便利，我有机会较多地接触辽钱，也因此产生了兴趣。我对辽钱的认识大概经历了三个阶段。

1985年，是我对辽钱认识"突飞猛进"的一年。这年3月，内蒙古钱币研究会成立，会议组织者约请有关文博部门和钱币藏家把近年出土和发现的钱币带到会上，这是我第一次看到那么多的辽钱。特别有三件事令我难忘：一是初见新出土的"天禄通宝"；二是初见新出土的"大安通宝"；三是辽地出土的"助国元宝""牡国元宝"。这次活动，不仅让我认识了辽钱的概貌，了解了辽钱的制作特征，而且引起了我对辽钱研究的渴望。

为筹备辽、西夏、金、元钱币学术讨论会，两个月后我出差沈阳、长春。在沈阳张澍才处又见到一批辽钱，尤其是见到了他收藏的"大康七年"铜钱。在长春吉林省博物馆的文物库，则见到了有完整出土资料的"大康六年"铜钱，并认识到这类纪年钱因是辽代的一种葬俗用品，具有典型的辽钱制作特征。

1990年3月，辽宁凌源的藏家冯毅来京专访，送来了"会同通宝"小平铜钱，经鉴定是辽钱真品无疑，为早期辽钱填补了一个空白。

在此基础上，我对辽钱做了系统的分析研究，列出了辽代年号钱沿革的一览表，以及辽钱制作特征演变的过程，完成了《也谈辽钱和辽钱研究》一文，发表在《中国钱币》1994年第1期。

7. 南诏大理国钱币考察

1999年南诏古国货币讨论会，是中国钱币学会古代钱币和中国货币史两个专业委员会共同组织召开的，姚朔民和张季琦两位先期到大理筹备。

我是 11 月 27 日离京飞抵昆明，随即便转赴大理。11 月 28 日上午在大理分行召开座谈会，听取南诏古国钱币出土和发现的有关情况介绍，下午赴巍宝山南诏（蒙舍诏）发迹地也是道家圣地——实地考察。

近年来，大理古城苍山脚下的火葬墓，陆续出土铜钱的总量已有几千枚之多，已见的方孔圆钱约有八类：水官通宝、太（天）官通宝、火官通宝、大周通宝、大定通宝、弘治通宝、太平通宝及异书太平通宝。有的钱文清晰，有的异书模糊不清。对于它们的性质、用途和断代，讨论意见虽有分歧，但可以大致框定是南诏古国钱币。至于是不是流通货币还是冥币，还是属于某种葬俗的用品，尚待新的出土资料和文献资料来佐证，再做进一步研究。无论如何，它们对于南诏钱币史的研究，无疑都是重要的实物资料。

8. 样钱、祖钱、母钱和子钱

为了让讲课的效果更好一些，我特意在上海博物馆的藏品中，选出一套清宝源局道光通宝的样钱、祖钱（雕母）、母钱（铸母）和子钱的拓本，把它们汇集到一起，使之更典型、更直观，以便于学者容易理解，更容易做出区分和评判。

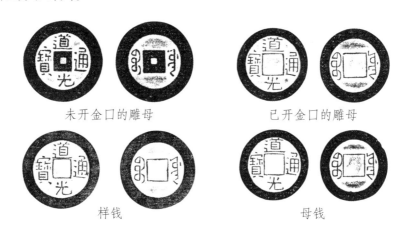

未开金口的雕母　　　　　　　已开金口的雕母

样钱　　　　　　　　　　　　母钱

一般理解，样钱分为两大类：上呈样钱（上报样）和部颁样钱（下发样）；雕母又分为未开金口（未使用过）和金口已开（已使用过）；母钱又称铸母，即工作模；子钱在清朝亦称制钱，即流通使用的钱币。

我通过第五套人民币报批的全过程，进一步推知古代铸币的审批程序：

"上呈样钱"其实在不同阶段有不同的上呈样钱，随着一级一级上报，会不断修改。待报到中央（报皇上），准备"御批"的，已是最后一关。

"部颁样钱"也有多种，"御批"的样钱只是最关键的一种，然后逐级下发到铸钱局（造币厂）。南宋高宗时期，王应麟在《玉海》中记载，象牙雕刻的样钱"上省"，又有御批的钱样"颁铸"。可见至少在两宋时期已有"样钱"这个环节。

此外，铸钱局生产的第一批钱还要留样备查，亦称"样钱"。当然古钱的铸造规章会相对简单，但程序应该是一致的。

"母钱"和"子钱"则因铸钱局不一，会造成不同的版式，即使在当代，即使有统一的标准样，不同造币厂的产品也仍然会有不同之处，即形成不同的"版式"。

（七）设置省级钱币博物馆

1993 年 3 月 1 日，中国人民银行广西壮族自治区分行和广西钱币学会经过三年的努力，建成我国第一个越南历史货币陈列室。展出越南历代钱币 1500 余件，为我国钱币界贯彻改革开放精神、宣传和认识东方钱币文化开创了一个范例。届时，中国钱币学会全国秘书长会议和第四次东南亚历史货币研讨会在南宁召开，会议代表便是首批参观者。

2000 年 3 月，史纪良行长批复，同意把宁波钱币博物馆作为中国钱币博物馆的分馆。

中国钱币博物馆成立以来，各地学会纷纷效仿，也相继筹备或成立了钱币博物馆，但编制和经费成为困难，难以解决。

2004 年 3 月，我又找人事司司长杜金富报告了实际情况和存在的问题。他很同情，并建议我先给分管行长反映情况，然后再行文报告，人事司表态可以支持。又叮嘱我，体育教学案例分析 – 质检通读修改扫描 20240226.pdf 先解决部分省市博物馆的设置问题，第 批提出的单位不要多，行长相对容易批，等有了先例，"我（人事司）就可以批办了"。

这一招真灵，当时临时代管的刘廷焕副行长真的批了我的报告，第一批先解决了湖北、广西、甘肃、西安、山东、宁波等省市钱币博物馆设置问题。事也有巧，这年夏天，杜司长去新疆考察，乌鲁木齐分行热情地请他参观了他们的钱币博物馆，该馆办得很有特色，杜司长非常赞赏，随即表态："刘行长已经批了报告，你们可以单报一个报告，我给你们解决。"真的兑现了他的诺言。

这是我在职时为钱币博物馆事业的建设做的最后一件实事。

（八）钱币文化事业的开拓和创新

做好纪念币、纪念章的制作和发行，开展文创事业，开拓和创新钱币文化事业，其宗旨不是为了营利，但毕竟也可以创收一些活动经费，来支持学会工作，支持博物馆事业。

1992 年，中国钱币学会十周年纪念章和中国钱币博物馆成立纪念章同时发行。1994 年，中国钱币学会最高学术奖——"金泉奖"颁发，奖品为特制的仿真古钱金质纪念章。

在实践中，我始终清醒自己的责任：我们是代表"中国钱币学会"的，是"国"字头的，决不可以砸了这块牌子，必须要做出自己的特色，做出新意，保证质量，打出品牌。所以凡是中国钱币学会监制的纪念章，我们都不是只挂个虚名，而是从构思、设计到制作，都要直接参与，严格把关。这样的认真，也赢得了回报，我们的"牌子"终于得到了社会的认可。在实践中，我又逐步体会到：这不仅仅是为了维护"中国钱币学会"这块牌子，更因为我们是当代钱币学研究的龙头，理应为当代钱币文化的创新发展做出一份贡献。

现在看来，它们的确为当今钱币文化的创新和繁荣，尤其是纪念章事业的兴盛，发挥了开拓性的作用。

1991 年，我调到货币发行司工作以后，努力把这些经验应用到纪念币的设计生产中去，为当今货币文化的创新贡献了一分力量，并且把它逐步上升到了钱币学的理论高度。

故事

方泉斋和康银阁

1992 年，成立中国钱币博物馆，便在陈列展览部下设有观众服务部——方泉斋公司，由时任博物馆陈列部主任的娄桂兰兼任经理。其宗旨是为钱币博物馆的参观者服务，为钱币学会的会员服务。

中国钱币博物馆和中国金币总公司成立以后，曾经酝酿成立中国钱币总公司，计划把金银贵金属纪念币之外普通币章的装帧营销工作通管起来。1990 年，在货币发行司张弘司长即将退休前，中国钱币学会注册成立了东方钱币公司，邀请张弘出任董事长，并面对钱币学会会员和钱币爱好者，开始发行了"中国钱币珍品系列"装帧纪念币。

1996年11月5日正式成立康银阁钱币股份有限公司，实际是在东方钱币公司的基础上重新组建，仍由张弘出任董事长，姚朔民任总经理。中国钱币学会占股70%（其中40%归总行工会职工福利组），中国印制总公司和金币总公司各占15%。这不仅对博物馆工作的开展提供了经济支助，也扩大了社会影响，宣传了钱币文化。

康银阁成立以后，我便明确交代娄桂兰，现在只要求你服务好会员，服务好观众，只要不亏本，能维持就好，不要求能赚多少钱。

迎接新世纪的思考

1999年4月，新世纪即将来临，我回顾自己走过的历程，记录了我信奉的哲学："实践，思维。再实践，再思维。只有全面掌握真实可靠的资料，经过符合逻辑的思维总结，才会引出科学的结论，才会赢得真正的发言权。"作为我新征程的准绳。

（九）新世纪更上一层楼

1. 形成三家合力之势

中国钱币博物馆是在中国印钞造币总公司的哺育下，逐步成长壮大的。中国金币总公司是在中国印钞造币总公司生产二处纪念币生产管理的基础上分离出来，并逐步成长壮大的。所以它们都是根植于中国印钞造币总公司，随着时间的推移，又逐步形成了三家独立之势，相互依存，互为补充。

1999年10月26日召开的全国货币金银工作会上，三家一把手均带助手出席，并在27日下午会议闭幕前均作了发言，介绍了本部门的概况和当前的主要工作。这实际上是向全国货币金银管理系统亮相。

分管行长史纪良在会上明确表示：印钞造币总公司是货币的生产单位，金币总公司是贵金属货币的经销单位，钱币博物馆则是货币（钱币）的收藏和研究单位；同属中国人民银行，由货币金银局代管；货币金银局除了负责货币的发行工作，实际承担了货币委员会的主要日常工作，同时负责金银的管理工作。这次会议宣告："三家合力之势已经形成。"

故事

印钞造币总公司、金币总公司和钱币博物馆协作的黄金时代

1999 ～ 2003 年，是印钞造币总公司、金币总公司和钱币博物馆协调合作最融洽的时期，当时央行分管行长是史纪良，印钞造币总公司党委书记刘世安和我是老朋友，他原来在甘肃分行副行长任上分管过金融研究所，分管过甘肃钱币学会的工作，曾几次来京汇报工作。后调任青海分行行长期间，我们还在青海专门举办过钱币展览，1999 年调来总行任印钞造币总公司党委书记，主持工作，所以对钱币工作比较了解，也很支持。新任金币总公司总经理易都佑原是戴相龙行长的秘书，对我也比较熟悉，关系十分融洽。当时，三家领导每月都会小聚一次，会面时都能敞开心扉，有什么问题，有什么想法，当面协商，沟通解决。

货币发行司每季度都会召集我们三家开一次联席协调会，就当前工作作出部署，有时候史行长也会亲自参加，明确工作方向。

每年春节前，我们会联合开一次联谊团拜会，由三家轮流做东，处以上干部欢聚一堂，气氛轻松、欢快、热烈。

这一时期的钱币工作开展得非常顺利，可以说是一家有难，三家支援，大家齐心协力。有一家提出什么问题，其他家都会努力帮衬，合作完成。大家工作情绪高涨，成果也十分显著，现在回想起来，依然是甜甜的，回味无穷。

2003 年，人事有了变动，叶英男成了货币金银局局长，单建生接替金币公司总经理，贺林当了印制公司的老总，但三家的关系依然友好。如 2004 年 7 月 26 日，天水麦积山纪念币首发式；29 日，兰州举办中国金币公司组织的中小城市钱币博览会，叶英男、单建生、贺林和我都应邀出席，继续了传统的友好合作关系。

故事

"我们第一次见面是什么时候"

1993 年夏，我任货币发行司副司长不久，为清理"三角债"问题，中共中央、国务院联合下发了中发〔1993〕6 号文《关于当前经济情况和

加强宏观调控的意见》，组织了 11 个工作组分别到各省、市、自治区检查落实。工作组成员从各个部委抽调，但每个组内都会配有一名财政金融领域的专业干部，于是我被抽调到了中央工作组。我所在组的组长是中共中央组织部部长吕枫，实际负责是中共中央组织部常务副部长（正部级）赵宗鼐，分配给我们组的是天津市和黑龙江省。

这次中央工作组的经历，让我有机会体会了一下"中央"的严谨与力度，体会了一下什么叫组织严密。首先是，日程的安排非常具体，每天做什么，什么时候出发，什么时候结束，几点钟，坐哪一辆车（几号车），前头有警车开道，几点几分到达，由谁接车，由谁陪同，都非常明确，都安排停当，保证做到准确无误。二是，第一天到，便有天津市（或黑龙江省）的主要负责人（一把手）汇报工作。三是，下榻于国宾馆，工作组有独立的小楼，有专门的安保，一般不和外界接触。

在天津，我遇到了中国人民银行天津分行行长史纪良，主要由他向我汇报天津分行和天津金融界的有关情况，这是我们初次见面，也是初次共事，工作顺利，合作得很愉快。没想到他不久便调京升任中国农业银行行长，1998 年他又调任中国人民银行副行长，成了我的顶头上司、分管钱币工作的副行长。

我们天津一别再未谋面，他调京后，我也没有去找过他；分管我们工作后，我也从未提及此事。一次汇报工作后，他笑着对我说："老戴，你还记得我们第一次见面是什么时候吗？"我答道："当然记得，怎么会忘呢。"看来，这是缘分。

2. 2002 年：中国钱币事业的一个高潮之年

2002 年是中国钱币学会成立二十周年，也是中国钱币博物馆成立十周年，是双喜临门之年，的确喜事多多。经过二十年的努力，中国的钱币事业迎来了一个新的高潮，对我而言，也算是我为之奋斗而赢得的一个成果。

在我的记忆中，2002 年，钱币工作第一次，也是至今唯一一次被列入中国人民银行年度工作规划的重要议程，受到总行领导的高度关注。有几件大事，不仅在我国钱币界影响深远，而且也为我国钱币事业在国际钱币学界赢得了荣誉。

一是，2002 年 4 月 6～8 日，在厦门召开了中国钱币学会第五次代表大会，诞生了新一届理事会，史纪良出任理事长，张文彬、李学勤、叶英男出任副理事长，我连任秘书长。会议制定了本届理事会的工作规划。

二是，2002年4月17日，我赴罗马出席国际钱币与银行博物馆委员会的理事会（执委会）。

三是，2002年4月23～26日，接待了以陈文涛理事长为团长的台北市集币协会等团体组成的联合代表团一行19人来访，参观了中国钱币博物馆、中国历史博物馆钱币部；分别和中国钱币学会、北京钱币学会进行了座谈和学术交流。

四是，2002年6月，分别发行了中国钱币学会成立二十周年纪念章和中国钱币博物馆成立十周年纪念章，以志庆典。同时出版了《中国钱币学会二十周年纪念图辑》。

五是，2002年8～11月，奥地利维也纳艺术史博物馆在中国钱币博物馆特别展厅（天安门广场西侧）举办奥地利钱币展，这是我国第一次引进西方的钱币展览。

六是，2002年9月26～29日，北京国际邮票钱币博览会在京举办，活动期间，举办了由中国钱币学会主办、山西钱币学会协办的"山西民间票贴展"，把钱币文化的内容融入钱币市场的营销活动。

七是，2002年10月，中国钱币学会编辑的《中国钱币论文集（第

2002年10月，中国钱币学会20周年庆典

4 辑）》，由中国金融出版社正式出版发行。同时，我与周卫荣合作的《钱币学与冶铸史论丛》也由中华书局出版。

八是，2002 年 10 月 14～18 日，国际钱币与银行博物馆委员会第九届年会在北京饭店召开，来自 30 多个国家和地区的 150 余位代表出席，收到论文 60 余篇。这次会议主题是"货币的多样性"，代表们分别以"钱币与银行博物馆事业""钱币文化的交融""中国钱币论坛""各具特色的地区货币与银行"为专题开展讨论。会议期间，代表们参观了中国钱币博物馆新馆和新建成的中国印钞造币陈列馆。我们还专门为国际钱币与银行博物馆委员会第九届年会设计制作了一枚银质纪念章。

这是我国第一次举办国际性的钱币学术会议，也是亚洲地区第一次举办国际性的钱币专业会议，这次会议又是国际钱币与银行博物馆委员会历届年会中出席人数最多的一次。会议的成功，让理查德·多蒂主席特别高兴，留下了深刻的印象。在后来的相关活动中，他几次提到在北京的美好回忆，讲起中国的故事。

国际钱币学界，一直是由西方学者主导，尤其是由欧洲的学者主导，在此之前，国际钱币界的学术活动几乎都在欧洲进行。北京会议的成功，不仅打破了业内固有的模式，而且使中国钱币学在国际钱币学界树立起了新的形象。

史纪良、殷介炎、叶英男、戴志强和国际钱币与银行博物馆委员会理查德·多蒂主席、坦姆斯基·奥莱姆副主席合影

国际钱币与银行博物馆委员会第九届年会期间，史纪良理事长会见理查德·多蒂主席

国际钱币与银行博物馆委员会第九届年会期间，和国家文物局局长、中国国家博物馆委员会主席张文彬交谈

台北市集币协会陈文涛理事长出席国际钱币与银行博物馆委员会第九届年会，和我、黄锡全合影

理查德·多蒂主席为北京金融街揭牌仪式剪彩

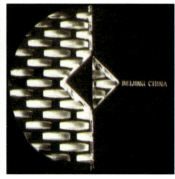

国际钱币与银行博物馆委员会第九届年会银质纪念章

九是，2002 年 10 月，中国钱币博物馆新馆完成一期工程，主楼的二层和三层是基本陈列——"中国钱币通史陈列"；一层是特别展厅，有两个展览"中国当代金银币展"和"梁贻斌将军收藏奥运纪念币展"；另外，"奥地利钱币"展还在展出。新馆接待的第一批客人是出席国际钱币与银行博物馆委员会第九届年会的代表，取得了很好的展览效果，给国内外同行留下了深刻印象。

2002 年 10 月 18 日，中国钱币博物馆新馆落成典礼。李贵鲜、陈慕华、

中国钱币博物馆新馆落成，戴相龙、史纪良参观展览，叶英男陪同

戴相龙、阎海旺、李葆华和史纪良等领导出席典礼仪式，并参观展览。新馆地处天安门广场西侧，是宣传中国钱币文化极佳的平台。

十是，2002 年 10 月，在史纪良副行长的关心下，中国钱币博物馆正式明确为中国人民银行直属的正局级事业单位。这不仅提升了钱币博物馆在博物馆行业中的地位，提升了中国钱币博物馆在国际钱币界的声誉，更是大大激励了博物馆工作人员的工作热情和自信心。

......

上述所列，有的是规划之中，有预期的，有的则是偶然发生的，但偶然之中，自然有其必然的因素。

故事

干部配置的特例

我是 1991 年 10 月起被任命为副局级干部。1992 年 7 月 29 日，中国钱币博物馆在新建的中国人民银行大楼内落成，编制是由两个处（钱币博物馆筹备处、中国钱币学会秘书处）合并而成，我以货币发行司副司长名义分管。

1994 年 5 月起，中国人民银行"三定"方案明确：中国钱币博物馆为中国人民银行直属事业单位，正式任命我为中国钱币博物馆馆长兼书记（副局级），钱币博物馆仍是两个处的编制，我算是"高配"。后来中国人民银行的机构经过多次调整和变动，但由于种种原因，钱币博物馆的设置始终未有变更。所谓"高配"，也就是"低就"，我自身并不太重视这些行政的"级别"，也没有精力花时间去做更多争取，所以也就一直"高配"下来。

2002 年 5 月 28 日，任命我为中国钱币博物馆馆长"为正司局级"（银任〔2002〕58 号的中国人民银行任免通知）。5 个月后，到 10 月 17 日，总行才下文：《关于中国钱币博物馆"三定"方案的批复》（银"三定"〔2002〕13 号），明确为正局级单位，内设八个部室处，即办公室、安全保卫处、征集保管部、陈列展览部、研究信息部及中国钱币学会秘书处、《中国钱币》编辑部、方泉斋钱币服务部。

所以，我在博物馆的位置是长期"高配"，一直到最后，也是先宣布我为正司局级，随后再宣布博物馆是正局级单位。

2004 年，我年满 60 岁，到了退休的年龄，被聘为总行参事，仍留在博物馆上班，任命黄锡全为馆长，姚朔民为《中国钱币》主编，都为正局级待遇。一个 30 多人的"小"单位，拥有 3 位正局级干部，一时间成为佳话，也的确可以说是干部配置的一个特例。

相关链接

2004 年春节一次特殊的拜年

2004 年 5 月 4 日应该是我满 60 周岁的时候（按身份证记录的时间），在 2004 年春节前，我去人事司拜早年，其实是约了杜金富（时任人事司司长），要谈谈我的接班人问题。见面后寒暄了几句，便直奔主题。我告诉他："今年我该退休了。"他说："你们事业单位，你又是专业干部，可以多干些时间，不要着急。"我说："我不着急，但也要给别人想想。不能因为我占着位置，影响别人的进步。"于是便谈到了接班人的问题，我说："从事业务工作的副馆长姚朔民和黄锡全都可以考虑。"他说："从年龄考虑，黄锡全比你小 6 岁，姚朔民比你小 3 岁，所以黄锡全比较合适，他接班，可以相对稳定一段比较长的时间。若是姚朔民，3 年以后又要更换，不利于稳定。"我说："这样的话，姚朔民以后就没有机会了，是不是亏了点。"他说："只有一个名额，有什么办法？"提到名额，我便想到，是不是可以把我的另外一个兼职《中国钱币》杂志主编让出来。于是我说："我把《中国钱币》杂志主编的位置让出来，是否可以帮姚朔民解决正局级的问题？"他沉默了一下，说："这倒也是个办法。"事情就算谈定了，我此行的目的也算达到了。

3. 中央党校学习

1995 年上半年在中央党校人民银行分校学习，任班长。毕业前，分三组分头做社会调查，要求写出调查报告，作为我们的毕业论文。

我带领一组，于 6 月 16 ~ 23 日，赴青海调查我国西部地区的基层金融工作。课题包括：目前发挥的作用与存在的问题；金融机构的设置现状和改革设想；货币发行情况和存在的问题；丝路货币的历史考察等。毕业论文上交总行，为人民银行制订"九五"规划提供参考。

这次的行程是：由西宁—湟中（参观塔尔寺）赴青海湖，沿 109 国道西进至海西州（从茶卡镇进柴达木盆地，途经日月山，文成公主在此痛摔日月剑，以断念唐之情），再沿昆仑山北麓西进至格尔木。格尔木人行办公室主任郭振海接待了我们。返回行程 789 公里直抵海南州共和县（恰卜恰），参观龙羊峡水电站。每到一地都召集相关人员座谈，或个别征求意见，做实地考察调研，最后形成调查报告。

4. 出席中共中国人民银行机关第十次、第十一次代表大会

1996 年 1 月 3～4 日，中共中国人民银行机关第十次代表大会召开，我作为代表参加大会，并当选为机关党委委员。

2000 年 9 月 13～14 日，中共中国人民银行机关第十一次代表大会召开，我作为代表参加大会，并连任机关党委委员。

故事

"只要到了博物馆，就是我们的人"

"只要到了博物馆，就是我们的人，就要一视同仁。"不管你是领导还是一般员工，也不管你是正式职工还是临时聘用人员，这是我在博物馆主持工作时的基本思路。所以只要是博物馆自己的福利待遇，大家都一样，我也不多拿一分钱。

后来工资制度改革，有的企事业单位的工资标准按职级来制定，级差拉得比较大。这样的规定对于领导层，尤其对于主要负责人自然是有利的（当然他们的责任和担当也大，也无可非议）。但我始终坚持跟着人民银行总行员工的工资标准走，决不另搞一套，决不把个人的得失放在前面。我这样的处理，普通员工是满意的，也为博物馆的安定团结奠定了基础。当然这是有大环境的，在那时是得民心的。

我坚信："首先考虑博物馆事业，首先考虑钱币事业，是事业成功的关键。"这绝不是一句空话、一句大话，但要真正做到，并非易事。

5. 2004 年：实现我的华丽转轨

2004 年，我的大事记摘要如下：

1 月 7 日，参加中国博物馆学会第 6 次常务理事会。

2 月 3 日，召开中国钱币学会常务理事会，总结中国钱币学会 2003 年工作，研究部署学会工作。

2 月 3 日，《中国西藏钱币》初稿讨论。

2 月 6 日，在博物馆馆务会上，我表态：我满 60 岁，该退休了，但一定会站好最后一班岗。

2 月 10 ~ 12 日，参加全国银行、证券、保险工作会议。

2 月 17 日，参加中国人民银行纪检监察会议。

2 月 18 日，参加中国金币工作会议。

2 月下旬，主持中国钱币博物馆考评领导小组会，作 2003 年工作述职报告。

2 月 25 ~ 29 日，参加在郑州召开的《中国钱币大辞典·两宋编》的编纂工作研讨会。

3 月 16 ~ 20 日，分别参加在昆明召开的全国货币金银工作会和中国钱币学会全国秘书长工作会议。

3 月 23 日，和总行人事司司长杜金富商量解决了省市钱币博物馆的编制和经费渠道。议定 4 月上旬，在人事工作会上与部分相关省会中心支行商议添置职数和岗位事。

5 月 9 日，赴西安参加第 4 届中国钱币培训班，讲授《钱币学概论》。

5 月 11 日，在西北大学开讲座：《中国钱币文化和钱币学》。

5 月 13 ~ 14 日，在江苏常州参加吴越和早期货币研讨会，出席徐跃中钱币展开幕式。

5 月 15 日，考察江阴文林小学的钱币特色教育。

5 月 16 日，访南通博物院。

5 月 19 日，在上海与罗炯商谈罗伯昭旧居和墓地的保护事宜。

6 月 3 日，主持了香港大学亚洲研究中心研究员、德国汉学家布威纳在中国钱币博物馆作题为"我的清代货币研究"的学术讲座。

6月5～11日，率团访奥，中国钱币展在奥地利维也纳展出，这是中国钱币第一次赴欧洲展出。

6月25日，在中国钱币博物馆职工讲习班开讲第一课——《从我的经历体会谈钱币研究应该具备的知识构成》。

7月9～18日，考察新疆，参观了新疆钱币博物馆和阿克苏钱币博物馆，并参加在阿克苏召开的丝路货币研讨会。

7月26～31日，在甘肃参加天水麦积山纪念币首发式，在兰州参加中国金币公司组织的中小城市钱币博览会，并作题为"丝绸之路钱币发展史"的讲座。

9月1～8日，我率团出席吉隆坡国际钱币邮票博览会，并作了《继往开来，推陈出新，努力开拓具有区域特色、民族特色的钱币文化》的学术报告。

9月14日，银任〔2004〕117号文《戴志强任职》，聘任我为"中国人民银行参事室参事"。

9月30日～10月8日，出席在韩国釜山召开的第20届国际博物馆委员会、理事会，暨国际钱币与银行博物馆委员会会议。

10月9～12日，我第一次参加在合肥召开的中国人民银行参事工作会议。

10月29日，分管行长胡晓炼来馆宣布馆领导班子的调整，我顺利交班，卸任中国钱币博物馆馆长之职。

11月8～12日，赴郑州参加《中国钱币大辞典·两宋编》的审稿会。

11月19～21日，赴江苏无锡参加钱币学家罗伯昭诞辰105周年纪念活动。

12月17～21日，赴湖北鄂州参加中国古代范铸法铸钱工艺模拟实验的研究成果鉴定会。

四季度，开始整理《戴志强钱币学文集》。

四、参事室

2004 年 8 月 12 日，接总行人事司任免（银〔2004〕108 号）文，免去我的馆长职务。翌日（8 月 13 日）接人事司副司长张汉平电话，说此文有误，接着收到补发文，曰："暂不执行。"9 月 14 日又接到银任〔2004〕117 号文《关于戴志强同志任职的通知》，聘任我为中国人民银行参事室参事。

10 月 29 日，新接任的分管行长胡晓炼和人事司副司长张汉平来博物馆宣布，并告知，按行里的惯例，我的任职到了参事室，但我的编制和办公地仍在博物馆。同时宣布黄锡全和姚朔民的任职。

至此，三下红头文件，才完成了我的"华丽转轨"，这在人民银行也算是个特例。

和我一届的参事共五人：中国人民银行沈阳大区行原行长檀景顺、中国人民银行南京大区行原行长白世春、中国人民银行上海总部原行长谢庆健、中国钱币博物馆原馆长戴志强、中国人民银行科技司原司长陈静。我们五人中，三位行长都是属羊的，我和陈静是属猴的，五人的年龄相差一岁左右。

2004 年 10 月 9 日，我第一次参加了中国人民银行参事工作会议。这次会议是在合肥召开的，首先是与安徽省人民政府的参事交流座谈，学习他们的参事工作经验，学习了与参事工作相关的中央文件。

根据中央精神，参事的工作职责是："参政议政，建言献策，咨询国是，统战联谊。"我忠实地履行了这一职责。

2005 年 7 月，参加在内蒙古呼和浩特召开的中国人民银行全国分行行长会议，顺
访额尔多斯，在成吉思汗陵响沙湾留念

（一）参事室主要工作成果

我在参事室不到三年的时间里，主要做了三件事情：

一是，整理出版了我的第一本文集《戴志强钱币学文集》（中华书局，
2006 年出版），整理旧稿，汇编成集，目的是清理一下以往的观点和思路，
为确立中国钱币学的学术架构做好准备。

二是，对当时中国的钱币市场做了一次社会调查。我于 2005 年 5 月中
旬至 7 月上旬，分别重点考察了上海、杭州、宁波、深圳、成都、西安、北京、
天津等地钱币市场的运作情况，分别同当地人民银行的有关部门、钱币学会、
钱币市场管理者以及钱币经销商、钱币研究者、收藏者和爱好者进行了座谈；
实地考察了钱币市场（包括钱币批发市场和零售市场）、钱币公司和经销
中心，其中就包括上海黄金交易所；在深圳还听取了香港长城公司的有关
情况介绍。后来，完成了《关于钱币市场的调研报告》，对纪念币（包括
普通纪念币、贵金属纪念币）市场的现状做了分析，并阐明认识、提出建议，
上报总行领导，提供参考。

三是，对我国钱币、银行类博物馆的情况做了一次社会调查。我于2006年3~7月委托中国钱币学会秘书处对全国的钱币、银行类博物馆做了一次普查登记，并赴有关地区做了比较深入的调研，最后形成了《关于我国钱币银行类博物馆情况的调研报告》。

据不完全统计，2006年我国的钱币银行类博物馆（含陈列馆、展览馆）约有86个。其中，人民银行系统主办的28个（总行1个，大区分行、省会中心支行10个，地市中心支行12个，印钞造币系统5个），约占三分之一；商业银行主办的5个，财经类院校及其他有关学校主办的10个，文物系统主办的15个，这三方面合计约占三分之一；私人或公司创办的28个，约占三分之一。另外，正在筹建中的有10个。所以初步形成了一个专业群体。

我国钱币、银行类博物馆具有几个特点：一是数量多，分布面广；二是规模小，可塑性强；三是个人收藏者、爱好者情绪高涨，积极参与，形成国家、集体、个人相结合的局面，取得了互补的效应。

随着对钱币、银行类博物馆性质的理解和认识的深化，展陈的领域不断拓宽，从原来比较单一的主题向多元化发展。除钱币展外，有了银行发展史、金融发展史、票号业发展史、钱庄业发展史等展览。还有金融、银行旧址博物馆的建成与开放,如山西平遥的票号博物馆、浙江宁波的钱业会馆、江西瑞金的中央苏区银行旧址。还有和钱币生产相结合的造币厂、印钞厂等企业创办的陈列展览,参观者会带着几分神秘的心情走进博物馆,获取知识。

2005年上海造币厂博物馆落成,顾军厂长接受我的祝贺

　　随着对钱币学研究和理解的深化,钱币展览逐步向专题化、个性化发展。诸如山西省博物馆的钱币陈列突出先秦三晋货币,中国人民银行乌鲁木齐中心支行的钱币博物馆主要介绍新疆地区出土和发现的钱币,兰州中心支行的钱币博物馆主要介绍丝绸之路的钱币文化,昆明中心支行的钱币博物馆主要介绍云南地方历史货币和云南牌坊银锭,南宁中心支行的钱币博物馆突出介绍了越南历史货币和东南亚钱币。

　　随着对"以人为本"展览理念的认识不断加深,把有形的文化遗产和无形的文化遗产结合起来,使钱币展览有了新意,有了深度,也更具活力。如中国钱币博物馆举办的古代铸钱工艺展,中国印钞造币总公司陈列馆安排的观众可以直接参与,亲自动手制作钱范、印刷古钞、打制硬币等等。

文化旅游区的钱币博物馆多由个人收藏者、爱好者兴建，如浙江乌镇、千岛湖、江苏吴江等旅游景点都成立有钱币博物馆，参观者结合旅游，在欢声笑语中接受钱币文化的教育，取得了很好的效果。钱币展览的形式多样，如北京工商银行培训中心搞的钱币展，形式灵活多样，进大门，园子里就有硕大的钱币模型，进楼房，大厅、走廊、客房、客厅、会议室，每个场所的墙上都挂有钱币实物，并附有简要的说明。既是装饰，更是钱币文化的宣传。

（二）参事室的记忆

2007年1月23日，在小汤山欢送到龄的檀景顺、白世春、谢庆健离任。102岁高龄的沈日新主任还亲自到场致辞，我们分别和他合影留念。

我祝沈日新主任长寿幸福，后站者是蒋大葵副主任

2007年8月21日，在密云雾灵山庄欢送我和陈静离任时，沈日新主任已经仙逝。将近三年的参事历程，尽管时间不长，却给我留下了美好的回忆，体会了参事工作的荣誉和职责，也体会了人民银行对我的关怀和厚爱。

五、钱币文化的外事交流

中国钱币学会成立之初，便开启对外学术交流。1984 年，时任中国钱币学会理事长、中国人民银行副行长的耿道明，曾亲率中国钱币代表团访问日本，并出席日本大阪博物馆的"中国货币展"开幕式和中日钱币界的学术讨论会。1985 年，"日本货币展"来中国上海博物馆展出，同时也举办了学术交流会。

积极开展对外学术交流，积极参加国际钱币学委员会的相关活动，积极参加和钱币有关的科技类国际会议。童赠银理事长曾经对我说："要在国际上争取话语权，宣传我们的钱币文化、东方的钱币文化。应该发言的地方一定要发言，该是我们得到的就一定要得到。你不去争取，别人不会拱手让给你。"在他的指导和影响下，我们和 30 多个国家的钱币学会、钱币博物馆建立了友好关系。在实践中，逐步和国际接轨，融入了钱币世界的大家庭。

我们的具体措施是：走出去，请进来。

（一）走出去

自 1984 年以后，我出国访问 30 余次，足迹遍布亚、欧、非、澳、美。1987 年起任国际钱币学委员会委员。1995 年起任国际博物馆委员会委员。1998 年起任国际钱币银行博物馆委员会执委、亚太地区主席。一直到退休以后，还参与了其间的一些活动。

1. 五次出访日本

我先后出访日本五次。其中：

① 举办钱币展览两次。一是 1984 年 3 月，"中、日历代货币展"在大阪博物馆展出，同时中国钱币代表团访问日本，并进行学术交流（前面已述）；二是 2008 年 10 月，由中国对外友协组织赴日本金泽举办"钱币书法展"并展开学术交流（后面另述）。

② 率团访日一次，即 1999 年 9 月，率中国钱币代表团访日（下面另述）。

③应邀访日两次：一是 1992 年 9 月，应工藤裕司先生之邀，出席日本北海道札幌市方泉处钱币馆开馆，并应邀作学术报告。同行的还有董德义、尹盛平和高桂云等八人。这次出访有个最大的收获是：参观了他馆新配置的钱币金属成分检测设备，并听取了他们的实验报告。也顺访了东京日本银行货币博物馆。二是 1994 年 4 月 23 ～ 27 日，应丹野昌弘先生之邀，出席日本钱币学家小川浩逝世七周年纪念活动，详细观察了青宝楼小川浩旧藏的古钱，对日本皇朝十二钱的制作变化，特别是就"和同开珍"钱的分期断代请教了日本同行，收益甚丰。在日期间，还应邀赴茨城拜访佐藤成男先生（日本货币协会评议员），鉴赏了他正在整理和研究的日本恶钱。

和同开珍

1992 年 9 月，应工藤裕司先生之邀，出席日本北海道札幌市方泉处钱币馆开馆

附：小川浩先生主要著作

1. 《日本货币图史》10 卷
2. 《改订宽永通宝钱谱》（880 余种）
3. 《新订天保钱谱》（280 余种）
4. 《东洋古钱名鉴》（日、中、安南、朝鲜）
5. 《古钱币价格图谱》（日、中、安南、朝鲜）
6. 《开元通宝泉谱》（260 余种版式）
7. 《新订北宋符合泉志》

1992 年 9 月 29 日，在日本银行与日本货币协会郡司勇夫名誉会长交谈

三是率中国钱币代表团访日。1999 年 9 月 18 日，我率中国钱币代表团访日。代表团成员有金德平、袁文多、刘建民、贺传芬、王梅。

这次访日是对日本货币协会 1998 年来访的回访。7 天的议程主要有三项：

第一站是东京。

9 月 18 日我们抵达日本成田机场，受到日本货币协会会长船越康和日本泉界名士川田晋一、丹野昌弘、菅谷信夫妇、小川清、有泷五郎的热情欢迎，相见甚欢。川田晋一见面就对我说："我们是同文同宗。"从热情的程度看，真有同宗的亲情。

第二天即访问日本银行。上午参观日本银行货币博物馆，受到日本货币协会名誉会长、日本银行货币博物馆顾问郡司勇夫先生和大久保隆馆长的热情接待。郡司勇夫先生是日本老一代著名泉家，和先父葆庭先生是老朋友，和我见面时热烈拥抱，畅谈了中日老一代泉家的情谊。他亲自陪我参观展览，还破格陪我到钱币库，观察了他们馆珍藏的全部三孔布（这是他们的镇馆之宝，所藏三孔布 20 余枚，比当时我们国内所见的总数还多），我享受了一次特殊的待遇，一次钱币学的饕餮大餐。

下午在日本银行金融研究所开展学术交流，我和船越康、日本银行金融研究所代表等先后宣读了论文，并进行了交流。随团其他成员也都分别作了书面发言。

在东京，我们还特地拜访了已故泉家小川浩先生之子小川清，在他家观赏了其父留下的《新编北宋符合泉志》一书的全套藏泉。

船越康先生是日本金银币收藏大家，还专门把我请到他家，要我帮他鉴定几枚中国钱币（附见："一句话就把两辆汽车说没了"）。

第二站是京都、大阪。

9 月 21 日，由东京到达京都，受到关西古泉会会长吉田昭二先生的欢迎。我们下了新干线，便直接奔赴奈良国立文化财研究所，考察了从飞鸟藤原宫遗址新出土的"富本"钱，这是日本考古的新发现。经鉴定，"富本"钱的铸期，比日本的"皇朝十二钱"略早，是目前所知的日本最早的方孔圆钱，制作风格仿我国的唐"开元通宝"钱。

第二天一早赶往大阪，在大阪和关西古泉会、四国古泉会的泉友进行学术交流，观赏了关西泉友的藏品。讨论的主题是对宋钱版别的研究，吉田昭二先生在会上的报告《宋钱铸造工艺的考察》（后来发表于《中国钱币》2000 年第 1 期），提出宋钱钱文使用活字的观点，他这个观点很新颖，但和实际情况尚有差距。在讨论中我发表了自己的观点：宋钱的铸造，采用母钱翻砂技术；个别宋钱铸有背文，且很模糊，如北宋"熙宁元宝"背穿上的"衡"字，或有可能是用戳子加盖在钱模的砂盘上铸就，唐朝会昌开元钱的背文或许也是这样铸造的，但北宋钱总体而言是由雕母为模翻砂铸造的。后来他到中国来实地考察以后，也接受了我的观点。

1999 年 9 月由日本货币学会会长船越康陪同在奈良国立文化财研
究所考察飞鸟藤原宫殿遗址新出土的"富本"钱

　　第三站是福冈、长崎。

　　从大阪到福冈的新干线途中，我们遭遇了台风。先是在一个叫冈山的
地方停了个把小时，至下午 4 点多重新启动，谁知行至德山市至小郡市的
隧道中，又突然断电，封闭的车厢内无电、无水、无空调，只有微弱的应
急灯亮着。全程陪同我们的船越康先生已是 70 多岁的老人，又患有严重的
糖尿病，在车上十分焦急，还不时和等在福冈的堀本正先生（福冈货币协
会会长）手机联系。随团的王梅呼吸急促，脸色也变白了，被安排到乘务
员的小房间，因为那里有车厢内唯一的一个小窗。经过五六个小时的等候，
路局方面调来对面开来的一辆列车，把我们拉回德山市，后半夜我们住进
了德山的一个小旅馆，这还是船越康先生努力争取来的。

　　因遇突发事件，福冈的行程只能取消，第二天一到福冈便直奔长崎。
长崎地处日本南部，唐宋时期，中国钱币大量运到这里，称为"渡来钱"，
有的直接流入日本市场；有的，特别是制作精美者，便作为"母钱"，或
加工为"母钱"，在这里就地翻砂浇铸日式的"渡来钱"，所以古代这里
有铸钱作坊。我们这次访日，把寻找长崎的铸钱遗址作为一项议程，日本
泉友事先也帮助做了一些功课，了解到大致方位，但总因时间仓促，没能
找到遗址的具体地点，也不知道是否还有遗迹存在。在长崎，我们虽然没
有达到预期目的，但是宣传了"渡来钱"的历史，在日本泉界加深了影响。

故事

一句话就把两辆汽车说没了

1999年9月访日期间，日本货币协会会长、金银币收藏大家船越康先生特地把我请到他家，要我帮他鉴定几枚中国钱币。寒暄之后，船越康先生便拿出了他珍藏的几枚"珍贵"的中国钱币。第一枚是"淳化元宝"金钱，我上手一看就觉得不对，因我见过真正的"淳化元宝"金钱，那是1988年春山西五台山出土的。船越康的这枚钱显然是仿造不久的伪品，因为是老朋友，我真诚地说了自己的看法。接着船越康又递给我第二枚金币，他说这应该是战国时期楚"郢爰"金币吧。但我看这枚也是假的。就在船越康转身之际，陪同在身边的日本著名钱币鉴赏家菅谷信先生低声对我说："两辆汽车没了。"一听这话，我立刻感觉到刚才说话有些唐突。当船越康双手递过第三枚金币时，我看到了他充满期待的眼神，实在不忍心再打击他……看来，日本的古代金银币和中国的金银古钱还是有很大的地域区别，鉴定的途径不一样，不可同日而语。

中国钱币博物馆收藏的"淳化元宝"金钱

2. 多次出访香港钱币协会

我们出国访问，在返回时，往往会在香港稍作停留，因为中国人民银行在香港设有长城公司，客观上成了"中转站"，故顺访香港的机会比较多，港、澳泉友来访也比较方便，所以和港、澳泉界的交往比较密切。但专访香港只有一次：1987年8月底，随副理事长李树存率领的中国钱币代表团访问香港，出席9月上旬的香港钱币展销会。

香港钱币展销会由马德和（香港钱币协会会长）主办，这次展会面积约500平方米，有26个国家参会，115个展位，其中有9家展销中国古钱，

16 家展销中国金银币，21 家展销新中国纪念币，还有 14 家展销中国古钞和近现代纸币。

上海造币厂还带去了专门为此次展销会定制的纪念银章，排队抢购的场面十分热闹，离开销售点，立刻就成倍地涨价。这是我第一次参加国际钱币展销会，也是第一次看到这样火爆的场面，学习和了解到不少新的知识，为后来的北京国际钱币博览会提供了很多有益的借鉴。

1987 年 7 月，随副理事长李树存率领的中国钱币代表团访问香港前排左起：童子玉、丁张弓良（台北钱币协会会长）、毛景安（香港著名纸币学者）、李树存、戴志强后排左起：沈家驹（中国钱币学会海外理事）、马德和（香港钱币协会会长）、陈逵（香港钱币协会副会长）、张季琦

3. 访问台湾地区钱币界、金融界

1999 年 6 月 15 ～ 23 日，由副理事长率团，一行六人，访问了台湾地区钱币界和金融界。访问了台北钱币邮票商同业公会、台北集币协会和中华集币协会，考察了台北信托局、台北钱币市场，并与台湾地区金融界、钱币界同仁广泛接触，做了比较深入的交流和讨论。

这次访问，让我有机会见到台湾当局分管印钞造币事业的相关负责人和有关印钞造币企业的负责人，了解到他们的组织模式和我们大致相仿，他们的专业人员多数是当年由大陆转移到台湾的，其中多数是上海印钞厂、造币厂的老员工,所以见面聊天自然有一种亲情感。同时也了解到台湾当地钱币文化的积淀并不深,他们的根在大陆,他们收藏和研究的基础,也主要是由大陆传过去的。

访台期间,和台北市集币协会会长陈文涛、美籍钱币学家曾泽

在台北和曾泽禄讨论钱币

禄(美国钱币学会东方钱币顾问)等有多次交谈,做了相关的学术交流。

2002 年他们组团回访,进一步密切了两岸泉界的情感和交往。

4. 两次出访韩国

我两次访韩,一次是 1996 年 8 月,出席在汉城(首尔)召开的第 8 届国际东亚科学史讨论会;一次是 2004 年 10 月,出席在釜山召开的第 20 届国际博物馆委员会、理事会暨国际钱币与银行博物馆委员会。

1996 年 8 月 3 日,周六,在家整理东西,不意从高处跌落,左胳膊摔成粉碎性骨折。刚过 21 天,尚未痊愈,便拆去了石膏,换成软绷带,于 8 月 25 日,由周卫荣陪同去了韩国汉城,参加第 8 届国际东亚科学史讨论会。

这次参加汉城会议的中国代表有 40 人左右,约占全体出席者的七分之一,讨论的主题涉及天文史、数学史、中医学史、金属史等文化科技史领域。我和卫荣带去的论文是《早期东西方钱币文化的比较研究》。

会议在汉城大学召开,正值该校 50 周年校庆,又值硕士学位、博士学位颁发证书仪式,所以校园内布满鲜花和气球,奏响喜庆的乐曲,得学位者的家人都来校庆贺,重视程度可见一斑。

在汉城,除了参加会议,我还两次走访了汉城的“琉璃厂”——锺路区宽熏洞。一是为帮梁贻斌部长(金银币收藏家)代购一套汉城奥运会的纪念银币,因此与“龙睛”(文物)商店老板金熙雄相识;二是向金老板

了解韩国钱币市场的情况，我问道："为什么眼下韩国的钱币市场这么冷清？"他说，原来韩国的钱币市场也很火爆，拐点就是汉城奥运会。奥运会纪念币刚发行时，一抢而空，价格飞涨，韩国中央银行昏了头，居然加制了纪念币，消息一出，信誉全无，奥运会纪念币的价格一落千丈，从此钱币市场一蹶不振，相关的钱币协会等社团组织也都散失殆尽，成了现在的萧条景象。

这个信息对我们来说非常重要，韩国中央银行的教训值得记取！必需

和周卫荣合影于汉城大学校门口

高度警惕，尤其是中央银行、国家发行的货币一定要十分重视信誉。否则信誉破坏，要想追补回来就太难了。我回行后，不仅向行领导汇报了此事，也向印制公司、金币公司和货币发行司等相关部门做了通报，反复强调，一定要汲取教训。

5. 两次出访新加坡、两次出访马来西亚

1995年4月8日，因赴埃及途经新加坡，顺访新加坡钱币协会常务副

会长黄汉森。蒙他盛情，陪了我一天，既参观了牛车水的集藏斋，又游了圣陶沙，我们边走边聊，他详细介绍了新加坡钱币界的现状和他所知道的马来西亚等东南亚钱币界的情况，我们还交流了有关的泉学的信息。

接受黄汉森会长颁发亚洲钱币顾问的聘书

1999年3月4～7日，参加新加坡国际钱币博览会和亚洲钱币学会成立一周年纪念活动，并出席古代东南亚货币与中国的关系学术研讨会。这次活动让我有机会看到许多东南亚地区的古钱实物，见证了古代东南亚货币受中国钱币文化的影响至深，诸如：

1999年3月鉴赏东南亚钱币

缅甸扶南国时期的铅、锡合金钱币，既有大象图案，又有"五金"的钱铭，显然是受中国"五铢"钱的影响；在印度尼西亚和新加坡的钱币中，经常可见汉字钱文，如"太平元记"等等。这类有汉文的方孔圆钱，多数是当地的华人公司、华侨领袖所铸。

2003年10月3～5日，应马来西亚国际教育与文化交流基金会主席拿督陈德泉的邀请，我率中国钱币代表团出席马来西亚吉隆坡的国际货币博览会。我和周卫荣以及马来西亚钱币学会主席还分别作了学术报告。

这次活动是由马来西亚外交部主持，马来西亚副首相巴达维、外交部部长哈密德·阿尔巴出席开幕式并致辞。他们在讲话中都特别提到了中国钱币代表团的出席，并专门会见了我们。我代表中国钱币代表团向他们赠送了中国钱币博物馆十周年、中国钱币学会二十周年纪念章和有关的钱币文集。

2004年9月1～8日，应马来西亚国际教育与文化交流基金会主席、

和哈密德·阿尔巴交谈，中间是拿督陈德泉

郑和与回教文明基金会董事长拿督陈德泉的邀请，我再次率团出席在吉隆坡举办的"国际货币博览会"暨郑和下西洋600周年和中马建交30周年纪念报告会，作了题为"继往开来，推陈出新，努力开拓具有区域特色、民族特色的钱币文化"的学术报告。

这次出行，在首都机场还经历了一场虚惊，好在有惊无险：9月1日我们乘坐的马航371次航班，当飞机滑行至主跑道开始加速时，突然剧烈震动，随即停机，播音员宣布：因故障，飞机要返回检查。事后知道是2号发动机烧坏，右侧机翼冒出浓烟。其实只差几秒钟的时间，一旦起飞，后果不可设想，好在尚无起飞。但在首都机场整整折腾了一天，我们才改乘新加坡航班，再转机吉隆坡，万幸的是没有误了第二天的议程。

6. 五次出访维也纳

我先后出访维也纳五次，其中三次是为编写和出版《国际钱币制造者》；两次是为举办钱币展览，和维也纳艺术博物馆奥莱姆馆长（国际钱币与银行博物馆委员会副主席）协商，促成了2002年8～11月奥地利钱币展来华展出，2004年6月中国钱币展赴奥地利展出。

故事

为编写《国际钱币制造者》三赴维也纳

1987年4月，应奥地利国家银行常务董事（副行长）、安全印刷厂执行委员会主席、奥地利造币厂管理委员会主席W.克拉尼斯特邀请，我

陪同殷毅（中国人民银行印制局局长）出席在维也纳召开的《国际钱币制造者——揭开世界钞票印制的奥秘》一书的编委会。参与该书编辑的有奥地利、澳大利亚、中国、英国、联邦德国、西班牙、瑞典、美国等八个国家的中央银行的代表。中国是亚洲地区的唯一的代表，邀请中国参加的原因是：一、中国是世界上最早使用货币的国家之一；二、中国是世界上最早印制和使用纸币的国家；三、当代中国的人民币是世界上发行量最多的货币之一，而且从第三套人民币起，我们已经掌握了一套独特的印制技术。

《国际钱币制造者》以中、英、德三种文本同时于1989年正式出版发行，我参与了中国部分的文稿编写，也是第一次参与有关钱币著作的国际合作。于我本人而言，通过这次实践，大大开阔了眼界，拓展了有关钱币的知识，让我跳出了"文物"

在会场，W.克拉尼斯特特意走到我们身后一起合影

的圈子，走进一个全新的金融世界。尤其是第一次了解到当代世界的钱币管理、钱币印制和生产情况，让我进一步加深了对钱币学的认识和理解，让我对新中国钱币学理论的架构设置也有了开拓性的领悟，受益终生。

其实，这次国际合作对殷毅局长也有启迪，从此，他对钱币学会的工作有了新的理解，对我们的工作有了更多的支持。一直到他退休，主持印制系统行业志的编写，或许与此也不无关系。

《国际钱币制造者》从启动到成书，历时三年，我三赴维也纳。有些花絮，是乐趣也是阅历：

一是维也纳音乐厅的文化。这是W.克拉尼斯特先生的特别关照，因为他只给我们三位中国客人（殷毅、我和翻译蔡明信）买了票，据说票价是1500美元，这个天价是我不可能想象出来的，然而的确享受了一回，也是真正体验了一次。

维也纳音乐厅——金色大厅富丽堂皇，高贵的装饰和摆设尽显欧洲上层社会的情调，走进音乐厅便有优雅的轻音乐相伴，来听音乐的人都穿着华丽的晚礼服，举止文静又大方，决无大声喧哗。大厅里座无虚席，却鸦雀无声，听音乐只用耳朵，不用眼睛，好多人都是闭目静听，有人还会跟着节奏，轻轻点头，轻轻晃动着身子。音乐一停，立即响起热烈的掌声。在这样的环境里，真是连咳嗽都不敢出声。

二是西餐的规矩。不同的西餐，规格分得很清楚，W.克拉尼斯特先生有几次单独宴请我们，规格越高，环境越优雅，用餐的历时越长。有一次法国大餐，每一道酒菜都要临时亲点，再下去全新制作，等候的时间便是客人之间交谈的时间，无论是酒水，还是菜食，服务员端上来时，必须毕恭毕敬地站在一旁，待客人谈话小息时，方可送上，并做简短介绍。所以一餐饭要用时两小时以上，这样的高雅文化实在也是一种修炼。

三是一小盅绍兴黄酒要4美金。在维也纳也有几次自己进餐的机会，是难得可以放松的时候，我们一般会选中餐馆用餐。酒水菜食昂贵，我印象最深的是4美金一小盅绍兴黄酒，酒盅餐具或许都是国内运去的。殷局长、老蔡和我都是江浙人，所以再贵也要来一盅黄酒，但不能再多，这时我便会和殷局长开个玩笑，小声细语：堂堂中华人民共和国的印钞公司总经理不会只有这个量吧！他便哈哈一笑了之。

故事

参观维也纳艺术博物馆所属钱币馆

1988年10月，为参加《国际钱币制造者》一书的第二次编委会，我陪同殷毅局长第二次访问维也纳。这次会议的议题：一是会审各国提供的初稿；二是商议决定明年成书后，英、德、中三种文本同时发行，并对首发式的安排达成框架意见。

会议期间，主办方特意安排我们参观维也纳艺术博物馆的钱币馆。该馆坐落在奥地利国家造币厂内，收藏着该厂自1486年以来的各种造币模具14000余件，成为奥地利的骄傲。该馆馆长赫尔墨特·伯格博士亲自为我们讲解，当他讲到奥地利造币厂已经有1000多年历史的时候，自豪之情油然而生，有意停顿下来，微笑地看着我们，或许是想看看我们会做出什么样的惊讶表情。然而，我俩却毫无反映，思绪敏捷的博士先生突然掉转话题，开玩笑地说："噢，你们开始铸币的时候，我们还在树枝上睡觉呢！"说罢哈哈大笑。也真是无巧不成书，从维也纳回来，11月初，我们便在西安召开了西汉上林铸钱遗址的学术研讨会。会议认定：西安西郊的高低堡子、东柏梁、北沙口、窝头寨一带，是2100多年前西汉上林苑的铸钱遗址。因为刚从奥地利回来，强烈的对比，感触极深，我的确有一股兴奋的热流在心底里涌动，真的感受到中华民族古老文明的伟大，感受到作为一个中国人的骄傲。同时也深感：要为提高我们民族的声誉和增进我国的国际地位尽一分力量；要在弘扬中华民族文明历史文化的过程中，培养和增进我们民族自尊、自强的信心。这件事情，20多年来，我始终不能忘怀。

这个钱币馆也可以认为是奥地利国家造币厂的档案馆，每一种钱币发行以后，其母模便入藏这个钱币馆的专柜，万一子模有了问题，便从这里取出母模，重新制作子模，用过以后，母模便重新入藏这个专柜。所以奥地利的模具和样币，一千多年来保管完整，这一点非常值得我们学习。

清末民国时期，我国发行的金银币也请西方造币厂制造，采取招标形式，奥地利造币厂也曾为我国打制过一些样币，参与竞标，如大清银币、宣统银币、孙中山陵墓银币、民国十八年（1929）船洋奥地利版等等，他们都打制过样币。对于这些样币，他们同样也保管得很好。我们去访问时，他们便托出了一盘专为我国竞标而制作的母模和样币，看到这些样币，十分亲切，一下子把我们的距离拉近了许多。

在参观奥地利国家造币厂时，我发现：他们的正常生产是使用先进的现代设备，打制钱币的速度非常快，讲究的是产量和效益。但他们的老设备、老机器仍然保护得很好，只在打制高级的纪念章时才使用，这种老机器，虽然速度慢，但压力大，是打制高浮雕的必需。我们在参观时，他们还特意用激光雕刻给我们每人打制了姓名，留作纪念。这是先进工艺，然而真正高精尖的雕刻技术仍然是手工雕刻。后来奥地利钱币展来我馆展出，我看了它们的报价清单，报价最高的是两枚精制的纪念章，因为它们的工艺技术最复杂，用料最贵重，存世最稀缺。

7. 中国钱币第一次赴欧展出

2004 年 6 月"中国钱币展"赴奥地利展出，算是 2002 年奥地利钱币展访华的回访。中国驻奥大使卢永华出席开幕式并参观了展览。希腊、捷克、匈牙利、德国等周边国家得知后，纷纷和我们联系，希望"中国钱币展"也能到它们那里去展出。

2002 年 1 月在维也纳艺术博物馆挑选访华的钱币展品

2004 年 6 月"中国钱币展"赴奥地利展出，卢永华大使参观展览

这是中国钱币第一次赴欧展出，因为中国钱币属东方钱币文化，和欧洲的西方钱币文化有较大的反差，在欧洲人看来富有新鲜感，引起了不小的反响，取得了较好的社会效果。

8. 争取中国钱币学在国际钱币学委员会中的席位

国际钱币学委员会成立于 1936 年，是联合国教科文组织下的一个学术团体。联合国教科文组织下共有 16 个学术团体，如哲学、人文学、经济学、历史学等，钱币学委员会是其中之一。

国际钱币学委员会成立 150 年后，1986 年，中国钱币学会才派员出席在伦敦召开的第十次国际钱币学大会。1987 年 5 月 8 日，我收到国际钱币

COMMISSION INTERNATIONALE DE NUMISMATIQUE
INTERNATIONAL NUMISMATIC COMMISSION
INTERNATIONALE NUMISMATISCHE KOMMISSION

Oslo, 8 May 1987

China Numismatic Society
Dai Zhiqiang, Secretary General
3 Bai Zhi Fang Xi Jie
Beijing
China

Dear Mr. Dai Zhiqiang,

The Executive Council of the International Numismatic Commission has confirmed the election of the China Numismatic Society as a member of the International Numismatic Commission.

On behalf of the Council I welcome most warmly the adherence of your society to the International Commission. It is only by such extension of membership that the Commission's endeavours to promote international co-operation can be forwarded, and I am grateful for the support of your society.

The Compte Rendu 33 for 1986, the annual account of the Commission's activities, will soon be printed, and will be sent to you. Addionally the Council produces an International Numismatic Newsletter to be distributed twice a year to make information on a variety of numismatic topics more frequently available to the members.

The Council welcomes from the Commission's constituent members comments and suggestions which should be sent to me or the Secretary (Raymond Weiller, Musée d'Histoire et d'Art, Cabinet des Médailles, Marché-aux-Poissons, L - 2345 Luxembourg), and news and information for inclusion in the Newsletter, to be sent to the Editor, (Dr. Michael L. Bates, the American Numismatic Society, Broadway at 155th Street, New York, N.Y. 10032, USA). The annual fee be paid, on request, from the commission's Treasurer (Professor Leandre Villaronga, Còrsega 351, 2,n, E - 08037 Barcelona, Spain).

You have kindly sent me several volumes of your periodical "China Numismatics" and "A Collection of Chinese Numismatic Thesis". May I express my gratitude for this pleasant gift.

Yours sincerely

Kolbjørn Skaare
Professor
President of the International Numismatic Commission

1987 年 5 月 8 日，国际钱币学委员会主席考尔·斯卡尔给我的函

学委员会主席考尔·斯卡尔给我的函，我们正式加入了国际钱币学委员会。

9. 三次率团出席国际钱币学大会

第一次 第 11 届国际钱币学大会在比利时布鲁塞尔召开（1991 年 9 月）
　　　　主持远东钱币圆桌会议　出席国际钱币学委员会

第二次 第 12 届国际钱币学大会在德国柏林召开（1997 年 9 月）
　　　　主持远东钱币圆桌会议　出席国际钱币学委员会

第三次 第 13 届国际钱币学大会在西班牙马德里召开（2003 年 9 月）
　　　　主持远东钱币圆桌会议出席国际钱币学委员会

出席第 11 届国际钱币学大会

1991 年 9 月 9～12 日，第 11 届国际钱币学大会在比利时布鲁塞尔召开，会议由组委会主席、比利时自由大学历史与钱币系主任托尼·哈肯斯教授主持。这次大会正值国际钱币学大会 100 周年，也是比利时皇家钱币学会成立 150 周年之际。100 年前的成立大会就是在布鲁塞尔举行的，受到比利时国王和欧共体主席的特别关照，比利时王后还专门出席了欢迎宴会。

我率中国钱币代表团出席了大会，代表团有八人组成。我为团长，姚朔民为秘书长，成员有赵会元、郁祥桢、张忠山、董庆煊、汤国彦、王志强（翻译）。我们带去了《中国历代铜铸币合金成分探讨》（我和周卫荣合作）、《最早的钱谱〈货泉沿革〉》（姚朔民）等七篇论文，在大会交流。还带去了《中国历代货币》《中国历代货币大系·先秦编》《中国古钞图辑》等新出版的钱币图书八种以及《中国钱币》杂志在会上展览。

这是我国第一次以委员会正式成员的身份组团参加会议，受到会议主办方的特别关照。9 月 12 日下午还专门安排了关于中国钱币的圆桌讨论会，除中国外，英国、法国、苏联、荷兰、罗马尼亚、加拿人、印度、斯里兰卡等国代表出席。圆桌会由我主持，感谢法国东方钱币博物馆馆长弗朗索瓦·蒂埃里和大英博物馆、币章部的汪海岚为我做了翻译。会议就目前中国钱币的研究课题和新的发现做了交流，重要的是介绍和宣传了中国的钱币文化。中国钱币的圆桌讨论会后来成为惯例，在以后的几届大会上都做了安排。

在当天举行的晚宴上，美、英、法、德的代表相继致辞后，主持人特别邀请我代表中国致辞，我表达了美好祝愿，并希望钱币大家庭进一步加强国际交流和合作。

　　接着会议组织者抬出了两个一米多高的大蛋糕，庆祝国际钱币学委员会100周年，庆祝比利时皇家钱币学会150周年，把会议之热烈、喜庆推向了高潮。

在布鲁塞尔议会官外与全体代表合影

　　第11届国际钱币学大会结束以后，于9月14日在比利时基础大学会议厅召开了国际钱币学委员会会议，我受童赠银理事长的委托，代表中国钱币学会出席了会议。

　　国际钱币学委员会主席考尔·斯卡尔作了1986～1991年理事会工作报告，委员会司库作了财政报告，各个二级委员会分别作了专题工作报告。

　　大会选举产生了新一届理事会，由9人组成，法国的塞希尔.莫里森教授为国际钱币学委员会新一届理事会主席。她在就任讲话中特别提到："过去我们的重点主要在西方钱币的研究，现在看来，东方钱币也是一个宝库，今后也应该给予重视。"

　　会议决定，第12届国际钱币学大会将于1997年在柏林举行。

相关链接

开始和国际钱币学委员会接轨

1991 年 9 月是我们第一次组团出席国际钱币学大会，也可以说是第一次和国际钱币学委员会正式接轨，所以有些事情都是新鲜的。诸如：

一、国宴级的欢迎宴会。七八百人的宴会大厅，规模之大，在国内钱币界从未见过；王后亲临，规格之高，也是国内钱币界从未有过；大会会址选在王宫附近的议会宫大会场，大学里设有专门的"历史和钱币系"，有专门的钱币学教授，如此等等，可见钱币学在欧洲的地位之高，在西方学术界的地位之高，我们必须重新审视，重新认识。

二、西餐的格式化，礼仪井然，但内容平平，也是我从未见过的：开胃酒加冷拌沙拉、咖喱热汤、酒水加主菜（一大块清蒸鱼或肉）、甜点。顺序结束，因为无知，开始不敢放开，完了尚觉没有尽兴。这或许便是"开洋荤"。我们有必要了解它，消化它。

三、初次实践，方始知道：原来在欧洲人、西方人的眼里，钱币的中心在欧洲，历时百年，11 届钱币学大会都在欧洲召开，居然没有离开过；他们对中国钱币、东方钱币的了解太少，在讨论中提出的问题，基本都是一些知识性的问题。这次参会，我们感到新鲜，他们也感到新鲜，所以有人提出："我们要知道，钱币学不只是在欧洲，中国也有钱币学，也有钱币文化。"这在莫里森教授的讲话中已经有所反映。

还有一个意外的收获：为了节约费用，我们这次住在比利时市郊的家庭旅馆，正好遇上了一次结婚典礼，看到了当地结婚的民俗风情，看到了西方人心目中的圣洁，也看到了西方人的浪漫。

出席第 12 届国际钱币学大会

1997 年 9 月 8～11 日，第 12 届国际钱币学大会在德国柏林召开，我率中国钱币代表团一行七人出席会议。成员有金德平、周卫荣、王永生、杨枫、袁常奇、罗雅萍和我。

会议组织严密有序，参会者报到即可拿到会议议程、大会论文提要和与会人员名录，方便与会者参加会议活动和安排自己的议程，体现了德国人的办事作风。按照国际钱币学大会的惯例，大会编有两次会议期间

（1991～1997年）各国钱币研究进展情况的汇编。在我们没有正式加入国际钱币学委员会之前，中国部分的内容由英、法等国的学者代为执笔，现在我们已成为正式成员，便由我们自己撰写入编，这也是

在第十二届国际钱币学大会期间，和伊沃奇金娜、蒂埃里共同主持远东钱币圆桌会议

我们第一次看到自己的成果被国际钱币学委员会认可，深感自豪。大会还特制了专门的纪念章，正面主景为洪堡大学主楼和本次会议的会徽，背面是欧洲古代的造币图景。这也是国际钱币学大会具有个性化的特色，也被我们后来所学习和应用。

会议期间也专门安排了"远东钱币"研讨会（即圆桌会议），由我和俄罗斯的尼娜·伊沃奇金娜博士、法国的弗朗索瓦·蒂埃里教授共同主持。

在柏林波斯坦，中国钱币代表团全体成员合影

英、法、德、俄、美、日等国学者都在会上做了学术交流。汪海岚还热情地帮助翻译。

9月11日下午召开国际钱币学委员会成员会，大会闭幕。

相关链接

德国人办事的认真

在比利时第11届国际钱币学大会的宴会，我的感觉是，排场很大，礼仪井然，但内容平平。这次在德国第12届国际钱币学大会的宴会，柏林市长亲自出席并致辞，规格亦算很高，但会场就设在一群建筑之中的园子里，市长就在楼边扶梯的台阶上致辞，讲话慷慨激昂，但不拘形式，代表们自己找座位，多数在园子，有的还坐到了屋里。一边听着大会发言，一边便送来了啤酒、葡萄酒和面包，整个宴会没有一道主菜，就像是一场鸡尾酒会。从这个宴会可见德国人的节俭，听说德国的制度严格，办事十分认真，就资金而言，都是专项专款，用来办实事，绝不可以挪用，所以宴会的费用被压得很低。

出席第13届国际钱币学大会

为参加2003年9月14～19日在西班牙马德里召开的第13届国际钱币学大会，出席国际钱币学委员会（理事会），主持远东钱币圆桌会议，

并参加国际钱币与银行博物馆委员会第10届年会，我于9月12日乘CA911航班离京飞往斯德哥尔摩，再在那里转机飞往马德里。当天下午4点半抵达斯德哥尔摩，住Scandic旅馆，等待明天转机。

在第13届国际钱币学大会的远东钱币圆桌会议上作学术报告

2003 年 9 月，在马德里和大英博物馆克列勃、汪海岚交流

故事

波罗的海的晨曦

由十六个岛屿组成的斯德哥尔摩，波罗的海镶嵌在这些岛屿之中，我下榻的旅店就在波罗的海的海边，房间的大窗朝东，正是旭日升起的方向。

因为时差的缘故，凌晨一点许就醒了，再不能入睡。或许是天意，它让我欣赏到了波罗的海晨曦的全过程。

东面有云，不到五点，天也开始发白，大约五点十分，黑云底下开始呈现一片橘黄，大约五点半钟，橘黄下面又出现了粉红、桃红。黑、黄、红都是旭日照射到云层折射出来的颜色，这些云色投入波罗的海，静静的海面也五彩缤纷，黑云的黑色、黄云的金色、红云的红色，都在海面呈现，而且是活的，相互辉映，随时而变。世界开始复苏，但海边宁静，还没有一个人。于是我便进入了画中，心旷神怡。

六点多了，因为有云，太阳还没有露头，但红色的阳光喷薄而出，把黑云映得黑里透红，红黑相间，这也是红与黑的交融。我还在盼着旭日露头，但这样的景致，若不是东面的那片云，是不可能看到的。

我看过多少次日出，东海的日出，长江的日出，黄山的日出，沙漠的日出，飞机上高空的日出，东北雪原的日出，大西洋的日出……又看到了波罗的海的日出，红日终于跃出，这时六点十八分。在黑云底下，树丛之中，一团血红的火球终于升起，黑云镶上了金边，乌黑慢慢散去，今天又是一个晴天。此时此景，与京秋的西山，我家向西的窗口看到的西山落日，似乎又有几分相像，只是多了波罗的海的辉映。

红日完全脱出的时候，已是六点二十四分。

10. 四次率团出席国际博物馆委员会暨国际钱币与银行博物馆委员会大会

我先后四次率团出席国际博物馆委员会暨国际钱币与银行博物馆委员会大会，也曾参加过国际钱币与银行博物馆委员会理事会和年会。

第一次是第 17 届国际博物馆委员会暨国际钱币与银行博物馆委员会成立大会在挪威斯塔万格召开（1995 年 7 月）。

第二次是第 18 届国际博物馆委员会、理事会暨国际钱币与银行博物馆委员会在澳大利亚墨尔本召开（1998 年 10 月）。

第三次是第 19 届国际博物馆委员会、理事会暨国际钱币与银行博物馆委员会在西班牙巴塞罗那召开（2001 年 6 月）。

第四次是第 20 届国际博物馆委员会、理事会暨国际钱币与银行博物馆委员会在韩国釜山召开（2004 年 10 月）。

此外，还参加过一次国际钱币与银行博物馆委员会的理事会，在意大利罗马召开（2002 年 4 月）；一次国际钱币与银行博物馆委员会的年会，在阿根廷布宜诺斯艾利斯召开（2000 年 10 月）；在北京主持了一次国际钱币与银行博物馆委员会的第 9 届年会（2002 年）。

注：国际钱币与银行博物馆委员会是每年都召开一次年会。而国际博物馆委员会是每 3 年活动一次，所以在国际博物馆委员会开大会时，随国博委一起活动，国博委没有活动时，就单独活动。

2002 年 4 月，国际钱币与银行博物馆委员会的理事会在意大利罗马召开

出席国际钱币与银行博物馆委员会成立大会，出任国际钱币与银行博物馆委员会执委。

国际博物馆委员会第 17 届大会于 1995 年 7 月 2 ～ 7 日在挪威斯塔万格召开，期间正式成立了国际钱币与银行博物馆委员会。召开了国际钱币与银行博物馆委员会第一次大会和专题讨论会。各国专业钱币博物馆的代表和中央银行钱币博物馆的代表出席了会议，并就钱币藏品的保护、钱币的陈列展览、钱币博物馆与公众的关系等专题交流了经验和意见。会议期间参观了挪威各种类型的博物馆，挪威各种民办的博物馆特别多，斯塔万格一地就有 27 家各种类型的博物馆，有几件重要的文物，甚至有一件有影响的文物，把它展示出来就是一个博物馆。参观过这些博物馆，使我茅塞顿开，原来博物馆还可以这样办！

值得一提的是，我们不仅是国际钱币与银行博物馆委员会第一次大会的参与者，而且是这个组织的发起者。当时台湾地区也有意加入这个组织，要争取理事会的席会。这是我们必须抗议的。我把这个问题事先通报给了筹委会秘书长罗杰女士（比利时国家银行博物馆馆长），她为此做了工作，劝退了他们。我十分感谢罗杰女士对我们的理解和支持。罗杰女士为创办国际钱币与银行博物馆委员会做出了很大贡献，2001 年在她卸任时，国际钱币与银行博物馆委员会特意制作了一枚"罗杰纪念铜章"，以资表彰。

1995 年 7 月，中国钱币博物馆作为发起单位之一出席国际钱币与银行博物馆委员会成立大会，我被推举为执委会委员（理事）、亚洲地区委员会主席。

1998 年 10 月，第 18 届国际博物馆委员会暨理事会在澳大利亚墨尔本召开，同时，召开了第二次国际钱币与银行博物馆委员会大会，我连任执委会委员（理事）、亚洲地区委员会主席。

11. 参加第 7 届国际钱币与银行博物馆委员会年会

2000 年 10 月 10 ～ 13 日，和周卫荣、公柏青出席在阿根廷布宜诺斯艾利斯召开的第 7 届国际钱币与银行博物馆委员会年会。美、俄、日、马来西亚等 23 个中央银行博物馆和钱币专业博物馆的代表出席。

我是以国际钱币与银行博物馆委员会理事、亚太区主席的身份出席这次会议的。会议指出：钱币与银行博物馆不仅浓缩了一个国家的货币和银行的历史，而且反映了一个国家的货币文化和金融文化；博物馆不仅是对本行业遗产的保护，而且也要对一个国家的货币政策的制定、金融服务业的发展和金融从业人员素质的培养提高有着不可忽视的作用。会议一致认为：面对 21 世纪的挑战，ICOMON 成员国之间应加强合作，不仅要通过会议交流的方式，而且可以通过交换展览、合作科研、资源共享等方式进行优势互补。

会上，我总结了近年来亚太地区中央银行博物馆和其他钱币专业博物馆的工作情况，并作了题为"中国钱币博物馆的地位和作用"的专题报告。会议决定：第 8 届国际钱币与银行博物馆委员会年会于 2001 年在西班牙巴塞罗那召开。第 9 届国际钱币与银行博物馆委员会年会于 2002 年在中国北京召开。

2001 年在西班牙巴塞罗那召开的第 8 届国际钱币与银行博物馆委员会年会上又确定了 2002 年在中国北京召开的第 9 届国际钱币与银行博物馆委员会年会的主题是"钱币与银行业——货币的多样性"。

12. 分别访问三大博物馆

收藏中国钱币最宏富的西方博物馆有三家：大英博物馆币章部、巴黎法国国家图书馆东方钱币馆和美国钱币学会博物馆，我有幸都去参观过。

一、访大英博物馆有感

1994 年 9 月，在出席英国伦敦召开的"科学方法在钱币研究中应用"的学术讨论会期间，参观了大英博物馆。给我留下印象最深的是他们的文物库库房管理：

一是，文物管理员便是文物研究的从业人员。如币章部的几位从业人员办公便在库房里，他们的座位后面便是文物柜，所以坐在办公椅上，扭转身去，就可以拿取相关的文物，工作和研究都十分方便，效率自然也高。

二是，整个文物库就是一把钥匙，有了这把钥匙，所有的库房都可以进去，而且库里的文物都不上锁。我问陪同的人员：这样安全吗？他说：安全啊！我又问：是不是失窃过？他说：据我所知，只出过一次问题。他接着说：这个人太笨了，事情很快就败露，他不仅丢了博物馆的工作，而且劣绩被记入档案，以后工作都不好找了。

我为此感叹不已。当时也真想过，回来我可以在自己的博物馆也试试。

但回国后再也没有勇气考虑这个问题，更不可能去实践。这里有监控设施的条件、管理制度的规范，当然更有人的因素。

故事
科学方法在钱币研究中的应用

由英国皇家钱币学会和大英博物馆联合主办的"科学方法在钱币及其制造研究中的应用（世界古代采矿和冶铸）"国际学术讨论会，于 1994 年 9 月 22 ～ 24 日在伦敦召开。英、德、法、美、意大利、希腊和

和周卫荣、吴振强在大英博物馆讨论有关样本

中国等十几个国家近百名学者出席了会议。会上宣读论文 50 余篇，中国参会的有戴志强、周卫荣、吴振强、王贵箴、汪昌桥、吕长礼、袁涛等，分别都在会上交流了学术成果。

会议期间，我分别拜会了大英博物馆馆长罗伯特·安德森博士和英国皇家钱币学会主席麦克·麦特卡尔夫博士。访问了大英博物馆研究部、币章部、东方部、保护部。参加了伦敦博物馆主持召开的"九十年代的钱币研究和保护"研讨会。

这次在伦敦还顺访了德拉柔印钞厂（公司），德拉柔是全球印钞行业的大哥大，曾为 100 多家中央银行印制过钞票。民国时期，也曾为中央政府和香港政府印制过钞票。

这次参观给我留下的最深印象是，在贵宾室的墙上赫然挂着中国明朝的纸币"大明通行宝钞"（一贯），接待者热情地给我介绍：这是现存的世界上最早的纸币。在这样一家现代化的企业，没有必要讨论这么一个专题性很强的历史问题，所以我没有接话，只是笑了笑，表示对他美意的感谢。

故事

伦敦街区的反差

　　我去英格兰银行，伦敦的金融街区，银行员工都是油头粉面，西装革履，穿着十分规矩，所以只要一进金融街区，街上的行人几乎都是"银行家"，格调之高贵是别的地方看不到的。

　　我去大英博物馆，是文化旅游区，知识分子不讲究穿着，即使是博物馆的首席科学家，出来也是一件便西服，更不会系领带，也不会穿擦得油亮油亮的皮鞋。而旅游者的穿着更自由，更随意，追求的是"舒适"，穿的是旅游鞋。

　　如果到黑人区、穷人区更是另外一翻景象，据说一般人晚上是不敢去的。

　　像这样街区的反差，在当今中国，无论是上海还是北京，都是看不到的。

　　在访问法国钱币博物馆之前，弗朗索瓦·蒂埃里于1997年9月3日先陪我们参观了法国国家巴黎造币厂。造币厂厂长康斯坦斯先生和造币厂钱币博物馆馆长考亨女士接待了我们，并进行了座谈。

　　巴黎造币厂历史悠久，造币技术精湛，在国际造币行业享有盛誉。为了进一步提高钱币的设计水平，他们对样稿采取厂内、厂外一起招标的形式，后来我们也采取了这个办法，以便发挥更多的设计人员的积极性，充分调动艺术家、设计者的智慧和灵感。在参观厂区时，我特别注意到，他们的设计、雕刻人员不允许私自接受"外活"。在没有生产任务时，要么在自己的岗位上，练习雕刻。即使是练习，也是那么专心，那么认真；要么可以练习作画，为正式设计做准备。

　　巴黎造币厂制作的大铜章被视为"掌中艺术"，在参观造币厂钱币博物馆时，它深深地吸引了我。从设计到制作，特别灵动、飘逸，无论是高浮雕还浅浮雕，都紧扣主题，入木三分。它们被嵌在有机玻璃内，在柔和的灯光下，正背面都得到清晰展现。

　　这次我们还享受到一个特殊的待遇，就是进入藏品库，观看了他们的馆藏钱币。尤其是，其中有一批完整的越南金银锭和金银币，使我大开

1997 年 9 月 3 日，拜会巴黎造币厂厂长康斯坦斯

眼界。

第二天，9 月 4 日
我们访问了法国钱币博
物馆，受到阿蒙德馆长
的热情接待。法国钱币
博物馆隶属于巴黎国家
图书馆。我们先参观了
他们馆藏的希腊、罗马
钱币，参观了修复、清
理钱币的技术室……最
后到了东方部，即东方

在法国东方钱币馆和弗朗索瓦·蒂埃里合影

钱币博物馆，弗朗索瓦·蒂埃里便是这里的负责人。蒂埃里的办公室便在
东方钱币的藏品库内，墙上排列着整齐的木门，打开每一扇木门，里面是
一层层薄而宽大的抽屉，抽屉上贴有标签，标明此抽屉里钱币的类别。打
开抽屉，底版上打有一个个圆孔，钱币便按时代、铸地、版别分列在圆孔
中，稳定妥帖。拿起每一枚钱币，下面的圆纸上记载着这枚钱的尺寸、重

量等相关数据和入藏经过，实际是一张卡片，是这枚钱的档案。这个圆形的办公室（即藏品库）分为三层，贴墙有台阶，可以拾级而上，站在每层的廊上翻检、查阅钱币和图书等相关资料，十分方便。

9月6日，应法国钱币学会之邀，我们参加了他们组织的一次学术活动，有几位学者发言，交流了研究成果。我应邀发言，介绍了中国钱币学会、中国钱币博物馆和"中国钱币"杂志的情况，并回答了他们的提问。

访法期间，还应邀出席了国际钱币学委员会主席塞希尔．莫里森教授的工作午宴，向她通报了中国钱币学会的工作。法国钱币博物馆馆长 M. 阿蒙迪和 F. 蒂埃里一起作陪。

9月7日，便率中国钱币代表团赴德国柏林出席第12届国际钱币学大会。

应邀出席国际钱币学委员会主席塞希尔．莫里森教授（左3）的工作午宴，M. 阿蒙迪（右1）和 F. 蒂埃里（左1）作陪

故事

与蒂埃里的泉缘

法国的东方钱币学家弗朗索瓦·蒂埃里是我30多年的老朋友。1987年2月13日，我们初次见面是在中国印钞造币公司的会客室。第一次见面给我留下两点印象深刻：一是他的形象，穿一身牛仔服，挎一个双肩背包，胡子拉碴、不修边幅的脸上，透着西方年轻人的精明；二是他对中国古钱的理解，第一次见面，他居然提出了五铢钱断代的问题，在当时，即使中国钱币界，涉足这一专题的人也不多，他作为一个年轻的西方学者居然提出这样的专题，津津乐道，一点就通。从此，他尊我为师，我们成了好朋友，他每次来京，都会带来法国的葡萄酒和鹅肝酱，还告诉我如何鉴别葡萄酒

的真伪。在北京我请他喝绍兴黄酒，高兴了，海阔天空，无话不谈。在巴黎塞纳河畔他请我喝葡萄酒、鹅肝萨拉，这是他最得意的法国"大餐"。

遇到国际学术活动，他主动给我做翻译。1991 年 9 月第 11 届国际钱币学大会期间，在东方钱币圆桌会议上，他、汪海岚和我共同主持会议，语言交流主要靠他。

挂在弗朗索瓦·蒂埃里卧室门口的我的毛笔习作

蒂埃里送我的油画

2000 年 5 月 5～11 日，应美国钱币学会和国际钱币与银行博物馆委员会主席理查德·多蒂之邀，我和周卫荣访问了美国。美国钱币学会东方钱币顾问曾泽禄先生全程陪伴。

美国钱币学会（American Numismatic Society, ANS）创立于 1858 年，其位于纽约市的博物馆，藏品宏富，分为两个部门：一是欧洲和非洲钱币，一是东方和美洲钱币。东方部主任麦克尔·贝茨接待并陪我参观了东方部的收藏。他们收藏的中国钱币主要是 Reily 家族等五位钱币收藏大家于 19 世纪捐献的，此后因为经费问题，没有再主动征集过钱币，所以很大程度上保留了 19 世纪钱币收藏的时代特征，包括那个时代的钱币作伪方法和遗存的伪钱，现在国内收藏家的藏品中已经很难看到，但在他馆还完美地保留着，可以作为中国钱币学和钱币学历史的真实教科书。

王毓铨先生在此担任亚洲货币部分负责人时（1941～1950 年）便以该馆所藏为蓝本，完成了他的博士论文——《中国早期古代货币史》。我访问美国钱币学会时，有幸看到了他书中引用的钱币实物，留下了深刻的印象。

理查德·多蒂是华盛顿国立史密森钱币博物馆馆长，他热情接待了我们，

和麦克尔·贝茨（中，美国钱币学会东方部主任）、曾泽禄、任大维、周卫荣合影于美国钱币学会博物馆

这次访问不仅参观了他馆收藏的钱币，更重要的是和他正式商定：国际钱币与银行博物馆委员会第九届年会将于 2002 年在北京召开。

访美取得圆满成功，于 5 月 12 日赴墨西哥城出席第 32 届国际科技考古年会，在会上我们发表了论文《中国古代货币中的铁成份》《锌、镉两元素在古代金属货币真伪鉴定中的应用》。

13. 五次出席与钱币相关的科学大会

由科学家参与，用科学方法来测试钱币的合金组成，开展钱币的鉴定，是当代文物鉴定、钱币鉴定的新课题、新手段，所以有机会的话，我尽可能多地参加这方面的学术研讨会，学习新理念、新思想，以便在自己的实践中应用，在钱币鉴定中推广。

传统的钱币鉴定手段，只能在了解和掌握钱币表面现象的基础上，进行排比，做出推理。有了科学家的参与，可以运用现代科学的手段来做分析研究，通过钱币合金成分的分析，了解其内在质地的变化，进而可以知道造成表面现象不同的内在原因。于是在钱币学研究方法论上，发生了质的变化，由原来的一只眼睛观察变成了两只眼睛观察，由原来的一条腿走路变成了两腿走路，由原来的表面直观的资料变成了内外立体资料的结合。这无疑是钱币鉴定方法的质的飞跃。参加专题研讨会可以获得这方面的学术动态与最新信息，同时也督促自己必须用功思索，拿出自己的参会论文，在学术的道路上不断进取。

相关链接

参与和钱币相关的学术研讨会

1994 年 9 月出席在英国伦敦召开的"科学方法在钱币研究中应用"学术讨论会

1995 年 4 月出席在埃及开罗召开的"金属遗物的冶铸技术研究与科学保护"学术讨论会

1996 年 8 月出席在韩国汉城召开的第 8 届国际东亚科学史讨论会

1998 年 8 月出席在德国柏林召开的第 8 届国际科学史讨论会；访问意大利罗马的乌廷内大学

2000 年 5 月出席在墨西哥城召开的第 32 届国际科技考古年会；参观墨西哥博物馆和相关遗址，学习了解尼亚文明和尼亚文化

参观墨西哥人类学博物馆

14. 金属遗物的冶铸技术研究与科学保护

由埃及国家文物委员会、金银管理委员会和伦敦大学联合主办的"金属遗物的冶铸技术研究与科学保护"国际学术讨论会于 1995 年 4 月 10～14 日在埃及开罗举行，会议主题是早期金银开发与利用，讨论了早期金属货币产生和发展的历程和遗存实物的保护问题，我和周卫荣带去的论文是《中西方早期金属货币的比较研究》。

会议期间，我们访问了埃及国家博物馆、金字塔、人面狮身像……会晤了英国著名学者克莱达克先生。

故事

尼罗河游轮和尼罗河畔的行人

埃及是一个古老文明的国家，也是一个伊斯兰教化程度很深的国家。在埃及民间是不允许喝酒的，尤其对妇女的管制更是严厉，外出必须裹得严严实实，头巾要把整个头包严，甚至连眼睛都不可以露出来。男女青年恋爱，散步尼罗河畔，两人是不允许挨得很近的，更不能手拉手。但尼罗河中的豪华游轮却是另外一翻景象。

我们这次学术讨论会是由埃及国家文物委员会和全银管理委员会具体操办的，会议组织者安排了一次夜游尼罗河的活动，会议代表 100 多人包了一只游艇。游艇是完全西化的，有酒（包括葡萄酒、威斯忌），用西餐，有浪漫的音乐和热烈的舞蹈，穿着也比较大胆，有的甚至是"三点式"。看来，在埃及，上层社会已经全盘西化，和民间社会判若两个世界。

这样的两重天，着实又给我上了一课。

15. 顺访莫斯科

我馆和圣彼得堡艾尔米塔什博物馆互有交往，也曾委派姚朔民等人专访过该馆，进行学术交流，我本人却无缘成行。只有三次途经，顺访了莫斯科。

顺访是缘于 1987 年，应奥地利国家银行副行长 W. 克拉尼斯特邀请，赴维也纳参加《国际钱币制造者——揭开世界钞票印制的奥秘》一书的编委会会议，中文本由新华出版社负责出版，该社黄社长同行，他因公要到新华社驻莫斯科记者站，正好我们也要在莫斯科转机，于是便有了顺访的机会。我们就住在驻莫斯科记者站的招待所，当时正处在苏联解体的前夕，市场情景十分狼狈，记者站站长还特别给我们做了当时的形势介绍，陪我们到红场及周边地区实地参观了一下。

但踏进苏联的领土，便有一种亲切感，不仅仅是人民间的友好情感，更有人们的理念和社会的制度，这么看"老大哥"，就是别有一番滋味在心头。我们所住的招待所是一幢敦实的大楼，宽敞的走道，硕大的客房，铺着厚厚的色彩鲜艳的地毯，对着床头的大墙中央挂着一幅美丽的油画，可惜挂歪了，一头高，一头低。走进洗手间，墙面的瓷砖有两块是后补的，一块在左上角，一块在中间偏下的地方，后补的瓷砖是分两次补上的，颜色迥异，很是显眼。洗澡时，要放很长时间的水，白白流走很多凉水，才来热水。可服务员的态度友好热情，笑容可掬。刚从维也纳过来，甚至有几分回到国内的亲切感。

16. 访伊朗钱币博物馆

2003年9月，出席第13届国际钱币学大会并主持远东钱币讨论会之后，于21日顺访伊朗，访问了伊朗钱币博物馆。该馆是由伊朗贫民基金会赞助的国家级博物馆。伊朗钱币博物馆馆长P.安达米热情接待了我们，陪同我们观看展览，并进行了学术交流。她表示，愿意帮助我们对馆藏波斯、安息、萨珊王朝的钱币做鉴定和分析、研究，并愉快地答应我们的邀请，将于2004年访问中国，出席在新疆举办的专题讨论会。

在伊朗邮政博物馆座谈（右3是P.安达米）

（二）请进来

在走出去的同时，我们也持开放的态度，欢迎外国同行来访，热情接待海外钱币界的朋友，尊重海外钱币界的专家、学者和收藏家、爱好者。兹举要如下（为避免重复，他处已述及者，略）：

港澳台的泉界人士来访，我们有血浓于水的情感。诸如钱币学家曾泽禄、纸币专家丁张弓良、古钱专家蔡养吾、机制币专家马德和等等来访，我都热情接待。有关的钱币实物，尽量提供参观；有关的学术交流，都是坦诚相见；有关学术论述（著）的发表出版，尽量给予帮助，或协助联系出版社。将心比心，也赢得了他们的尊重。

1990 年 10 月，台湾钱币学家蔡养吾来访。蔡先生在泉界享有盛誉，著有《衡门百泉谱》等谱录。我亲自和中国历史博物馆接洽，并陪同访问，观赏了沈子槎先生捐赠的钱币。还参观了北京钱币学会举办的"中国古代货币展"，进行了座谈交流。蔡先生读过《珍泉集拓》后，专门写了《喜见影印戴足斋氏〈珍泉集拓〉问世》一文，在《中国钱币》1992 年第 2 期发表。

曾泽禄（美国钱币学会东方钱币顾问）则专门提议要到绍兴去拜谒先父戴葆庭的墓地（中国泉币界唯一被列入重点文物保护单位的墓地），马飞海、王贵忱、蔡养吾等先生都积极响应，于是便有了诸君 1990 年 10 月 17 日拜谒戴葆庭墓地的活动。

1990 年 10 月 17 日，曾泽禄、蔡养吾、马飞海、王贵忱夫妇、王健奥、邹志谅、屠燕治、公柏青等，在戴志强、沈鸣镝、冯俭青处长（人行浙江分行）、骆有才副行长（人行绍兴支行）陪同下，拜谒在绍的戴葆庭墓地

1990 年 10 月陪同蔡养吾在中国历史博物鉴赏沈子槎旧藏古钱（左为董德义）

故事

五星级饭店的中央厨房

　　2004 年，台湾《宣和币钞》杂志负责人曹世杰来访，我们相互交换了刊物。他讲了一段很有感慨的话："《中国钱币》有来自全国各地的稿件，作者在接获录用通知后，有时尚得排队等待一年以上，始得见刊，犹如五星级饭店的中央厨房，备有千百种菜料任厨师挑选。而我们的杂志只是一般家庭式的冰箱，里面有什么材料就做什么菜，不足时还得另外设法，岂能奢谈筛选？"这当然是客气话，但或许也有几分他的真心所想。

　　接待加拿大华侨杜维善　杜维善是秦汉钱币和丝路钱币的收藏者、研究者，他把收藏的丝路钱币捐献给上海博物馆，举办了专门的陈列，出版了专门的钱谱和著作。1992 年来京，我们盛情接待了他，邀请他参加相关的学术活动，建立了很好的关系和情谊。

1992 年，我和张季琦接待杜维善先生访京

和杜维善在上海博物馆在其捐献藏品展上的合影

　　同属东方钱币文化范畴的外国同好是同行，我们都热情接待，坦诚交流。
1984 年中国货币展到日本大阪博物馆展出，同时举办了学术交流会。
翌年，"日本货币展"来中国上海博物馆展出，也举办了学术交流会。时
任上海市市长的江泽民专门接见了日本代表团成员。此后，日本泉家每年
都有人来华来京，无论是组团来访还是个人来访，我们都热情接待。

1989年11月，以谷巧二为团长的日本第二次钱币访华团来访，我们和中国历史博物馆共同接待了日本客人。日本铜圆收藏大家秋友晃随团来访，和我们建立了友好关系，从此经常交流铜圆研究心得，交换相关资料和研究成果。

在中国历史博物馆外宾接待室合影，左1谷巧二，左2秋友晃

1992年6月3～5日，中日（辽宁—横滨）钱币学术交流会在沈阳召开，我和辽宁学会许斌、吴振强、徐秉琨以及王贵忱、卫月望、杨鲁安等专家学者出席座谈，日方菅谷信、川田晋一等发表讲话。会议期间，还参观了以李佐贤先生旧藏为主的辽宁省博物馆收藏的钱币。

1992年6月与川田晋一、佐藤成男、丹野昌弘交流

2003 年 3 月，日本福冈钱币协会会长崛本正一行来访

　　1992 年 2 月 18 日，在昆明举办的第三届中国艺术节期间，我和云南钱币研究会袁明祥、汤国彦等，和老挝社会科学院西沙那·西汉主席、越南社会科学院历史所杜文宁所长、印度钱币与图章学会布哈特会长、俄罗

1992 年 2 月在中国人民银行会见尼娜·伊沃奇金娜博士

斯圣彼得堡艾尔米塔什博物馆尼娜·伊沃奇金娜博士等进行了友好的学术交流和会谈。

1994 年 7 月下旬，在京接待新加坡林文虎、温秀利一行，商议新加坡钱币文化在京展出事宜。展览由泰星新加坡钱币协会、中国金币总公司、中国钱币学会和北京市政府联合举办，11 月在中国历史博物馆成功展出，取得很好的社会效果。此外，黄汉森等东南亚地区的钱币学家，也经常来访，每次都盛情接待。

1994 年 9 月 5 日，中国钱币学会丝绸之路货币课题组在兰州召开第四次学术讨论会，特别邀请了俄罗斯圣彼得堡艾尔米塔什博物馆尼娜·伊沃奇金娜博士、叶夫根尼·捷马尔教授，英国大英博物馆汪海岚女士，日本北海道方泉处钱币资料馆石川谆馆长，以及孙旭先生到会，就丝路干道新疆段和南丝绸之路四川段、云南段进行实地考察，并做了介绍，并交流了最新研究成果。参会的外国专家也分别介绍了他们各自的研究情况。

接待德国汉学家布威纳　2004 年 6 月 1 日，香港大学亚洲研究中心研究员、德国汉学家、著名"清钱"学者布威纳来访。我专门邀请他于 3 日在中国钱币博物馆作了题为"我的清代货币研究历程与成就"的学术讲座，进行了学术交流。他的治学笃实，作为一名德国学者，能够下如此的功夫，在清钱研究方面取得这样的成就，令人敬佩，也给我留下了深刻的印象。他的学术报告后来在 2005 年《中国钱币》正式发表。

六、国家文物鉴定委员会钱币组的工作

国家文物鉴定委员会一成立，我便是钱币组的组长，至今（2022 年）已有 36 年。

1986 年国家文物鉴定委员会在北京成立时的合影，二排左 1 汪庆正，左 2 戴志强

（一）国家文物鉴定委员会成立

1986 年 3 月 5 ~ 8 日，国家文物鉴定委员会在北京国谊宾馆成立。明确："国家文物鉴定委员会是文化部为了加强文物保护和管理而设置的国家级文物鉴定机构。"中共中央书记处书记邓力群、国务委员谷牧出席成立大会，作重要讲话，并接见了委员代表，全体合影留念。

谷牧在看望我们时说："你们是鉴定国宝的人，你们本身就是国宝，要多多保重。"他又明确"国家文物鉴定委员会委员是终身制"，勉励大家为文物事业做出更大的贡献。

1986 年 3 月 13 日《光明日报》做了专题报道，并公布了 54 位国家文物鉴定委员的名单。启功任主任委员，史树青、刘巨成任副主任委员，刘巨成兼任秘书长（后由刘东瑞接任），办公室设在国家文物局流散文物处。

我受文化部之聘任国家文物鉴定委员会委员、钱币组组长。北京晚报记者苏文洋专门采访了我。他在《他们都是"国宝"——国家文物鉴定委员会成立侧记》（《北京晚报》1986年3月15日头版）的专题报道中，专门设了一栏"最年轻的委员"，他说："四十二岁的戴志强，比年纪最大的常任侠小一半。在平均年龄近七十岁的委员中，他最年轻。""人虽年轻，家学渊源。古钱币行有句话，'南有戴葆庭，北有骆泽民。'戴志强从小就受到家庭的熏陶……"据说在54位委员中，年龄不足60岁的只有10人，50岁以下的只有2人。

国家文物鉴定委员会成立时，多数委员都有北京琉璃厂、上海古玩市场的情结，在文物鉴定上具有丰富的实战经验，如耿宝昌、孙会元、赵嘉章、程长新、刘光启、薛贵笙等都曾在北京琉璃厂、上海古玩市场的店铺学徒或工作，启功、史树青、冀淑英、冯先铭、顾廷龙、王世襄等不仅有辅仁大学、燕京大学等名校的学历，而且都是文物爱好者、收藏者，经常出入文物市场。启功先生曾诙谐地说过："（我们）逛琉璃厂的古籍书店，如同到开架的图书馆一样，这要比拿借书证到图书馆找十本书也许只能借到两种，可就强多啦！……那时，古玩铺的文物也多是摆出来，买不起的穷学生、知识分子去那里，会从老师傅那里得到不少热心的讲解和帮助，问一告二，甚至告十。"我从小学五年级起，也经常混迹古玩市场，深有这样的体会。

国家文物鉴定委员会成立时，钱币组有6名专家委员，即耿宗仁（中国历史博物馆）、唐石父（天津社科院）、吴筹中（上海钱币学会）、朱活（山东博物馆）、吴凤岗（中国邮票公司）、戴志强（中国钱币博物馆）。因鉴定委员是终身制，在名额不变的情况下，只能在某委员作古后，才可添补新委员，所以第二届钱币组只新补董德义（中国历史博物馆）委员一人，以接替耿宗仁的位置。第三届时，钱币组的委员只剩我一人，故新增补委员5人，即蒉宁（中国历史博物馆）、程纪中（北京钱币学会）、周祥（上海博物馆）、黄锡全（中国钱币博物馆）、刘建民（山西钱币学会），接替董、唐、吴、朱、吴五位先生。当时入选鉴定委员的制度比较务实，他们五位都是由我推荐入选的。2021年7月，刘建民作古至今，尚未换届，所以还没有新增委员。

1993年5月，国家文物局成立流通文物专家组，我又受聘为国家文物局流通文物专家组成员。

国家文物鉴定委员聘书（1986年3月）

国家文物鉴定委员会成立时钱币组六人：戴志强、
耿宗仁、朱活、吴筹中、唐石父、吴凤岗（自左至右）

故事

神仙过的日子

如果说文物鉴定委员会的成立大会在北京国谊宾馆召开，有国家领导人参加，会议开得严肃的话，那么，1990年8月在山东蓬莱市蓬莱阁宾馆召开的国家文物鉴定委员会第二次会议便是一次神仙会。

24日下午，委员们都已报到。当晚便有宴席，时任秘书长刘东瑞的开场白就妙趣横生，先请鉴定委员兼中华美食家协会副主席王世襄先生介绍中华美食，他从四大菜系讲到鲁菜，讲到京菜，再讲到宫廷菜，席未开，先享受了一顿文化大餐。

　　会议期间，有一次安排去长岛，岛上的午餐当然是生猛海鲜。走进餐厅便看到圆桌上摆着四碟活的海鲜，海参、海星、海蚌、海牡蛎，都在蠕动着，这样的场景，我是第一次见到。据说，长岛曾经是关押八仙的地方，听着八仙过海的故事，看着游洋出海的风景，实实在在地体验了一次神仙过的日子。

国家文物鉴定委员会第二次会议在山东蓬莱召开，部分委员在长岛合影

（二）国家文物鉴定委员会的职责和工作

　　国家文物鉴定委员会的主要职责，从我30多年的实践体会，主要有如下几项：一是对国有文物（馆藏文物）做鉴定评级，以便妥善保藏；二是对鉴定中的疑难杂症开展研究，给出鉴定意见；三是对出口文物做鉴定评级，以免珍贵文物流出海外；四是对司法部门查获的文物做鉴定评级，以便量刑执法；五是协助国家管理部门制定相关的法规和制度。因此，我有机会参与了国家有关文物法规中涉及钱币内容的起草和修订工作；参与了文物市场开放（以钱币为试点）的方案制定；参与了2002年公布的《中华人民共和国文物保护法》的修改工作，以及有关文物鉴定工作法规和其他相关法规（如《文物出境审核标准》等）的制定，执笔起草了其中有关钱

币部分的内容。这样的实践让我体会到：一部法规的诞生和修改，绝非易事，要酝酿多年，修改无数次。多年的心血，最后落到法律文本上，或许就是几个字、几句话。

文物鉴定委员会的活动，老先生们坐到一起都是谈笑风生，诙谐俏皮，开个玩笑，妙趣横生，气氛十分轻松，所以有人说是"神仙开会"，海阔天空，谁说了都算，谁说了也都不算。但一旦敲定的事情，便立即严肃对待，说这件文物是珍贵文物，定了，就是国宝；说这件文物是伪作，理由一二三，还能讲出很多故事，它便被打入"冷宫"。尤其是为司法部门鉴定文物，更不是儿戏。开始我并不了解它的厉害，鉴定完了，让签字就签字，都不在乎。有一次偶然的机会，听到工作人员在说，几件珍贵文物，该量什么刑，刑法无情，是要人头落地的。他们的几句闲话，让我震惊，从此，遇到这类事情，便会十分谨慎，因为这是量刑的依据，签字是要负责任的。

相关链接

全国文物巡回鉴定

1983～1999年，国家文物鉴定委员会曾有过三次巡回鉴定：

1. 1983～1991年，对全国馆藏书画做巡回鉴定。

2. 1992～1997年，对全国馆藏一级历史文物做巡回鉴定。内容包括青铜器、陶器、玉器杂项。

3. 1993～1999年，对全国馆藏一级近现代文物做巡回鉴定。

文物鉴定委员会钱币组也曾几次酝酿开展巡回鉴定，均因故未得落实。但是做了两件有意思的事情：

1. 编纂一本古钱鉴定工具书

文物鉴定委员会成立以后，我向国家文物局流散文物处提议，应该编纂一本古钱鉴定工具书。为此，1985年9月在苏州召开了专家座谈会，由刘巨成主持，邀请汪庆正、马定祥、唐石父等十余人出席，议题有二：对钱币收藏的现状做社会调查；对钱币工具书、参考书的现状做社会调查。

会后，编纂工作就正式启动，由刘巨成牵头，孟宪民、高桂云和我参与，又从山西省文物研究所借调了朱华先生和国家文物局的年轻干部张彩娟来负责具体的编务工作。

书名定为《中国古钱谱》。我提议此书可以《历代古钱图说》为蓝本，在其基础上做补充、修改和调整，大家同意了这个意见。历经两年，1989年由文物出版社正式出版，成为文物系统有关博物馆和文物进出口监督管理部门的工作参考用本。

苏州会议期间，和刘巨成、汪庆正、耿宗仁合影

2. 以钱币开路，做好文物市场开放的试点，制定普通钱币出口的标准

刘巨成和我商量过几次，酝酿了很长时间，最后选定以钱币为文物市场开放和出口标准制定的试点。他让我组织几位专家先列出可以出口的普通钱币名目，根据这个意见，我们列出了400种，并附有每种钱币的原拓本，说明以拓本的版式为准。最终确定的是350种，形成文件印发到各文物出口鉴定工作站执行。因为钱币的市场价格，相对于其他文物，毕竟是低的，风险也会小一些，所以后来开放的拍卖市场，最初也是以钱币为突破口，钱币成为文物市场开放的开路先锋。

1996年春节前夕，东方收藏家协会顾问委员会成员团拜合影（前排左起：戴志强、宿白、周绍良、王世襄、朱家溍、金维诺、李学勤、吕济民；二排左起：耿宝昌、王树卿、刘九庵、彭卿云、马自树、彭思齐、刘建业、杨新；三排左起第1人单霁翔）

故事

文物鉴定委员会鉴定和钱币市场鉴定的目的不同、标准不一

文物鉴定委员会的鉴定和钱币市场的鉴定，有着不同的目的，所以其标准并不一样。

文物鉴定委员会的鉴定更注重对于文物的保护和研究，不太关注文物的市场价格，所以不管是哪一类文物，是青铜器、陶瓷器、玉石金银器还是书画、钱币，根据它们的历史价值、艺术价值、科学价值和学术价值，都会评出一级文物、二级文物、三级文物和一般文物。其实各类文物的市场价格各不相同，有的相差还很悬殊，譬如青铜器和钱币，一件商周铜鼎和一件先秦布币，前者是"重器"，没有人称后者是"重器"的。市场价格相差悬殊，根本不可比拟，但青铜器再高也是一级文物，钱币中的珍贵名品虽然价格低得多，也可以评出包括一级文物在内的不同等级。

文物市场的鉴定，包括钱币市场的鉴定，更注重于它的存世数量、市场价格和市场走势。成交的价格是最终结果。博物馆收藏的文物，包括钱币，除了存世数量的因素之外，更注重于它们的历史价值、艺术价值、科学价值和学术价值。诸如"郢爯"金版，安徽出土的是楚晚期的，湖北出土的是楚早期的，它们不仅存世数量不同，学术价值更不一样，所以文物定级的结果也就不一样。

两者都是鉴定，当然会有共同的地方，诸如真伪的鉴定、珍稀程度的鉴定、品相好坏的鉴定，等等。但因为目的不同，标准不一，所以两者的鉴定视角，最终的答案是有区别的。

（三）有关钱币鉴定的实例

我一生鉴定钱币无数，既有博物馆的国家藏品，也有民间私人的收藏，仅举实例说明之。

实例一："50万美元拍卖一枚承安宝货银锭"

《金史·食货志》载，承安二年十二月"遂改铸银，名'承安宝货'，一两至十两分五等、每两折钱二贯，公私同见钱用"；承安四年五月罢"承安宝货"。这是中国历史上第一次有明文记载的白银计数货币。由于仅铸行一年多，绝少有实物流传，因此承安宝货历来被钱币学家、货币史学家关注。以前曾有不少伪造品充斥市场，如用铜或用银做的承安宝货方孔圆钱。但是"承安宝货"究竟是什么样子，谁也不知道。

1980～1981年，国家对金银物品收兑价格进行调整，由于上调幅度较大，人们纷纷把家存的金银物品送到银行兑换。1981年上半年，黑龙江省人民银行工作人员在清点碎银时发现了四块形状特别的银锭，怀疑可能是文物，就通知了黑龙江省文物部门。经文物工作者查找资料对证，初步认定为金朝货币"承安宝货"。黑龙江省文物部门收购了其中两枚，另两枚由黑龙江省人民银行收藏。

1982年10月，中国人民银行和中国历史博物馆联合举行"中国历代货币展览"。这是新中国规模最大的一次钱币展览，展品从我国最早的贝币一直到1982年发行的当代金银纪念币，其中不乏国宝级的珍品。"承安宝货"也在展览中展出，这是它第一次正式与世人见面。与此同时，中国钱币学会在北京召开成立大会，全国各地60多名钱币专家学者、收藏家齐聚北京，我也应邀从安阳赶来参加。全体代表观看了这个展览，"承安宝货"自然引起了钱币界的广泛关注。

这枚"承安宝货"为束腰形，两端宽，中间细，表面四周有水波纹，前端中部横凿楷书汉字"承安"二字，腰部竖凿楷书汉文和押记两行，右为"宝货壹两半"五字，左为"库""部"二字和二押记。因为以前谁都没有见过，所以对它的真伪都不敢轻易断言。"宝货壹两半"这又是个什么等级呢？

"承安宝货"银锭

1985年6月，中国钱币学会在沈阳召开首次少数民族钱币学术讨论会。会上再次提出"承安宝货"的真伪问题。为了破解这个中国货币史上的重大疑案，黑龙江省人民银行和省钱币学会在中国钱币学会的指导下，省文物部门的热情支持下，开始了追寻"承安宝货"来源的工作。

1985年7月1日，黑龙江省钱币学会为了搞清已经发现的四枚"承安宝货"的出土地点，向全省各地市县人民银行、工商银行、农业银行发出了查询的公函，首先在银行系统展开寻找"承安宝货"的工作，继而又在《黑龙江日报》和《黑龙江农民报》上刊登征询启事，以引起社会的关注。

随着工作的推进，关于"承安宝货"的信息逐渐增多。阿什河乡一位老人说，50年前他曾见到一农民的烟荷包上拴着"承安宝货"，这说明，"承安宝货"50年前就有出土。阿城县人民银行干部反映，工作人员曾收到过一块大银子，送这银子的人说是在马槽子底下捡到的，那个人是杨树乡的。发现地点杨树乡，属阿城县，而阿城县正是金故都上京会宁府遗址。省钱币学会工作人员马上把目标锁定在了杨树乡。

工作人员加大了对杨树乡的宣传力度，并重点放映"承安宝货"的宣传片。当地农民没有想到自己生活的这个地方会有如此辉煌的历史，"承安宝货"也成了人们茶余饭后谈论的话题。

一个月很快过去了，杨树乡一位老太太在她家承包的土豆地里挖土豆，一锄头下去，随着土豆掘出个银块。老太太刨出的正是人们苦苦寻觅的第五枚"承安宝货"。几天后，老太太的儿子把它交给了国家。

第五枚"承安宝货"的出土地点，是金故都上京会宁府城郊。它的面值也是"壹两半"，经鉴定为纯银，字迹、库部押记、形制等与1981年发现的四枚完全相同，重59.3克，比前四枚重约0.5克。它的出土情况清楚，真实性确凿无疑，一枚带活了四枚，证实了前四枚也是真品无疑。

黑龙江省钱币学会发现第五枚"承安宝货"银锭的消息传到北京，令中国钱币学会所有同志为之惊喜。当时我任学会副秘书长，便召集有关专家共同商议，再次确认了它的真实性。"承安宝货"这个金章宗时铸造的银锭，中国历史上第一次有明文记载的白银记数货币，时隔800年，终于为人们所认识。

到目前为止，"承安宝货"银锭已发现了7枚，中国钱币博物馆藏有2枚。消息不胫而走，成为海内外钱币界的一段佳话。为此，台湾银锭收藏家、《树荫堂收藏元宝千种图录》的作者陈鸿彬先生曾专程来京和我商议，想以50万美金的底价拿到国外拍卖一枚，当然这是绝对不可以的，因为它是国家一级文物。

实例二：盱眙出土金版考

1986年，我有机会访问南京博物院，时任办公室主任徐湖平（后任南京博物院院长）接待了我。并安排我去文物库房专门考察了盱眙出土的一批金版和金饼，以及装放这批金器的青铜壶和代做壶盖的金质兽形器。

1982年2月，江苏盱眙南窑庄在排水沟的淤泥中出土一个青铜罐，金质兽形器盖在青铜壶上，壶内装有"郢爰"金版11块、马蹄金25块。青铜壶和金质兽是西汉时制作，马蹄金也是西汉时制作，可见此壶因是西汉的遗存。

引人注目的是11块"郢爰"金版。"郢爰"金版在学界已有定论，当是战国楚的遗物，但就这批出土金版的制作而言，可以明显分为两类，一类是龟版状，边角上翘，共有8块，每块重225.4～275.7克，金版上的"郢爰"印记有10～20个，整体风格和以前所见楚金版一致，属战国楚的遗物无疑。

另外3块则风格不同，令人生疑。其整体器形呈长方形，边缘斜直，四角不翘，"郢爰"印记排列整齐。最大的一块长12.2厘米、宽8厘米、重610克，印记分为6排，每排有印9个半；第二块长10.4厘米、宽7.9厘米、重466.3克，印记亦分6排，每排有完整的印7个，余为残印，显然是下部残缺；第三块的制作同上列两块，但残缺更甚，仅余 10 个印记，残重 124.8 克。这三块金版的器形制作、大小重量、印记及排列，均和战国楚的风格迥异，也和陕西咸阳出土的秦国仿制金版不同，当非战国遗物。因同出物中有西汉马蹄金，有西汉金兽和青铜壶，所以这三块长方形金版或应是西汉时期的仿制品，若此说不误，那么，说明战国楚金版到西汉时仍在继续使用，而且还在仿制浇铸。

西汉时期仿制，南京博物院藏

战国楚金版，南京博物院藏

实例三："会同通宝"钱的鉴定过程

1989 年冬，一位辽宁钱币收藏者集得一枚"会同通宝"小平铜钱。此钱直径 2.41 厘米，穿宽 0.62 厘米，廓厚 0.145 厘米，重 4 克，生坑绿锈。钱文"会同通宝"四字右旋读，且大小略异。

会同是辽代第二个皇帝太宗耶律德光的年号，辽太宗曾"置五冶太师，以总四方钱铁"，公元 938 年改元会同，至 947 年。其间是否铸过"会同通宝"，史书没有记载，更未曾见有实物。这位钱币爱好者将此钱拿与泉友们看，泉友均不识；拿与省内钱币专家，专家们对其真伪也不能定论。有人就向他介绍，不妨让中国钱币学会的戴志强鉴定一下，或许能有结果。于是他就给我写了一封信。

我见到信，立刻意识到这是一个非常重大的问题。从辽太祖天赞年间至辽景宗保宁年间（922 ~ 979 年）是辽代早期铸钱时期，其铸币情况辽史中没有记载，遗存下来的实物也非常稀少，可以说每一枚都是大珍品。辽太宗天显年间铸有"天显通宝"小平铜钱，存世极少。不久前，辽世宗所铸"天禄通宝"才被发现。辽早期除了"大同"因建元仅两个月，可能未及铸钱，剩下就只有"会同"了。如果此枚"会同通宝"小平铜钱是真，不仅是一个新币种的发现，还会形成完整的辽早期铸造货币的历史，具有补史的意义。

我从信中得知，此钱是从辽宁朝阳某废品站的铜钱堆中发现的，同时还拣得"重熙通宝"以下各年号辽钱16枚。虽然此钱的出土地点已无法考证，但可以肯定的是出在朝阳地区。朝阳地区地处大凌河流域，距辽中京（今内蒙古宁城县大明乡）仅百十公里，是当时辽国的腹地。

我又仔细观看随信寄来的拓片，此钱颇具辽钱气息。"会同通宝"四字隶书右旋读，大小不一。"宝"字上下略微过穿，在四字中最大，其次是"通"字，"会同"二字的大小基本相同。"同"字向右稍倾，因流铜使第二笔"横折竖"的竖笔与外廓弥漫在一起。这一点很令人怀疑，会不会是改刻？

《古泉汇》上曾提到过"会同通宝"，但只有钱名，没有拓片。现在在没有其他依据的情况下，仅凭这张拓片判断是不够的，而且事关重大，必须见到实物才行。所以我希望他在方便的时候能够带钱到北京鉴定。

1990年3月，辽宁的这位钱币收藏者携钱来京。在中国钱币学会的办公室里，我见到了他和他的"会同通宝"小平铜钱。我把"会同通宝"托在手中，观其钱背，光素无文，十足的辽钱气息，铜色锈色亦好。其正面文字自然，和常见的辽钱神态吻合。入眼的第一感觉令我深信不疑。但是为慎重起见，还需要进一步推敲。我征得了收藏者的同意，将"会同通宝"暂时留了下来。

这一天，对于"会同通宝"，我给自己提出了许多可能的疑问，是否挖补？是否改刻？第二天一早，我的第一件事便是再读"会同"。文字自然，不像有挖补的痕迹。那处从拓片上看最大的疑点，"同"字右侧外廓的"流铜"，其实不是流铜，而是压痕。会不会是用其他辽钱改刻的呢？这个疑点是很多看过此钱的人不敢确认的主要原因，也是我反复琢磨的问题。我对实物进行更加仔细的考察，未寻找到破绽，却有了意外收获。

辽代早期制币有一个非常独特的地方——文字省笔。辽世宗时的"天禄通宝"，"禄"字右大左小，左边的"礻"被挤到内廓的边缘，"礻"
右侧一点省笔，借用"录"字下部"水"的左上一点，两点变成了一点。
辽穆宗"应历通宝"的"曆"字也省笔，省掉了"厂"部的竖撇，借用内
穿右廓。我发现眼前这枚"会同通宝"也有省笔，此钱"會"字书写上大
下小，把下部的"日"挤到了内廓的边缘，末笔省去，借用内穿的上廓。
在字体布局和书法处理上与"天禄通宝""应历通宝"如出一辙。我忽然
明白：原来这是辽早期铸钱的一个特点，在其他古钱中从未见到，更是造
假者不可能想到的。判断真伪的关键一点被我发现，此钱不假，真正喜出
望外——我的这个观点公布以后，后来的造假者做的假钱也就都有"借笔"
的了——至此，我确信这枚钱是辽代早期钱币的一个重大发现，补了辽钱
之缺，更为早期辽钱制度的研究提供了重要的实物佐证。

下午，那名辽宁钱币收藏者如约来到我的办公室，当我把鉴定结果告
诉他时，他高兴不已。对于一个普通钱币收藏者来说，能收藏到这样的大
珍品那是多大的幸运！

1990年第四期《中国钱币》上刊出了介绍"会同通宝"小平铜钱的文章，
一时引起众多争议。但随着时间的推移，人们慢慢地认识了"会同通宝"，
我的鉴定结果也逐渐被钱币界接受。

会同通宝

相关链接

接受《东方之子》栏目专访

2006年底，中央电视一台东方时空——东方之子栏目专访并录制了《戴志强——慧眼识钱》，节目主持人是董倩。同一周《东方之子》栏目先后还播出了刘光启先生的《干呕帖》之谜、李学勤先生的破译《遂公盨》。

我接受过媒体的专访不在少数，中央电视台也有多个频道采访过我，或做过专栏节目。多数媒体的记者都不是太遵守时间，或者说时间的概念不很强，我也体谅他们，这些人都是夜猫子，能熬夜，但早晨起不来，所以迟到也是可以理解的。中央一台东方时空栏目却是言行一致，说到做到，水平高、效率高，编辑制作的效果更好，或许这便是"一台"的水平。"慧眼识钱"其实只抓住了一个重点——"会同通宝"小平铜钱的鉴定，但把鉴定过程描绘得非常清晰，有理有据，形象生动，深入浅出，让人信服。

实例四："皇祐"钱辨伪

1993年春，中国钱币博物馆成立不久，从原人民银行货币发行库转来的一批古钱中，发现了一枚"皇祐通宝"钱。我知道北宋皇祐年间未铸过年号钱，这枚"皇祐"钱应该是伪品。但制作气息和北宋铜钱完全符合，钱文书法亦无可挑剔，若是做假，就只会是改刻，或者是挖补。

为破解作伪的手法，我着力在"挖补"上下了功夫，因为在北宋仁宗朝铸过多种年号钱，它们的铸期相隔不远，钱体大小相仿，制作气息也大致相仿，容易挖补做假。经研究，我发现，可以乱真的假"皇祐"钱应该是由两枚普通北宋铜钱挖补拼凑而成。主要有这样几种可能：一是由景祐元宝（篆书、真书）、嘉祐元宝（篆书、真书）挖补而成的"皇祐元宝"；二是由嘉祐通宝（篆书、真书）、元祐通宝（篆书）挖补而成的"皇祐通宝"。这两种，都是将皇宋通宝钱上的"皇"字剔下来，替补景祐钱上的"景"字，或嘉祐钱上的"嘉"字，或元祐钱上的"元"字；二是将上述几种钱上的"祐"字剔下来，替补皇宋通宝（篆书、真书）钱上的"宋"字。

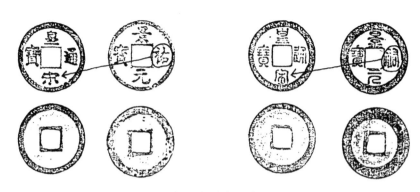

皇祐钱伪作示意

皇祐（1049～1053年）和景祐（1034～1037年）、嘉祐（1056～1063年）、元祐（1086～1093年）等几个年号的间隔时间都很短，同属一个时期，钱制风格和钱文书法基本一致，把它们的钱文来互相置换，的确可以做到天衣无缝，所以凡可乱真的假皇祐钱应都是由此而出。

皇祐正处在北宋年号钱的一个特殊时期。我们知道两宋盛行年号钱，但北宋仁宗时期有过例外。仁宗宝元年间（1038～1040年），因"宝"字重文，所以改铸"皇宋通宝"，系国号钱，非年号钱；宝元之后，康定年间（1040～1041年）目前只见小平年号铁钱，在部分铁钱区铸行，未见铜钱；康定之后，庆历年间（1041～1048年），年号钱至今只见当十大钱，亦未见小平铜钱；庆历之后，皇祐年间（1049～1054年），史书记载铸钱，且铸额甚巨，但至今未见皇祐年号钱。由此推测，在这个时期所铸的小平铜钱，或许均延续前朝旧制，即"皇宋通宝"，并未改变钱文，一直到至和年（1054年）以后，才重新恢复年号钱的制度。这便是传世"皇宋通宝"钱多见，却不见皇祐钱的原因。

实例五：南疆实地考察银匠仿制

1996年12月，我去南疆参加喀什和和田钱币学会的成立大会，顺道做一些实地考察。从喀什到和田，途经叶城，看到一批当地制作的假新疆金银币，据说有饷金一钱，饷银一两、伍钱，背蝠、背四蝠，喀造饷银一两，新疆光绪银圆（三体文）等等。那里有很多小的金银作坊，有很多金银匠从事金银饰件等金银器的打制。这种现象在内地已经很难看到，但在新疆一直保留到现在，这与当地少数民族喜欢佩带打制的金银饰物有关。银匠多，手艺也很好。

当地人告诉我，这些银匠都会打金银币，于是我们便到银匠摊去找银币，果然有不少银匠掏出了新做的银币。新疆的老银圆多是用传统方法制作的，不完全是机器打制，所以更适合银匠仿造，这些情况只有到了新疆当地才能了解到，也只有当地的专门人员才清楚内里的奥秘，初来乍到的人是很容易上当受骗的。我这次幸亏有当地的专家金林星泉友指点，否则真难说不会在阴沟里翻船。

金银币造假并不难，因为黄金白银的质地比较软，无论翻砂还是打制，都比较容易。金银是贵金属，不易起锈，在鉴定上有一定的难度，很容易使人上当。金银币由于本身是贵金属，原材料的价值就高，仿制成的假币要价自然比普通的钱币要高许多。一旦走眼上当，损失都比较大，所以收藏金银币时要格外谨慎。

钱币鉴定靠的是经验，但时间长了，经验就会老化。随着时代的进步、科技的发展，利用先进的科学技术可以提高我们的鉴定水平，但同时也会为造假者提供技术条件。这样一来，鉴定工作也就会更难，所以老的经验必须更新。

最近河南某些地区造的假古钱就极其逼真，蒙骗了不少人。造假者用环氧树脂做假锈，既能做出绿锈，也能做出蓝锈、红锈、土锈，锈色自然，几可乱真。我曾专门请刘建民帮我找一些程度高的假钱，练练眼睛。不过假钱容易做得过于精美，过于做作，这是制假往往会有的漏洞。只要了解造假方法，抓住造假的特点，掌握造假规律，便可举一反三。所以，掌握有关的信息，也非常重要。

实例六：三鉴东至钞版

自20世纪80年代安徽东至发现关子钞版以来，我们一直十分关注有关的信息，因为它对两宋纸币的研究，对我国早期纸币历史的研究至关重要。

1993年12月，我和姚朔民、周卫荣一起专程到东至调研过这套关子版，在两天的考察过程中，我们相互交流了各自的看法，并取得了基本一致的意见。后来他俩分别在《中国钱币》上发表了专题文章。

2004年10月，中国钱币学会货币史专委会和安徽钱币学会联合在池州举办两宋纸币研讨会，其重点议题也是东至发现的关子钞版，并做了实物考察。

2008 年 7 月，受安徽省文物局邀请，我和黄锡全、翦宁同行，又一次专程到了东至。不过这次是以国家文物鉴定委员的身份来参加"东至关子钞版鉴定会"，要给东至关子钞版一个说法。所以我知道此行的责任，行前做了功课。在鉴定时，除了复核原先的鉴定意见，也考核了有关不同见解的主要依据，重点考察了几个关键部位，作为最后结论的支撑。最后提出的观点是：这套关子版是"南宋末年私印关子铅版"。所谓"私印关子铅版"，就是说它们是当年民间私人制作的铅质伪版。但它是南宋末年制作，在至今未见官版实物的情况下，它仍是研究南宋"关子"的重要实物佐证，所以仍然定为国家一级文物。这个意见得到了黄锡全、翦宁的支持，成为这次鉴定会的最终结论。

后来，施继龙（我带培的中科院博士生）和李修松教授（安徽省文化厅副厅长）在合著的《东至关子钞版研究》（安徽大学出版社，2009 年）中真实记述了我们的鉴定过程。

正面主版

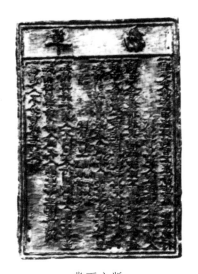

背面主版

颁行副版   宝瓶副版

钞版印章四枚

相关链接

向吴筹中先生求教

　　虽然我不长于纸币研究，但也虚心求教于当代的纸币专家，诸如吴筹中、王松麟、徐枫等先生。

　　1991年夏，在上海专程拜访吴筹中先生，和他夫妇共进午餐，交谈甚欢。其间也讨论了有关东至钞版的问题，向吴先生讨教，受益甚多。

1991年夏和吴筹中共进午餐

相关链接

向徐枫先生求教

2007 年 3 月 9 日，拜访纸币专家徐枫先生

相关链接

最早的钱币鉴定录像带

　　《中国文物鉴定》录像带是由国家文物局监制、中国历史博物馆制作、内蒙古文化音像出版社出版的，是我国最早的一套有关文物鉴定的系列音像制品。其中分为绘画（史树青、章津才）、瓷器（李辉柄）、玉器（杨伯达）、青铜器（李学勤）、工艺美术（朱家溍）、铜镜（孔祥星）、货币（戴志强），共七集。

　　其中，1996 年出版的《中国文物鉴定·货币》，是我国最早的关于钱币鉴定的音像制品。中国历史博物馆来约请我的时候，有过一段故事，谨记于此。

　　本来安排主讲"货币"的是董德义先生，但不知什么原因，董先生没有讲，于是再来约我，所以其他门类已经在讲，或已讲过。我接到任务，首先表态：这是件好事，理应尽力。但也提出了一个问题，即名称"货币"不妥，应该改为"钱币"。因为钱币和货币是两个概念，从文物的角度应称"钱币"更为贴切。这让组织者犯了难，第一，这套音像制品已和出版社签过协议，改名称，就要重新签约，存在很多困难。第二，名称已请俞伟超先生题写，并已制作，再改也有难处。为了不让办事人员为难，我只能做出让步，接受已定方案，但是在开讲的时候，先做了一段说明，交代了"钱币"和"货币"的不同概念，让收看者明白这一基本知识，实际上也是对钱币学的一次宣传。

相关链接

宏观鉴定和微观鉴定

在一般人的眼里，文物鉴定，包括钱币鉴定，是微观世界的事情，是拿着放大镜、显微镜，在那里观察、在那里研究。其实真正的鉴定大家，不仅仅是微观鉴定的专家，更是宏观鉴定的大家。不仅仅是研究这一枚钱本身的制作、文字、锈色，而是更要了解其时代背景、地域形势和它在同类钱币中所处的位置，以及它和其他相关文物的契合、共性在哪里，个性又是什么。只有站在宏观的高度，才能透彻、全面、正确地分析这枚钱所显示的微观现象。所以，真正的鉴定家，绝不仅仅是"微观学者"。

有市场经验的同志，实战经验丰富，有眼力，但往往会陷入就钱论钱的泥潭，如果没有深厚的文化积累，没有宏观的全局意识，其实是很难成为真正的鉴定大家的。在文博科研单位工作的同志，学术资料丰富，有学术研究的能力，有宏观把握的能力，但往往缺少的是鉴定实物的眼睛，若你能借来一双慧眼，岂不美哉？所以，两者各有所长，应该相互理解，切忌门户之见。

以前的钱币鉴定，只能局限于钱币的外表鉴定，现在有了科学家的参与，科学仪器的应用，钱币鉴定不仅只是外表现象的鉴定，而且可以由表及里，走向内部成分的分析，所以，钱币学家又必须和科学家相结合，以获取科学家的支持和帮助。

总之，时代在进步，钱币学研究必须与时俱进，广采博纳各相关学科的研究方法和研究成果，不断拓宽视野，提高鉴定的能力和水平。

相关链接

鉴定家应该具备的素质

做鉴定最重要的是要"熟"，俗话说"熟能生巧"，只有见的东西多、积累的经验多，才能有高的鉴定水平。而且，不光是看真的，还要看假的。搞考古的虽然天天和文物打交道，但是没见过假的，还是搞不了鉴定。经验是一方面，还要有广泛的知识、完备的知识结构。同时，身体和精神也要保持良好的状态，它们也会影响鉴定的结果。

具备上面的条件，鉴定者还要有道德操守。我认为做人、做事和鉴定是一样的。做人的哲理和鉴定钱币的哲理是相通的。做人要堂堂正正，鉴定文物也要堂堂正正。作为一个鉴定家一定要实实在在，不能哗众取宠，不可弄虚作假，这是基本素质。

（四）我熟识的文物鉴定家

我自幼和文物结缘，结识了不少文物大家，他们多是谦谦君子，给我留下极深的印象，使我受益终生。

谈笑风生一书家——启功的潇洒

因为国家文物鉴定委员会的活动，让我和启功先生有同桌用餐的机会，有座谈聊天的享受。启先生为人随和，言谈诙谐，只要启先生在就不会"冷场"，更没有拘束，只有笑声朗朗，所以我说是一种享受。

有位地方上的书法家，写了作品，很想让启先生评上几句，若能题几个字，更是万幸。一次他终于把作品呈到启先生面前，先生一边看一边笑着说："好，写得好，写得比我好，所以我就评不了了。"便笑着把客人送走。

时下的古玩市场，经常会有启先生书法的仿品。一次闲逛，在一家书画店里，挂着一幅落款"启功"的仿品。先生见了，不但不生气，反而笑着说："我的字，有那么好吗"？

知恩报德的学问家——史树青的人品

我第一次见史树青先生是在调京工作后不久，因为工作，我到中国历史博物馆钱币保管部拜访耿宗仁先生，顺便去拜访史树青先生。史先生知道我是戴葆庭的儿子，十分亲热，见面劈头就说："戴先生，你父亲，是好人，让我受益匪浅。"其实，史先生和我父并未谋面，只是有一次为研究"桥形币"，曾写信向我父请教，此冒昧之举，却得到我父的无私帮助，最后写成专文《关于"桥形币"》，发表在《文物参考资料》1956年第7

参观启功书画展时和吕济民、耿宗仁、董德义、吴凤岗等合影

期上。此文，史先生应用考古资料提出了独到的见解，就这一件事让先生念念不忘，遇见熟人，总要表达感激之情。我父却从未提及过此事，要不是先生告我，我还真不知道。

1998年，史先生（时任国家文物鉴定委员会首任副主任、中国国家博物馆首席研究员、全国政协教育文化委员会委员）欣然为戴葆庭墓拟写了碑文，文中写道："先生访古有获，为中华历史文化研究，厥功甚伟，先生敬业之勤勉，于我华之贡献，为不可没矣；先生幼闻庭训，刻励自学，信以待人，和以接物，远近来学，多乐与之交。"

史先生在国博，在文博界有着极好的口碑。这里讲一件小事：先生为节省时间，午饭都在高峰以后才去食堂，一次他到食堂，正好前面一同事的馒头掉地下不要了。待那人走后，先生一声不响，捡起馒头，把皮剥了，照样吃得很香。这就是大家的"风范"。

不拘小节的"杂家"——王世襄的洒脱

王世襄先生胸中学富五车，平日却深藏不露，甚至是不修边幅。身上总穿一件褪了色的中山装，脚上趿拉一双布鞋，骑一辆哪儿都响就是铃铛不响的破车，车把上常挂一只"买菜用的"编织提篮。见人总是笑口常开，和蔼可亲，遇到熟人，便从内衣兜里掏出一只明朝的蛐蛐罐，一边欣赏，一边聊天。此时此刻，这物件和他那身打扮倒也融为一体了。

1990 年夏，第二次文物鉴定委员会全体会议在山东长岛召开，第一天晚餐是一个别开生面的叙餐。大家就座后，先由王世襄先生介绍四大菜系，从川菜、淮扬菜讲到宫廷菜、鲁菜，从烹饪的主要特色讲到具有代表性的名菜名点，先生口吐莲花，妙趣横生，在座的诸位犹如先品尝了一遍各式菜肴，食欲大开，全场气氛十分热烈。

先生兴趣广泛，爱好众多，他是"杂项"组的委员。其实杂项是最繁难的，别人不懂的项目，不涉及的项目都归他们。先生又是收藏大家，他收藏的明清家具不仅宏富，而且精良，可谓首屈一指，后来都捐赠给了上海博物馆。

身兼多职一书生——汪庆正的重才

1986 年 3 月 5 日，国家文物鉴定委员会正式成立，第一批受聘委员 54 人，当年庆正先生 55 岁，长我十几岁，但仍属"年轻人"之列。根据专业特长，54 名委员分别编入 7 个专业组，只有庆正先生特别，他的大名列在陶瓷组，但和钱币组的成员特别亲热。因为他在文物鉴定中，同时具备三项专长，除了陶瓷，还有碑帖和钱币。用他自己的话说，在三项中，用功最多的是钱币。事实上，我们也都亲切地把他看成自己组的"成员"。

在一次闲聊中，谈到文物鉴定人员后继乏人的问题，庆正先生深感担忧，他颇有感触地说："现在入藏博物馆的文物，文物库有一套严密的制度，这对文物的安全是必要的，但对研究人员确有很多不便。就拿我来说吧，现在我是馆长，想看某一件器物，也要按照制度，由保管员先把实物提出来，观看时，两个管理人员站在后面，这样的阵势，心情就不一样了，怎么还能潜下心来思索呢？再说时间久了，自己也不好意思麻烦别人。馆长况且如此，其他专业人员就更难了。所以这种制度一定要改，否则专业人员难出成果。"几年以后，上海博物馆的库房管理制度真的改了，只要保管人员在场，专业人员便可以直接进入文物库，可以任意查看他本专业范围内的实物。这一改革大大有利于专业人员的课题研究，有助于出成果、出人才，也能更好地发挥馆藏文物的作用。

　　人说同行是冤家，庆正先生自己是做学问的人，他却没有门户之见，对于同行的专业人员，有真才实学的，他都十分敬重，有机会都要想方设法将其调入馆内，最大限度地发挥其专业特长。一次，在谈及某位犯错的专家时，他以十分严肃的神情，说了一句十分中肯的话："如果是敌我矛盾，性质变了，那是另当别论。只要还是人民内部矛盾，那就要用，要发挥他的一技之长。"庆正先生的这种胸怀，是对事业负责的态度，是一般人难以做到的大家风度。

与汪庆正合影于文物鉴定委员会成立时

七、中国钱币学学科的建设

建立中国的钱币学是我几十年的心愿，是我始终为之努力和实践的事业，如今看到了希望，成功已在前头。

促成我有这样的思想，主要源于这样几个因素：一是，"一孔之见，一得之见"的刺激。我刚到中国钱币学会秘书处工作不久，有机会赴南京访南京博物院，主要目的是去看盱眙出土的一批金版和金饼。此行顺利，不仅在南京博物院文物库看到了盱眙出土的整批原物，而且还受到姚迁院长的接见。当时，姚迁院长已是文物界的名人，而我则是初出茅庐的晚辈，能得此恩遇，的确有点受宠若惊之感。然姚迁院长的一句直白的话，却让我受用一生，他说："钱币是小件，目前对于钱币的鉴定，多是一孔之见，一得之见。"听了他的这番话，心里很不是滋味，为什么我们只是"一孔之见，一得之见"，我就不服这个输。

二是，彭信威先生在《中国货币史》中首先提到了"钱币学"的观念，并在每个历史时期，都列有"钱币"的专节，做专门的介绍和议论。我从学生时代就读彭先生的书，印象深刻，而且随着时间的推移，体会在不断深化。

三是，在西方国家，非常重视对"钱币学"的研究，大约在19世纪中叶，西方各国已先后成立钱币学会组织，联合国教科文组织下属十几个学术团体，钱币学委员会是其中之一。1991年9月我率团出席在比利时布鲁塞尔召开的第11届国际钱币学大会，和西方学者的交流多了，更增强了我对"中国钱币学"的渴望。

钱币学要成为一门学科，被学术界公认，我想必须要具备以下条件：

首先，必须有从事钱币事业的人才和群体

20世纪60年代初，上海《解放日报》曾发表署名文章称有三门学科濒临绝学的危险，其中包括古泉学。80年代初，中国钱币学会成立时，到

会的 60 名代表成为中国钱币学会的第一批会员。经过各级钱币学会的共同努力，也得益于改革开放政策的实施，以及信息时代的到来，网络信息的发达和大数据技术的应用，中国钱币界的新人不断涌现，其人数之众，文化水准之高，都大大超越了前辈，使原本已经濒临消亡的泉学，重新迎来了春天，并且迅速发展壮大。2007 年，在我退休离岗时，中国钱币学会会员（包括地方各级学会）人数已达六万多，在全国各类社团组织中名列前茅，成为全球钱币界人数最多的社团组织，也为中国钱币学的学科建设创造了条件。

相关链接

我熟识的中国泉界人士名录举要（1980～2022 年）

1. 中国钱币博物馆

中国钱币博物馆的正式编制，在我离开博物馆岗位时不到 40 人，专业人员的比例约占一半。

在专业人员中又培养出 5 位司局级领导干部，他们是：黄锡全，曾任中国钱币博物馆馆长；姚朔民，曾任《中国钱币》杂志主编；周卫荣，曾任中国钱币博物馆馆长；高聪明，曾任中国钱币博物馆副馆长；王安，后调任中国金币总公司董事。他们都有专业研究成果，出版过专著，发表过专论，或主持过钱币陈列、展览的设计，从事过中国贵金属纪念币的规划和设计。

另外，具有独立开展学术研究能力，出版过专著，发表过专论，编辑过刊物的还有：张季琦、童子玉、马力平、金德平、王永生、公柏青、王纪洁、于放、刘铮、王丹、杨君、黄维、王金华等人。

2. 中国国家博物馆

耿宗仁、董德义、翦宁、霍宏伟、王俪闫、李雪、张安昊等人。

3. 中国钱币学会

李葆华、胡景沄、耿道明、童赠银、朱小华、殷介炎、史纪良、马德伦、姜建清、杨秉超、殷毅、刘世安、李树存、张弘、马茂宗、易都佑、千家驹、齐光、吕济民、张德勤、张文彬。

北京：周世敏、许树信、萧清、李学勤、吴荣曾、裘锡圭、华觉明、汪圣铎、刘宗汉、沈家驹、张向军、王喆、徐枫、赵隆业、梁贻斌、林梅村、高桂云、程纪中、李志东、石肖岩、钱卓、刘文和、赵燕生、胡福庆、刘振堂、姜宏业、李宪章、石雷、石长有、何平、秦椒华、陈乔、许海意、王培伍、施继龙、丁一、刘舜强、王显国、左京华、刘飞燕、贾晖、董瑞、陆昕、佟昱、刘春声、李卫、崔淳、康永杰、段洪刚、王春利、牛进、孙克勤、孙明、顾莹、任双伟、李维、张绍龙、刘德龙。

天津：唐石父、袁文多、赵伊、齐宗佑、邱思达、冯括、刘继辉、李君。

河北：张弛、戴建兵、陈应祺、石永士、张林杰、牛双跃、赵仁久、赵梓凯。

山西：王重山、刘建民、张颌、王雪农、朱华、胡振祺、刘军、唐晋源、艾亮、陈旭、亢贵锁、郝丽萍。

内蒙古：杨鲁安、卫月望、乔晓金、杜金富、贾克佳、张文芳、李铁生。

辽宁：吴振强、王贵箴、徐秉琨、吴振武、王琳、姜力华、张澍才、董江。

吉林：黄一义、何琳仪、胡学源、金广凤、吴树实、吴良宝。

黑龙江：惠有玉、周逢民、刘晓东。

上海：马飞海、汪庆正、吴筹中、叶世昌、郭彦岗、黄朝治、郁祥祯、陈源、沈鸣镝、王健舆、王松龄、杜维善、史松霖、沈宁、王世宏、周祥、施新彪、胡藏、孙仲汇、马传德、余榴梁、徐渊、傅为群、钱屿、朱卓鹏、潘连贵、胡幼文、陈福耕、黄锡明、于英辉、吴旦敏、唐顺林、王炜、李宏、潘懿、嵇昂、徐宝明、王金龙、徐小岳、周沁园、周延龄、周倜、陈坚、张跃群、赵涌、汪洋、侯光耀、陈彦文、沈逸林。

江苏：杨勇伟、金诚、孙礼新、王凯、范卫红、邹志谅、熊涵东、秦子卿、周忠明、夏立旺、周永年、吉金顺、陈永、杨沐、郭宜岑、苏骏、袁涛、赵后振、邹宝红、陈旭、徐建新。

浙江：温法仁、陈光荣、吴玉祥、陶莲娜、陈达农、陈浩、李小萍、钟旭洲、盛观熙、屠燕治、储建国、黄成、葛祖康、金志昂、葛连生、李东宇、王新龙、俞吉伟、王斌、章增伟、张殿、章文龙、戴国兴、戴俊杰、高勇勇、顾明、蔡小军、蔡钊斌、张峰、蔡勇军、陈宝祥、陈文军。

安徽：汪斌、汪昌桥、汪本初、吕长礼、章新亮、郑涛、叶涛　。

江西：吴自权、孙宪章、洪家发、王太华、俞兆鹏、许怀林、龙吉昌、罗华素、李年椿、吴满平、洪荣昌、苏春生、梁洁、金花。

福建：蒋九如、郑莺、陈纪东、赖俊哲、刘敬扬、徐正希、潘用福、谢志雄、林建顺、何逞锋。

山东：朱活、贺传芬、张宁、孙敬明、孙永行、张立俊、陈旭、和锡永。

河南：赵会元、赵宁夫、胡国瑞、蒋若是、郝本性、蔡运章、杨科、刘森、吴革胜、于倩、余凤辉、白秦川、李运兴、谢世平、朱安祥、李小俊。

湖北：黄代坤、杨枫、李立、韩园、后德俊、唐刚卯、张通宝、曹红兵。

湖南：袁常奇、周世荣。

广东：王贵忱、王大文、吴平、陈佩山、刘志嘉、关汉亨、李洪。

广西：彭志坚、陈百发、刘为霖、张世铨、邵光华、祁兵、徐钢。

海南：喻瑞祥、张书裔、管月晖。

四川：巴家云、张伟琴、李清兰、雷鸣富、周鲲、李亮、李可、黄春明、罗炯。

重庆：徐怡。

云南：袁明祥、汤国彦、雷加明、孙仲文、洪天福、李凤翔。

贵州：钱存浩、刘必权、王子华。

西藏：朱进忠、肖怀远、次仁平措、王海燕。

陕西：渠汇川、陈尊祥、姚世铎、袁林、赵晓明、戎畋松、吴镇烽、师小群、党顺民、阎福善、王方闽、游来柱、林文君、朱清华、李东、张吉保、杨槐、王泰初、童德明、张振龙、张宏、潘岩、武宏伟、刘蔚涛、宋捷。

甘肃：张忠山、康柳硕、陈悟年、陈炳应、于廷明、李小健、曹源、李文娟、田战军、张光华。

宁夏：兰伍保、牛达生、罗丰、易凯峰。

新疆：蒋其祥、董庆煊、张承燕、刘伟建、黄志刚、杜坚毅、石刚、黄光胜。

　　上述名录只是我接触到联系讨的部分人员，也不包括香港、澳门、台湾地区和海外的泉界人士，可以说是挂一漏万。他们有的是热心于钱币工作的组织领导者，有的是钱币市场的经营者，有的是钱币的收藏爱好者，有的是货币史、钱币学的研究者，有的是钱币文化的传播者……这样规模的钱币事业的群体，是前所未有的，和父辈们的时代相比，已不可同日而语。

钱币收藏和研究的范围大大拓宽，研究的方法和手段大大进步，取得的成果也日益丰硕，钱币的研究逐步形成一门独立的学科。

在全国各地的钱币爱好者、收藏者和研究者中，听过我的讲课，受过我的点拨或激励者也不在少数。对于他们，只要有求，我都尽量满足。我不计较事情的大小、地位的高低，也不计较个人名利，只要对钱币事业有益，我都会去做。他们中不少人成了我国钱币研究工作的栋梁，出版过专著，或发表过专论。

其次，是有专门的钱币博物馆和钱币研究部门

1992 年中国钱币博物馆成立，是中国历史上第一个国有的钱币专业博物馆。随着钱币知识的宣传和普及，钱币收藏者和爱好者的人数越来越多，并逐步形成了钱币专业研究人员的群体。2006 年，我在参事室工作时，曾经对当时的钱币博物馆、展览馆做过一次社会调查，根据不完全的统计数据，当时已有钱币博物馆、展览馆 100 余家。包括国有的，诸如中国人民银行、中国工商银行、中国银行、中国农业银行等国有金融单位创办的博物馆；中国印钞造币总公司、中国金币总公司以及其下属的钱币生产、营销单位创办的博物馆；文博、图书馆系统创办的博物馆和钱币陈列展览。也包括各种类型的民办博物馆，大到某集团公司的钱币馆，小到个人创办的家庭式钱币馆。有的是专题性、学术性很强的某某专题钱币馆，诸如苏局清钱博物馆、红色根据地钱币馆；有的是旅游景区举办的知识性、普及性钱币展馆。不仅大、中城市有了钱币博物馆，即使在偏远落后的贫困地区也有了钱币博物馆，诸如宁夏西吉创建的钱币博物馆。钱币博物馆的成立和钱币的陈列展览，可以让更多的人认识和了解钱币，才能打下钱币学的群众基础，才会有钱币学的社会需求。

中国国家博物馆、中国钱币博物馆、上海博物馆、中国印钞造币总公司、中国金币总公司等单位都设有专门的钱币研究部门，配备了钱币的研究人员，一些省市学会也涌现了一批钱币专业人才，分别从事某一专题的研究。

钟旭洲钱币博物馆的创建

2007 年 11 月，刚刚开始退休生活，应钟旭洲之邀，我和小瑞与吕济民（原国家文物局局长、故宫博物院代院长）夫妇同赴浙江，参加桐乡博物馆钟旭洲钱币展开幕典礼，既是"捧场"，更是宣传钱币文化。从这次钱币展以后，钟旭洲在桐乡颇有影响，得到了桐乡市政府领导的关心和支持。桐乡的文化底蕴深厚，出过很多文化名人，又适逢桐乡市政计划要建设文化区，在这样的大环境下，钟旭洲把所藏钱币和其他文物以及当代名家书画等艺术品捐献给国家，换来了以他命名的钱币艺术博物馆，和桐乡市博物馆一起新建在新开发的文化区，取得了双赢的效果。这也成为化私为公的一个样版。

会后，我们又同赴千岛湖，千岛湖里有个钱币岛，岛上的船码头就是仿照先秦方足布的器形建成的，登岛便让游客走进钱币文化的氛围之中，把钱币知识和旅游活动有机地结合起来，很有创意。事实上，在全国的很多旅游点，都办了各种形式的钱币展览甚至钱币博物馆，它们应该和当地的钱币学会，当地的钱币收藏家的热情不无关系，取得了相得益彰的效果，也是钱币文化普及教育并不断深入人心的重要方面。

2014 年 6 月 24 日，钟旭洲钱币艺术博物馆正式落成开馆。

2014 年，和孙仲汇、温法仁在乌镇闲游

相关链接

汪洋的宝苏局清钱博物馆

2016 年 3 月下旬，我带领弟子在上海参观了汪洋创办的"宝苏局清钱博物馆"。虽然是私人创办的博物馆，却是我所见到的钱币专题研究最深入、版别分类最详精、展示效果最好最明了的一个陈列展览。它不仅显示了当代民间收藏的实力，而且反映了当代钱币的专题研究水平和钱币版别分类的功力，是当代钱币学研究成果的一个缩影。在展览的表现形式上也用功甚笃，取得了很好的效果。

在此基础上，后来汪洋又举办了多个钱币陈列和展览。

再次，要有钱币学的基础读物

拥有钱币学的基础读物，在书店有专栏书籍出售，在图书馆有专栏藏书可供阅读

20 世纪 60 年代初，中国古钱学已濒临绝学的危机，老一代古钱学家所剩无几，新生代几乎没有诞生，钱币学在学界更是悄无声息。民国时期编著的钱谱，发行量本来就不多，所以书店里几乎找不到有关钱币的书籍，图书馆所藏的钱币类书籍也是寥若晨星。面对这样的现实，我们只有从最基础的工作做起。如今，这样狼狈的局面已经一去不复返了。

第一，积极做好钱币学学科的基础建设

（1）针对钱币学学科基础薄弱的现实，着手打造钱币学基础工程。1983 年 10 月开始酝酿，由上海钱币学会牵头组织编纂《中国历代货币大系》。

由河南钱币学会负责组织编纂的《中国钱币大辞典》，于 1986 年正式启动。

我们还着手编辑"中国钱币丛书"，甲种本为学术专著；乙种本为知识性读物。

（2）针对传统钱币学主要集中于中原地区钱币研究的现实，着力开拓边疆地区、少数民族地区和政权的钱币的收集和研究，先后编著了西藏、新疆、内蒙古、云南、广西和宁夏钱币的专著。

（3）针对传统钱币学注重古代钱币研究的现实，有意识地组织力量开拓对于近现代钱币的研究，特别是对于革命时期中国共产党组织制造和发行货币历史的研究，着手编写《中国革命根据地货币史》丛书；对当代人民币、纪念币（包括贵金属纪念币和普通流通纪念币、纪念钞），以及纪念章（券）也都编纂出版了专著，还有音像制品。

（4）为保护前人研究成果，着力编纂和再版中国钱币文献丛书。

（5）针对传统钱币学注重中国钱币研究的现实，有意识地引导和组织力量，开拓对于外国钱币的收集和研究。为此，和外交部建立了友好的关系，并取得了他们的大力支持。同时鼓励专业人员编著相关的钱谱和专著，以开阔视野，和世界接轨。

上述工程均非唾手可得，但在坚持不懈下都逐步取得了成效，现在有关钱币的知识性读物和学术性专著，已经成为书店的热门，甚至有了专门的钱币书屋，供爱好者选读。这些基础性的工作，为当代钱币学研究活动的开展创造了条件，并在实践中培养锻炼了人才，营造起了钱币界的学术氛围、学术风气。

故事

贺中华书局百十周年华诞

我和中华书局合作已有30多年的历史，经我之手，在中华书局出版的钱币类书籍已逾60多种，和中华书局建立了友好的情谊。2022年元旦，在中华书局百十周年华诞之际，特致函庆贺。

近三十年来，中华书局出版有关钱币方面的书籍已知六十余种，其中既有学术性专著，也有资料性、知识性的读本，以中华书局在学界、业界的影响力，确实为弘扬中国钱币文化、普及钱币知识、推进钱币学术研究做出了积极贡献，为当代中国钱币学的学科建设做出了重要贡献。

如今中国钱币学已经从一门少人问津的冷学，发展成为一门拥有钱币爱好者、收藏者、研究者人数逾百万的显学，中华书局功不可没。

我作为一名钱币工作者，一名亲历者，不会忘记中华书局几代编辑的辛勤耕耘，默默奉献；不会忘怀中华书局为钱币界、学术界所做出的贡献。故此我怀着感激之情，真诚地祝贺中华书局百十周年华诞，真诚地祝福中华书局越办越好，为学界、为读者多出好书。

戴志强 2022 年元旦字于续斋

贺 中华书局百十周年华诞

近三十年来，中华书局出版有关钱币方面的书籍约六十余种，其中既有学术性专著，也有资料性、知识性的读本，以中华书局在学界、业界的影响力，雄心为弘扬中国钱币文化，普及钱币知识，推进钱币学术研究做出了较大贡献，为当代中国钱币学的学科建设做出了较大贡献。

如今中国的钱币学已经从一门少人问津的冷学，发展成为一门拥有钱币爱好者、收藏者、研究者人数逾百万的显学，中华书局功不可没。

我作为一名钱币工作者、一名亲历者，不会忘记中华书局历代编辑的辛勤耕耘、默默奉献；不会忘怀中华书局为钱币界、学术界所做出的贡献，故此我怀着感激之情，真诚地祝贺中华书局百十周年华诞，真诚地祝福中华书局越办越好，为学界、为读者多出好书。

戴志强 2022 年元旦字于续斋

贺词手稿

因泉结缘，30多年来，我和中华书局建立了友好的合作关系，也和新华出版社、文物出版社、金融出版社、印刷工业出版社、中国商报社等出版单位和相关媒体都建立了友善合作的关系。关键在于诚信待人、真心待人，不管是我想办的事情还是对方来约办的事情，都要认真对待，一旦签下合约，一定如期完成，交出合格的答卷。

2012年，文物出版社约请王宇信先生领衔编一套"中国古文字导读"的丛书，宇信约我写《古钱文字》，古文字不是我专长所在，为保证书的质量，我原意是另请高明为好。但因宇信的真诚，使我不便推托，于是和文物出版社许海意先生签了合约。既然签了合约，就必须全力以赴，在小儿戴越的帮助下，最后如期完成。虽然在古文字方面提不出更多的新见，此书只是作为工具书提供查阅方便，但对先秦钱币倒是重新捋了一遍，有了一些新的认识，对先秦钱币的断代、沿革和铭文的意义有了一些新的体会，也算有了一点"意外"的收获。后来海意告诉我，此书在文物普查实践中，既实用又方便，很受年轻读者的欢迎，居然售罄，又重新再版了。

相关链接

宋捷和"古泉文库"

为保护文脉，弘扬泉学，2018年来，由宋捷发起编辑出版的"古泉文库"系列丛书，至2022年底已出版25种，我应邀虚列总顾问之位。

"古泉文库"既有仿古的线装书，也有新编的时装书。既有泉学专著，也包括与泉学相关的谱录、拓本、笔记、日札。从不同的视角保护了与泉学相关的历史资料和研究成果，成为专业书局的有效补充，为进一步开展钱币学研究积累了资料、创造了条件。

第二，积极做好钱币学学科的理论建设

"钱币学"作为一门学科的名称，早在1954年，彭信威先生在其《中国货币史》一书中已经提出。但事实上一直到20世纪80年代初才开始被人们逐步理解，在中国钱币学会成立大会上，为了与国际钱币界取得一致，才同意把筹备时的名称"中国历史货币学会"正式定名为"中国钱币学会"。

千家驹先生在中国钱币学会首届年会上的总结发言，后来发表在 1984 年 2 月 6 日《人民日报》，题为"开拓一条研究中国钱币的新路"，实际上也是对新中国钱币学的学科建设提出了方向。此后的几十年，我们一直为此努力，并取得了令人鼓舞的成绩。

中国钱币学会成立以后，什么是"钱币"？什么是"钱币学"？对其概念的理解，众说不一，尤其是金融系统和文博系统两系统的学者之间，有着各不相同的理解。为弄清这一问题并取得共识，我们多次组织专题讨论，让大家各抒己见。《中国钱币》杂志自 1990 年第 3 期起，专门开辟了"关于中国钱币学理论体系的讨论"专栏，利用多种方式推动这一问题的探讨和研究。经过十余年的酝酿讨论，不同意见逐步靠拢，才有了相对一致的认识。当然，学术问题上各抒己见，是正常的，只有在不同意见的不断争议、不断辩论中，大家的认识才能得到不断提高。

在 1999 年出版的新版《辞海》中，有了一个新的条目——"钱币学"。《辞海》对此条目的注释是："钱币学旧称古钱学，研究历代的钱币的学科。过去以研究古钱为主，故称古钱学。建国后研究范围扩大，包括了当代钱币，并兼及其他有关文物，故改称为'钱币学'。古钱学的研究方法主要是就钱论钱，钱币学则从研究钱币实物及有关文物出发，进而探索钱币发展规律、历史作用、文物价值和社会意义等。"

这段解释，基本阐述了钱币学的含义。在中国，古钱学是一门古老的学科，已经有 1400 多年的历史，但任何一门学科都不是僵死的、一成不变的，随着历史的进程，新的钱币不断诞生，原来的古钱学显然已无法包容如此丰富的内容，这便为"钱币学"的诞生创造了历史机遇。

古钱学，民国以前归属于金石学，新中国又归属考古学，没有被看作一门独立的科学。我和同事们都认识到，能否尽快建立钱币学学科，成为一门独立的科学，不仅关系钱币研究在学术界的地位，更关系钱币文化的发扬光大，关系到中国货币史、钱币史、经济史的纵深研究和发展。

首先要正确认识和理解"钱币学"的定义。在争议和辩论中，我逐步认识到：钱币学所要研究的"钱币"和"货币"是两个不同领域的专业术语。货币是经济领域的一个名词，是指物物交换的媒介；钱币则是文化领域的一个名词，它包括正在流通的货币，也包括历史上曾经使用过的货币，还包括因为货币和货币文化产生的其他相关的物件。钱币学的目的是通过钱币版别的鉴定研究，筛选出遗存的稀世珍宝；通过对钱币的考证研究，再现中华文明的光辉历程；通过探索研究，总结前人和他人的成败得失，引导当今的货币和货币文化衍生品的规划方针；通过钱币的集藏、整理、陈列、展览和钱币文化的宣传教育，丰富人们的文化生活，搞好精神文明的建设。

钱币学的研究对象，我认为主要有三项内容：一是历代货币，包括古今中外所有的货币实物，如金属称量货币、金属制币、纸钞等；二是和货币生产制造有关的其他物品，如古代的钱范、当代的机具、钞版等；三是和货币文化有关的其他物品，如古代的压胜钱、近现代的纪念币（章）等，即我们统称之的民俗钱。

钱币学的研究方法，既要继承和发扬古钱的传统鉴定方法，在注重钱币实物自身考察的同时，还要尽可能地掌握和了解其他相关资料，比如当地的民俗、民风、自然、地理；要熟悉历史知识，了解钱币产生的时代背景、历史条件、科学技术和人文思想，做宏观上的把握；要掌握相关的文献资料，更要关心考古学的新成果，及时掌握新出土的资料，以便做出正确的判断；要合理应用科学手段，了解钱币的内在成分，特别要关注微量元素的考核，开展对比研究。

对于钱币学学科理论的认识，是一个逐步提高、逐步升华的过程，是在长期工作和研究的实践中，逐步体会和完善的。我在不同时期发表的文章和讲话，代表了不同时期的认识水平。在迎接中国钱币学会成立 20 周年的时候，我先后在《中国钱币》（2002 年第 3 期、2003 年第 2 期）发表了《对钱币学的一点认识》和《古代中国的钱币》两篇文章，第一次正式阐明我的基本思路。到 2010 年完成《钱币学概述》一文（《中国钱币》2010 年第 3 期）才基本形成我对当代钱币学学科理论的框架意见。此后在给学生讲授钱币学的过程中，在相关的学术活动中，从不同角度，我反复讲述过这些观点，无非是想听取各方面的反响和意见，也是为最终完成《钱币学概论》一书做准备。

我从 1991 年起任中国人民银行货币发行司副司长。因为工作的需要，有机会参观考察了我国当代的各个印钞厂、造币厂，同时也有机会参观考察了国外相关的印钞厂、造币厂。我作为第五套人民币规划设计领导小组的成员，参与了其间的一些工作，对第五套人民币开始酝酿、设计，到逐级报批，反复修改，到国务院最终审定的全过程有所了解。2000 年人民银行批准成立中国贵金属纪念币设计图稿及样币评审委员会，后来又成立中国普通流通纪念币设计图稿及样币评审委员会，我作为评审委员一直至今。有了这样的工作实践，我才有可能写出《当代中国钱币的文化试析》，才有可能认识到中国的钱币学应该是自古至今，一以贯之，而不是某一时期、某一专题的学问。

相关链接
关于学会名称的最初讨论

中国钱币学会在筹备时的名称是"历史货币学会"，这是人民银行在酝酿时提出的意见。在中国钱币学会的成立大会上，有人对学会的名称提出异议，于是展开了讨论，文博系统的代表多数主张叫"古钱学会"或"古泉学会"（其实古钱或古泉都是"流通钱＋压胜钱"之意，但指的是古代钱币）。最后正式定名为"中国钱币学会"，当时的理由是"钱币"即英文的 coin，是"铸币"的意思，可以和外国接轨。这和现在我们理解的"币＋章"相去甚远，然而"钱币"一词的确立却是歪打正着。"钱币"比之"古钱"，内涵丰富得多，恐怕这也是天意，它为今天的"钱币学"奠定了基础，我回忆这段历史，只是想要记住这段历史——中国钱币学创建的历史。

相关链接
钱币学和货币史、钱币史

在中国钱币学会章程中，"本会宗旨"明确要求："组织各种钱币学术活动，推进钱币学和货币史的研究。"也就是说在中国钱币学会创会之初，我们就明确：要把钱币学和货币史的研究结合起来。我的理解是，这个"结合"是要把它们统一于钱币学中。其实，是把钱币学统一于货币史中，还是把货币史统一于钱币学中，是一个需要辩证看待的问题，就看出发点在哪里，要达到什么样的目的。在钱币学的大视野下，货币史是为钱币学服务的；反之站在货币史的立场上，钱币学也可以为货币史服务。

这里我又想到钱币史和货币史的关系。首先，钱币史不等于货币史，货币史是货币铸行的历史，在古代也就是古钱正用品的历史；钱币史则是货币加货币文化衍生物的历史，在古代也就是古钱正用品加非正用品（压胜钱）的历史。而且更重要的是，它们的侧重点完全不同，追求的目的完全不同，货币史是经济史的一部分，是经济领域的学科；钱币史则是文化史的一部分，是文化领域的学科。

相关链接

钱币收藏、市场和鉴定、研究

钱币学应该包括：钱币的收藏，以及和收藏有关的钱币市场；钱币的研究，以及和研究有关的钱币鉴定。当然，在科学考古发达的今天，新的考古发掘资料已经成为钱币学研究的重要依据，所以钱币学的发展和进步必须由相关部门通力合作。

把钱币收藏、钱币市场（包括市场文化）和钱币研究结合起来，把收藏和市场变成普及钱币知识、弘扬钱币文化的一个平台，是相互依赖、相辅相成的关系。钱币研究离不开钱币收藏。离开钱币实物，也就没有钱币学的存在。

钱币研究的基础是钱币鉴定，只有确定了钱币的真伪，明确了钱币的断代和铸行区域，知道了钱币遗存的情况，才能开展实实在在的钱币研究，否则只能是空中楼阁、纸上谈兵。20世纪八九十年代，内蒙古钱币学会有一个很好的典范，一位具有实战经验的钱币学家和一位擅长理论分析的学者相互合作，一起开展研究，连续发表了多篇钱币研究的学术论文，在钱币界颇有影响。但后来发生了矛盾，相互看不起对方，总觉得成功主要是靠自己的功劳，结果俩人分开以后，再也没有真正成功的研究成果。所以实战派和学院派必须相互尊重，相互合作，切忌轻视对方，各怀门户之见。

相关链接

把硬币和纸币的收藏研究统一于钱币学中

前辈收藏家把泉币分为四类，一是古泉，二是金银币，三是铜圆，四是古钞。现在我们对钱币的分类有所调整，一是古钱，二是机制币（包括金、银、铜圆），三是金银锭，四是纸币。古钱即是古泉，一般指清以前的古代金属铸币和压胜钱；机制币即机器打制的近现代金属制币（章），也称硬币；金银锭即古代金银称量货币，多为金银锭，也包括金叶子等薄片状的金银称量货币，以及近现代造币厂的金银条块；纸币则包括古钞和近现代的钞票，以及它们的文化意义上的衍生产品。

在收藏界，各门类的区分比较明显，有各自的主攻方向，尤其是硬币与纸币之间，区分比较明显。收藏纸币的人一般不会收藏古钱，反倒是和邮票、证券的收藏者关系密切。其实，邮票等有价证券是纸币文化的衍生产品，就文化内涵而言，它们之间的确会有很多共通的地方。但从货币的性质而言，硬币和纸币又有着共同的语言，它们之间往往存在着"主币"和"辅币"的关系，无论是货币史还是钱币学，都必须把铸币和纸币的收藏、研究统一于同一旗帜之下。

相关链接

把历史上的钱币和当代钱币的收藏研究统一于钱币学中

古泉学主要是研究古代钱币，而现在的钱币学则提倡自古至今，即自钱币诞生一直到今天的所有钱币都是我们的研究对象，它不是考古学可以代替、可以容纳的，也不是文物学可以代替、可以容纳的。所以，钱币学是一门独立的学科，历史上的钱币和当代钱币的收藏研究都应该统一于钱币学中。如此，钱币学和现实经济贴得更紧，更接地气，更能体现实用价值。

相关链接

把科学的钱币考古研究和社会钱币收藏研究统一于钱币学中

科学考古事业诞生之后，由正规发掘得到的钱币，出土地点明确，断代依据充分，当然是开展学术研究的重要的、可信的实物资料。然而对于大量流散于民间的钱币，也必须予以重视，应该运用传统钱币研究的方法结合科学手段开展断代研究，开展相关的钱币学研究。也就是说，传统的眼学和科学考古的研究，两者都不可荒废，一样都是钱币学研究的重要手段和任务，当然传统眼学的研究方法，难度会更大，必须花大力气才能完成，决不可轻易放弃。

相关链接

摆正币和章的关系

在造币厂、印钞厂把造币和制章，印钞和其他防伪产品的生产，划分开来，分别称之为"主业"和"副业"，我并不赞同这样的称呼。在造币厂、印钞厂，造币和印钞当然是主业，但制章和其他防伪产品，其实并非"副业"，它们应该也是"主业"生产的一部分，如果抛开市场的概念，它们应该是技术练兵的实验室，是技术创新的试验田，是技术储备的先行者，所以决不可以作为"副业"，摆在附属的位置。

由此引申，钱币的文创事业应该是钱币文化创新的先行者，是当代先进钱币文化的开拓者，尤其是造币厂、印钞厂的领导更应树立起这样的理念。一位高明的领导必须要有远见卓识，要有超前的意识，事业才会后劲十足，兴旺发达。

同样的道理，对于文创产品，也应给予一定的关注，以便取其精华，取其营养，受其启迪，为我所用。

其实，历史上的压胜钱和行用钱，已经经历过这样的实践，特别是官炉的压胜钱就是先进钱币文化的引领者。基于这样的理念，作为当代中国钱币事业的开拓者，理应有所担当，有所实践。

最后，是在高校设立钱币学科

1988～2001年，我在中国人民银行金融研究所研究生部（即现在的清华大学金融学院研究生部）开设"中国古代货币史"课程。原来这门课是由中国人民大学教授萧清先生讲授的，因先生年迈体衰，力不从心，自1988年起由我接替开课。在实践中，我发现金融研究所研究生部的学生多数来自财经院校，在大学一般都已听过货币银行学，也有的听过货币史。于是我在讲课时，有意向钱币学倾斜，逐步把"货币史"改造成"钱币史"，让"钱币史"走进高等学府的金融殿堂，同学们听来也有新鲜感。

2005年下半年起，至2014年下半年，我在中央民族大学民族学与社会学学院研究生班开设"中国古代钱币与鉴定"课，便是正式的钱币学课程。

此外，还有在社会科学院研究生院和其他高校历史系、文博院的讲座或学术报告，当然主要都是有关钱币学的内容，这样的实践，也为建立我国钱币学的学科体系摸索和积累了一点经验。

相关链接

河南大学历史系开课

1987年2月20日~3月8日，应王子超教授的邀请赴开封，在河南大学历史系文博专科班讲授"中国古钱概论"，这是我第一次在大学的课堂上开课，第一次以正式开课的形式讲授古钱学。因为在外地工作，不可能每周到校讲课，所以集中在10余天的时间里，每天讲满4节课。

授课的效果不错，听课的学生始终坐满整个教室。当时，白秦川任职于河南大学历史系，他认认真真地听完了我的全部课程，而且对我在汴期间的生活起居照顾有加，他踏实的工作作风和对钱币知识的浓厚兴趣更给我留下深刻的印象。后来他全身心投入钱币资料的收集和整理工作，走上钱币研究的"不归之路"，或许就和这次授课不无关系。我曾经有意把他调来中国钱币博物馆，但因河南钱币学会正在编纂《中国钱币大辞典》，需要钱币的专业人员，所以才割爱让他留在河南，去了郑州。

相关链接

钱币学必须跟上时代的脚步

随着时间的推移和认识的提高，我越来越觉得：钱币学必须跟上时代的脚步，对于新时代的钱币学，必须要有一个发展的概念，这对学科的建设和成长至关重要，是钱币学的生命线。

我们这一代人应该担当起时代赋予的责任，要让钱币学作为一门独立的学科堂堂正正立于中国的学术之林，给后人留下我们这个时代的财富。事实上，近年来钱币学的学科建设已经受到有关方面的重视，有了长足的发展。诸如：大专院校的重视，就"钱币学和货币史"走进大学校园做了积极的探索；2011年，当代中国金银纪念币欣赏与投资课程在浙江大学开设；2012年，金银币知识大讲堂走进浙大；2014年，白秦川的《中国钱币学》在河南大学出版社出版；2016年，中国第一个钱币学博士点在河北师范大学设立；上海交通大学、广西师范大学等大专院校也都开设了相应的课程。又如：参与钱币学研究的队伍越来越壮大，人数越来越多，尤其是80后、90后的加入，使之后劲十足，生气勃勃。关键是他们的学历比较高，知识结构和思考问题的理念发生了变化，他们不只是满足于钱币实物的追求，而且有了对钱币学理论的需求。再如：钱币学的研究成果越来越多，不仅仅是研究的领域在拓宽，而且综合性的研究和专门化的研究齐头并进、不断深入……由此得到了社会舆论的支持，2017年的两会期间，已经有政协委员提交了提案，呼吁："在中小学教育中应增加钱币文化知识的普及。"如此等等，更令我感到钱币学学科建设的紧迫感。

第一个钱币学博士点在河北师范大学设立　戴建兵任河北师范大学党委书记，在他的努力下，2016年中国第一个钱币学博士点批准在河北师范大学设立，这是中国钱币学学科建设的重要一步。

2016年6月11日，赵梓凯的龙骧古泉公司成立，约我去石家庄。当天晚饭后，戴建兵来访，告诉我这一喜讯，并问我有否合适的人选。他说，第一个钱币学博士生必须是爱好钱币的，否则毕业后就改行，这个专业就算完了。我问他考博士生有没有年龄限制，他说，年龄的问题不是太大。于是我向他推荐了佟昱，并简单介绍了佟昱的情况，说明其优势有三：一是热爱钱币，专业思想稳定；二是对顺治钱的研究已有学术成果，在中华书局出版了专著；三是曾留学加拿大，读研三年，外语应该没有问题。建兵听后非常高兴，这个事情就算有了眉目。当然后续的还有两个问题：一是要征得佟昱的同意，看他有没有这方面的愿望；二是考博必须过分数线。

坚持必有结果，经历了多种磨难，2022年12月5日，佟昱的博士论文《文物视角下的顺治钱币及辨伪研究》终于通过答辩，我国的第一位钱币学博士终于诞生了。

建兵为此是花费了心血的，在佟昱入学的同时，他又先后招进了几位钱币专业人才，有主攻先秦钱币、秦汉魏晋南北朝钱币的，也有主攻近代机制币的。佟昱入学不久，除了主攻明清钱币，又接受了编写《钱币学概论》的任务，同时又在筹建钱币成分分析的实验室。最近又准备聘请大英博物馆原币章部主任J·克力勃教授出任兼职教授，主攻亚洲和丝绸之路的钱币研究。戴建兵自己则是民俗钱（压胜钱）的研究者。如此的规划，为钱币学的本科教育搭建好了架构，钱币学院系在大学的诞生，已经不是镜中之花，而是指日可待了。

相关链接

推荐乔·克力勃为河北师范大学名誉博士学位

尊敬的戴建兵教授：

我写这封信的目的是推荐乔·克力勃（Joe Cribb）获得河北师范大学名誉博士学位。

克力勃教授是我的老朋友，他为人谦逊，待人真诚，给我留了下深刻印象。他是钱币学界国际知名学者，亚洲货币史专家，长期致力于中亚和南亚钱币研究，已有 40 多年时间。曾任大英博物馆币章部主任、皇家钱币学会会长、南亚研究学会理事会成员、皇家亚洲学会理事会成员、东方钱币学会前秘书长等职。

克力勃教授在亚洲钱币学研究领域颇具影响力，长期以来，为中国的钱币学、经济史、考古学学科建设做出过很多贡献。他整理和研究大量中国银锭和古钱币实物，并出版多部著作和文章，其中《大英博物馆所藏中国银锭目录 1750～1933》《中国贵金属货币的历史考察》为重要的参考资料。

他的这些研究为扩大中国文化的影响力，让世界各国了解灿烂辉煌的中国古代历史文化、丝绸之路以及当代中国和平崛起与响应"一带一路"倡议做出了重要贡献。

基于以上理由，我认为克力勃教授完全有资格获得河北师范大学荣誉博士学位，谨此向河北师范大学提出推荐。

此致。

戴志强 2021 年 9 月 26 日

故事

我和戴建兵的泉缘

我和戴建兵相识于 1987 年 12 月 21 日河北省钱币学会的成立大会上。当时他还在读研究生，但喜欢钱币，喜欢收藏，重点是压胜钱，故来参加钱币学会的成立大会。会议期间，他专门找我了解了有关钱币收藏和研究的情况，我对他的问题做了一一回答，并鼓励他继续收藏并进行相关的学术研究。

1992年，也就是和初次见面相隔4年多，他到北京访我，带来了他的第一本书稿《中国近代纸币》，要我为之序，我自然高兴地接受了。考虑到对年轻人有个寄语，我在小序的最后写了一句殷切的希望："相信他会择善固执，持之以恒，相信他会在这一领域不断开拓，不断进取，赢得事业的成功。"

又是4年后，他再次来访，带来了新著《中国钱票》的书稿，约我再为之序，还送了我一本他的《中国近代商业银行纸币史》的新书。还有一个喜讯：他已正式受聘为教授职称。成果之丰，进步之快，令我刮目。

他的实践证明，他是又红又专型的人才，不仅是学术成果丰硕，而且有相当的行政组织能力，后来又相继担任了河北师范大学的副校长、校长、校党委书记。

2016年，中国第一个钱币学博士点被批准在河北师范大学设立，这是中国钱币学学科建设至关重要的一步。这与他的努力是分不开的，如今他正走在自己规划的道路上，继续在为圆梦中国钱币学的学科建设而不懈努力。我真诚地祝贺，默默地祈祷，愿中国的钱币事业更上层楼。

2007年6月《中国钱币大辞典》编委会合影（前排右1戴建兵）

肆

退休后的
生活和工作

2007 年至今

2007 年 6 月 1 日起，我的人事关系正式转入
中国人民银行离退休干部局。

日记三则

（一）南柯一梦　　　　　　　　　　　　　2007 年 2 月 27 日

人生如梦，梦里有戏。

2 月 26 日夜，睡得甚香，凌晨得一梦。梦中办公厅邢早忠副主任交给我一摞稿件，问我可否编成文集，我笑曰，当然可以。梦至此醒，看表是凌晨不到五点，如厕之后，已无睡意，便接着刚才的梦，联想起来，竟有一绝佳构思。

明年 12 月 1 日是中国人民银行六十周年之时，何不可编一本献礼之书，书名谓"金融文化与钱币文化"，可由参事室联络办公厅、钱币博物馆共同发起，今年五六月份启动，一年编纂成稿，明年 10 月前后即可出书。这样两年的日程有了安排，也可为参事室留点东西，留个纪念，也可以把博物馆的工作和行里贴得更紧，想着甚是得意。

上午 9 点许，徐衍明（参事室副主任）来电，说要把陈静（原中国人民银行科技司司长，和我同为参事）编的书送来。我说，你不要来了，我正想去大葵（蒋大葵，参事室主持工作的副主任）处说事，顺便带回即可。

待我到蒋主任办公室，衍明已经在那里候着了。他俩都在，我便讲了自己的想法，大葵听后说，事情是个好事情，但现在情况有点变化，本来想等陈静返京后，我们一起谈，现在就先说了，行里决定不再续聘了。

真有如此巧合，原来是南柯一梦，作为圆满了结，岂不美哉！奇哉！

（二）拐好弯，再上路　　　　　　　　　　2007 年 4 月 6 日

2007 年 4 月 5 日，正是清明，项俊波副行长约我和陈静做告别谈话，时间定在下午 3 点。

中午，徐衍明和我约定，下午 2 点半由参事室的车来送我去总行，他陪同前往。路上很顺利，我们提前 10 来分钟到了行里，我提议先去陈静办公室坐坐，等候招呼。

如约，3 点钟，秘书余明来传，要我先去行长办公室。因为是告别谈

话，服务员送上茶水，项行长满面春风，多是一些赞颂之词，我也还以春风，谈得轻松融洽。我大致讲了三点意思，一是感谢行领导的关心、照顾，今天又蒙行长亲自约见；二是服从组织安排；三是简要汇报了国家文物鉴定委员会的工作，目前正在编纂《文物藏品定级标准图例·钱币卷》，由我负责，是文物定级有关规定的细化，去年下半年启动，计划今年底定稿，所以希望钱币博物馆配合，提供办公条件。项行长满口答应，说这个要求不高，他会交代组织部（人事司）给予安排。随后又拿出他的钱币珍藏册，要我"指点"……在谈笑中，我起身告辞，他盛情送出大门，并祝康福。

如果说，2004 年 10 月 29 日，胡晓炼副行长来博物馆宣布我卸任馆长之职，聘为总行参事，并有一段长长的颂扬之词，那么，今天项行长的约见，应该是我在职期间，和行长的最后一次单独谈话，为我的职业生涯画上圆满的句号。

拐好弯，再上路。要珍惜前面的美好时光，再放光彩，再添甜蜜。

（三）新的一天　新的开始　　　　　　　　2007 年 6 月 1 日

今天是 2007 年 6 月 1 日，儿童的节日，也是我的节日，有事记录：

第一，今天是我满 63 周岁的一天，明天起便是我 64 周岁的开始，所以今天要理个发，自己小小地纪念一下，庆贺一下，记住这个日子。

第二，今天是我告别公职的第一天，虽然是照旧按时到了办公室，似乎一切都没有变化，但我知道，从今天起，来办公室是义务劳动，这是另外一个境界，一个更超脱的境界。

第三，今天到办公室，开办的三件事很有意思，没有事先安排，应该是巧合。

一是，车到博物馆门口，孔祥山（博物馆办公室主任）专门在等我，说是物业来签约，有两箱啤酒和王老吉给我，他候在门口，是为了直接装到车里。

二是，刚推开办公室的门，隔壁王安（博物馆陈列部主任）和李军便来约我去他们屋里喝茶，说马林（博物馆副馆长）已在那里候着，说是只坐五分钟，令我不便推辞。我说："你们的茶，没我的好。"李军便顺水推舟："那就喝你的茶。"于是，我打开了尚未启封的今年新茶——武夷山大红袍。碰着杯，品着茶，海阔天空地神聊，其乐融融，又聊起了他们正在筹办的展览……不知不觉，茶已喝好。我便起身致谢，告辞："大概三个五分钟也不止了吧。"马林也站了起来，连称"那是，那是"。

三是，回到办公室，老赵已将报纸放在茶几上了，于是先翻报纸，今天6月1日的《金融时报》上，恰巧发表了我的一篇短文《中国钱币的内涵》，这是我对中国钱币的最新诠释。

退休后的生活，对我而言，其实没有太大的变化，只是没有了在位时的上下班作息纪律的约束，日程的安排更灵活一些，或许这便是我一直向往的不坐班的生活。归纳起来，退休后主要做了这么几件事：

一、退休后的专业活动

继续参与中国钱币学会的全国代表大会及相关学术研讨会；继续参与有关国际钱币与银行博物馆委员会年会及相关学术研讨会；继续参与当代纪念币（钞）设计方案的讨论和评审；继续参与文物部门组织的有关论坛、有关专业干部的培训；继续参与有关新出土钱币文物的鉴定活动；继续参与有关钱币书籍的编委会、评审会，以及编辑工作；继续参与有关钱币展览的设计、筹划和陈列大纲的审定……有些工作一直延续至今。此外，还开展了一些专项研究活动，并颇有成效。

在中国钱币学会成立30周年、中国钱币博物馆成立20周年纪念座谈会上（左起：周卫荣、庞则义、戴志强、李学勤、马德伦、金琦）

（一）退休后的图书出版

退休十五年（2007～2022年）来，我出了7本书，多是钱币学导读类的小书：

2011年，《古钱币鉴藏》《纸币鉴藏》《钱币收藏入门》；2013年，《机制币鉴藏》，与沈逸林合作。这4本小书，均由印刷工业出版社出版，是一套普及读本，主要目的是为了扩大钱币学和货币史的宣传教育。

2014年，《古钱文字》，与戴越合作，文物出版社出版。作为研究生学习古文字的导读，后来实际上也成为文博系统工作用的参考书、工具书。2021年再版。

2019年，《戴志强钱币学文集（续编）》，中华书局出版（2006年中华书局曾出版《戴志强钱币学文集》）。

2022年，《戴门弟子藏泉与文选》，中华书局出版。

还有，弟子们为我贺寿，出了两本集拓：

2013年，《续斋古稀寿泉集拓》，赵梓凯、贾晖、董瑞编纂，北京出版社出版；

2021年，《续斋禧寿纪念集拓》原拓本，十位弟子合力编纂，供拓者各得一册。

此外，由我担任主编的"中国古钱谱"丛书，中华书局自2018年开始出版；

由我担任总编的《南宋钱汇》四编，由文物出版社自2021年开始出版。

十多年前，张向军提议我写一本回忆录。他是认真的，事后，每每见面总要叮嘱。今年，2022年，新冠病毒肆虐，更兼腰腿不便，几乎很少出门，于是便翻起往日的日记。其实我的日记是非常简略且蹩脚的，但它可以勾起我的记忆，这便有了这本"回忆录"的构思。

（二）退休后的专题研究和专业活动

1. 宏观钱币学的思考——对"民俗钱"大概念的提出和探索

2007年秋，花钱研讨会改名为中国民俗钱币学会。正式注册后，刘春声（时任中国民俗钱币学会副会长）到我办公室，说他近期的兴趣主要在"花钱"的收集和研究，并介绍了有关民俗钱币学会创办及活动的一些情况。

我在职的时候，没有时间，或者说没有更多的精力来关注压胜钱的研究。自《中国钱币》创刊以来，几乎没有刊发过正经的有关压胜钱的研究文章，如何弥补和加强这方面的讨论、研究和宣传，一直是我想做却还没有做的事情，所以他的话题一下子勾起了我的浓厚兴趣，对民俗钱币学会的成立更是觉得十分必要，并寄予厚望。这便擦出了火花，当即和他聊起了有关民俗钱的诸多问题，最后他又邀我为中国民俗钱币学会写了几句鼓励的话。

我理解"民俗钱"应该是一个大概念，可以说是历代"非行用钱"的总称。因为它们多是货币文化和民俗文化相结合的产物，故可称之为"民俗钱"。"民俗钱"在不同时期也可以有不同的称谓，如：在古钱中，称之为"压胜钱"；在机制币时代，又可称之为"纪念币""纪念章"。

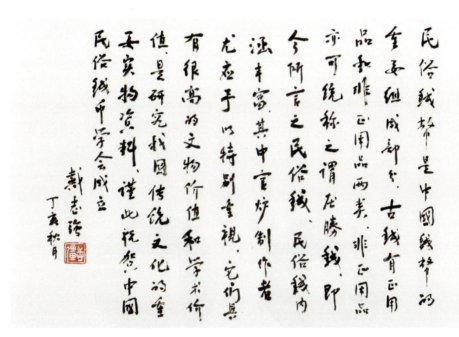

为中国民俗钱币学会题词

中国的古钱由两部分组成，一是正式作为货币铸造和行用的"钱"，钱币界称之为"行用钱"；一是不作为货币行用的"钱"，钱币界称之为"非行用钱"（亦称厌胜钱、压胜钱、押胜钱）。

从经济、金融的视角来看，无疑十分注重货币，因为它关系到资金流动、财富聚集，是经济命脉、民生根本。从文化、艺术视角来看，或许会更关注"压胜钱"，因为它更多地注重铸造的工艺技术，更能反映时代的文化艺术、民族的民俗风情，是一种"掌中艺术""精神食粮"。

在古代,压胜钱的品种很多,性质用途各不相同,包括有吉祥钱、镇库钱、信钱、花钱、打马格钱、宫中行乐钱、瘗钱等等,它们不是货币,不能行使货币职能,但从文化意义上来看,它们和古代的铸币一脉相承,无论从材质、形制、铸造工艺等各个方面,都有共通之处,实际上,铸造精良的压胜钱多是出于"官炉",即出于政府专门设置的钱监（铸钱局）。

对于压胜钱的研究是有一定难度的,难度在于:一是正史鲜有记录;二是压胜钱的断代和铸造区域的认定比较困难;三是压胜钱包含着丰富的民俗文化的内涵,研究压胜钱,需要具备比较广博的知识,尤其是关于民俗学方面的知识;四是古钱界历来有一个偏见,即重视"正用品",不重视"非正用品",对压胜钱的收藏和研究比较少,可供参考的资料少。

我对压胜钱的探索,主要是从三个方面展开的:

（1）寻找压胜钱的源头

战国末秦文信侯吕不韦铸的"文信"钱和长安君成蛟铸的"长安"钱,是目前所见最早的不作货币行用的方孔圆钱。这两种钱或应是家族内部使用的一种信物,一种具有压胜钱性质的"非行用钱",说明战国晚期已经有了专门铸造的压胜钱。

文信钱

长安钱

其实,压胜钱和货币（行用钱）源于同一母体——实物货币,实物货币是具有两重性的,它既可以充当物物交换的媒介,又具有除了货币职能之外的本来具备的实用价值。譬如海贝,在取得实物货币职能以前,是一种装饰品,一种信物,一种神器。妇女临产时,手中要握一枚贝,通过它祈求上苍，驱除邪魔，保佑母子平安，家家户户都在用。当海贝取得实物货币地位之后，它原有的功能依然存在。

现在，我们还知道，先秦时期的刀币、布币多铸有吉语，实际是身兼两职，既是早期的金属铸币，也是吉语钱、吉祥物；是神器，可以驱邪，逢凶化吉；是灵器，用于占卜，用于祭祀。可见，它同时赋有压胜钱的功能，这其实是实物货币"两重性"的继续。

（2）寻找压胜钱的下限

机制币时代的"纪念币""纪念章"，其性质、用途和制造理念都是压胜钱的继续，只是换了形态，更新了制造工艺。所以，它们是机制币时代的"民俗钱"。

其实，机制币诞生以后，在民间古钱形态的"压胜钱"始终没有断绝，一直延续至今，诸如"出入平安"等吉祥挂钱。

自古以来，民俗钱和行用钱与生同来，它们是同胞兄弟，始终携手同行，共进共荣。所以从文化层面来看，民俗钱是中国钱币的"半边天"。

（3）寻找压胜钱的内涵和外延

也就是寻找压胜钱所涉及的范畴，既包括金属制品，也包括纸质的券、张、票，以及其他材质的形制各异的民俗钱。这是一个尚待开发和研究的课题。

相关链接

当代对于民俗钱币研究的大事记

2005年4月，首届中国花钱研讨会在北京召开。陆昕被推选为研讨会会长。编辑发行了《首届中国花钱研讨会文集》，此后每届研讨会都编有文集。

2006年5月，第二届中国花钱研讨会在武汉召开。

2007年秋，我为中国民俗钱币学会题词，指出民俗钱在中国钱币中的地位。中国花钱研讨会正式更名为中国民俗钱币学会。

2008年3月12日，天下花泉网在北京报国寺收藏市场召开泉友座谈会，我在会上就民俗钱币问题谈了一点个人的见解。

2008年7月14日，"中国花钱与传统文化"展在香港城市大学举办，并召开研讨会。同时，方称宇的《中国花钱与传统文化》一书正式发行。

2009年，第三届中国民俗钱研讨会在北京召开。

2011年，第四届中国民俗钱研讨会在荆州召开。邀请我为中国民俗钱币学会终身名誉会长。

2013年，由刘春声主编的《中国钱币大辞典·压胜钱编》正式出版。2014年，春声的《探花集》出版，邀我为之序。

2014年，第五届中国民俗钱研讨会在绍兴召开。

2014年5～8月，"吉金雅藏——中国历代民俗钱币展"在中国钱币博物馆展出。5月26日首展，同日在人民大会堂宾馆召开中国历代民俗钱币论坛，我在会上作了"对民俗钱的一点认识"的发言。

2016年，方称宇和弗朗索瓦·蒂埃里合作编著的文集《中国花钱的文字和造像——探索一个过往的信仰体系》在德国出版，邀我为之序。

2017年11月，中国民俗钱币学会十周年庆暨第六次年会在成都召开。

2018年5月，随中国民俗钱币学会赴贵州黔南州考察水书钱币和水族文化。

故事

"花钱"也要开研讨会？

2008年3月12日，我应邀出席北京报国寺收藏市场和"天下花泉"网站的一次泉友座谈会，并就民俗钱币问题谈了一点个人的见解。

我很少去钱币市场。原先北京的钱币市场在月坛公园，离我上班的中国人民银行很近，但我一次都没有去过，主要是为了避嫌，怕去了有人会说三道四，议论我会去市场做什么？钱币市场迁到报国寺，我也没有去过。现在退休了，可以比较"自由"，而且是应邀参加一个座谈会。说来也怪，这次到报国寺还真听到了一些议论。

春声他们陪我走进报国寺大院，后面就有一群闲人指指点点，仿佛在看什么"大人物"，我还听到有人在说："怎么，'花钱'也要开研讨会？"原来他是把"花钱（花泉）"误认为花钱（消费）了。这使我越发感到："花钱"这名字容易误会，容易降低格调。事实上中国内地，尤其是中原地区早就有其正名，即"厌胜钱"，俗称为"压胜钱"。"花钱"只是"压胜钱"的一个门类。

（4）由"民俗钱"大概念的形成，重新梳理历代钱币的沿革历程

由于对"民俗钱"大概念的形成，对"钱币"有了新的理解；再加上西周文化时期青铜块的发现和确认，以及对实物货币的两重性和称量货币的两重性的再认识，引起我对"钱币"沿革历史的再思考、再研究。于是，我重新梳理了历代钱币的沿革历程，列出了新的"历代中国钱币图示"。

因为是"钱币"，不仅仅是"货币"；因为是"钱币"，不仅仅是"古钱"，所以新的图示必定要包括"正用品"和"非正用品"；要包括"古代钱币"和"当代钱币"。

新的"历代中国钱币图示"发表于《戴志强钱币学文集》续编之首（彩插之前），中华书局，2019 年出版。今录之于下：

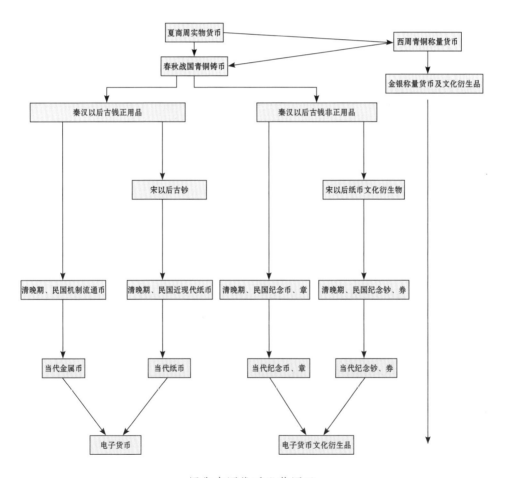

历代中国钱币沿革图示

中国民俗钱币学会十周年纪念章题字

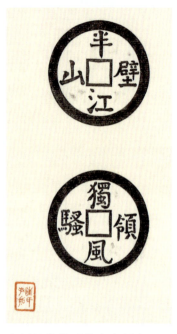

中国民俗钱币学会十周年
纪念章

2017 年，中国民俗钱币学会成立十周年，陆昕准备做一枚纪念章（传统浇铸工艺的方孔压胜圆钱）以资纪念，约我为之题字。还提议写"半壁江山　独领风骚"八个字。此八字是我在 2016 年为四位压胜钱收藏家的精品合拓上题的词，当时写的是行书体，这次用在纪念章上改为楷书体。

半壁江山。中国钱币分为两类：行用钱和非行用钱。传统的观念是重视行用钱，看轻非行用钱。这是站在货币的立场上提出的观点。但从文化艺术的角度来看钱币，压胜钱更可以发挥它的优势，因此它们是同胞兄弟，是互为补充的两个方面。由此我提出：民俗钱是整个中国钱币的半边天，是"半壁江山"。

独领风骚，是出自精品合拓的题字，因为它们是压胜钱中的精华，所以称之为"半壁江山　独领风骚"。这次用到中国民俗钱币学会成立十周年的纪念章上，也可以用来称誉中国民俗钱币学会成立以来对推进和引领我国压胜钱集藏和研究事业做出的功绩。

附：
储建国在杭州创办世界钱币博物馆，2001 年 9 月 18 日开馆。
2008 年曾邀我题字疑错：〖铸〗过一枚纪念章——"世界通宝"方孔小平铜钱。

故事

访安仁古镇和成钞公司

2017年11月，在成都参加中国民俗钱币学会十周年庆暨第六次年会期间，16日，会议安排访问安仁古镇，参观李可的"共品钱币博物馆"。四川钱币学会巴家云、孔维文以及张伟琴专程来访，相见甚欢。

17日下午，应成都印钞公司之邀，和小瑞、陈宝祥参观了他们厂，陈宝祥对金银锻炼和文创产品感兴趣。我们主要考察了用金、银材质打制的第二套人民币，它们是当代造币工艺和印钞工艺的结合，应用了印钞的线刻技术，用电脑控制线刻的疏密、深浅，反映出明暗、黑白的效果，用造币的打制工艺完成制作。

我和小瑞还会了会老朋友，叙叙旧，并和张双想（正在成都的货币金银局副局长）同进了晚餐。

2017年11月15日，在成都参加中国民俗钱币学会十周年庆祝暨第六次年会期间，和罗伯昭小女罗炯及其爱人、原四川文物处处长高文及其爱人合影

考察黔南州水族钱币

2018年5月初,为配合水书申遗(水族文字申请世界文化遗产名录),应贵州省人大申遗办的邀请,中国民俗钱币学会组织对水书钱币做了一次实地考察。我应陆昕之约,随中国民俗钱币学会赴贵州黔南州考察水族钱币文化。因此有机会到了都匀、三都和荔波,到了水书先生的家和他们的家庭博物馆。

我们是5月3日离京,到贵阳便直奔黔南,5月4日到三都水族自治县,先参观县档案室,看水族遗存的文书;参观凤之羽非遗中心;然后到宋水仙家庭博物馆;下午参观水族文化博物馆、研究院和水书师韦家贵的家庭博物馆;5日到荔波参观水族传统村寨;6日到都匀参观水书钱币博物馆,出席水书钱币研讨会;7日到黔南民俗钱币学会交流鉴定钱币,并参加水书钱币研讨会;8日回到贵阳,在省人大会议室向申遗办作了专题报告。

2018年5月6日在都匀出席水书钱币研讨会

故事

特殊的生日礼物

根据日程安排，5月4日（是我身份证上的
生日），上午参观三都县水族非遗工艺品，水族
全国人大代表宋水仙竟以马尾绣制作的"寿"字
为我贺寿，真是喜出望外。显然这是陆昕有意为
之，是年我74岁，感谢他的真诚，让我体会了
一下在水族过生日的滋味。

马尾绣"寿"

故事

黔南行记

这次是我第四次到贵州，感慨甚多。

一、天翻地覆的变化

离上次（第三次）到贵州，相隔8年。这8年有了太大的变化。

一是交通。除航空外，高速铁路、高速公路已经形成网、连成片。8年前，
贵州都是盘山路，所谓"地无三尺平"，出门就见山，交通的困难，把人
的距离拉远了。如今的高速路，如一马平川，打山开洞，出了洞就是桥，
过了桥又钻进了山洞。从都匀到荔波，再往前就要进广西，离百色不远了。
只走了两个小时，在过去根本不可想象。

二是高楼。都匀和荔波，一个地级市，一个县级市，为了吸引来客发
展旅游，都有了五星级宾馆，建筑的高大，设施的先进，甚至超过中原的
某些地区。要知道这里还是"贫困地区"，我们到的时候，正在落实精准
扶贫政策，县里多数干部都下乡去扶贫了。我问他们："你们的支助产业
是什么？"答曰："房地产基建工程。"

三是"亮起来"。一到晚上，各县、镇都灯火通明，把城镇甚至是乡、
村的街道打扮得十分漂亮。晚间行车，在崇山峻岭中漫漫黑夜中走来，突
然看到闪亮的灯光，给人以生气勃然的感觉。

二、思想观念的变化

水族的传统生活还在继续，水书先生有着崇高的地位，凡事先要请水师占卜吉凶。但是，山沟沟里早已不再封闭。不仅是国内的游客络绎不绝，即使是海外旅行者也已不再陌生，他们可以在家里接待来访者，用民族的传统方式接待来客，用自制的米酒款待来客。同时，又向来者兜售水族的土特产，特别是水族的"马尾绣"很受欢迎，高档的卖给老外，售价可以上万，甚至十几万一幅。

和水书先生谈水书钱币

与传统的农耕生活相对应的是高科技的诞生，每个地区、每个州县都有了自己的经济开发区。而最大的"天眼"，大数据开发中心则成为贵州的自豪和骄傲。

贵州的绿水青山，的确是金山银山。所谓的"天无三日晴"，滋润着这里的大地，然而又不是十分的潮湿，平均海拔在1～2千米，空气的清新是大城市人们盼望的奢侈。

三、认识到水书钱是中国民俗钱币的又一个亮点

水族五六十万人口，在我国56个民族中是人口比较少的一个，主要集中居住在黔南地区。水书钱是水族特有的制钱，其他地方很少看到，这次到了水族的老家，才大开眼界。知道了水族不仅有文字，而且有用自己的文字铸钱的传统，历史悠久。从水书钱的遗存和制作特征，可以知道，他们的历史至少可以上推到宋朝，有些钱的制作，如"四出纹""五五""文

字与图案混合搭配"等等，就其制作特征而言，或许会更早，会早到何时？尚待进一步研究。

目前所见到的水书钱，应该不是流通货币，它是货币文化的衍生品，在当代主要是作为水书先生卜卦的用具。但我们见到的水书钱内涵丰富，当不是只此一用，应该和中国其他地区的压胜钱有共通之处。理应对之高度重视，它们是民俗钱币研究的新领域、新课题。

(5) 当代"掌中艺术品"——纪念章和大铜章

中国钱币学会币章艺术专业委员会于 2015 年 11 月在北京成立。我在专委会揭牌仪式上再一次提出：纪念章、大铜章是当代货币文化衍生物的一部分，是中国传统压胜钱的继续和发展。特别是由国家造币厂设计生产的纪念章，与货币有着更加密切的关系，因为它们拥有共同的设计师、共同的雕刻家，甚至是一样的操作技术和大致相仿的工艺流程，所以造币厂设计生产的纪念章、大铜章和同时代的金属货币诞生于同一个母体，它们之间的手足之情、血缘之亲不言而喻，也可以说是当代的"官炉"。

其实，从文化意义上讲，一枚好的纪念章，尤其是大铜章，或许更能比较充分地反映这个时代的钱币文化，因为，它可以突破货币设计生产中的很多条条框框、清规戒律，设计人员的思想可以更加解放、更加活跃，表现手段可以更加灵活多样，技术运用可以更加充分，更能淋漓尽致地去探索、去创造。对于面积比较大的大铜章而言，设计者、雕刻者可以拥有更加广阔的用武之地，他们的思想和技巧、风格和情操可以在这里得到更加完美的表现、更加充分的发挥。事实上，经过大铜章的试验和实践，一些成熟的工艺技术已经被引用到纪念币，乃至流通货币的设计和生产中去。从这个意义上讲，高水平、高质量的纪念章、大铜章，不仅是当代货币文化的补充和延伸，而且是当代先进钱币文化的创造者、开拓者，它们是开路先锋。

由此，我们便可以推想到：在古代钱币中，压胜钱和行用钱之间应该也有这样一层关系。

纪念戴葆庭、丁福保、马定祥三位泉学前辈的大铜章

2. 对先秦钱币演变历程的新梳理

2013 年，为了写作《古钱文字》一书，我重新学习了先秦货币的铭文释读，也有一些新的理解和认识，发现先秦货币的铭文往往和祭祀、占卜、吉庆、驱邪等活动有关，进而我又认识到由于先秦货币是由实物货币脱胎演进而来，实物货币的两重性自然也会延续到先秦货币之中，也就是说，先秦货币既可以行使货币的职能，也可以行使祭祀、占卜、吉庆、驱邪等等非行用钱（非货币）的职能，即民俗钱（压胜钱）的职能。于是我把"先秦货币"的内涵扩大了，提出了"先秦钱币"的新概念。"货"和"钱"一字之差，但在钱币学中概念完全不同。

由此，我对先秦钱币的沿革又做了一次新的梳理。对先秦布币和刀币分别列出了演变的示意图，也对旧见做了一些修正。今亦附录于下：

先秦布币演变示意图：

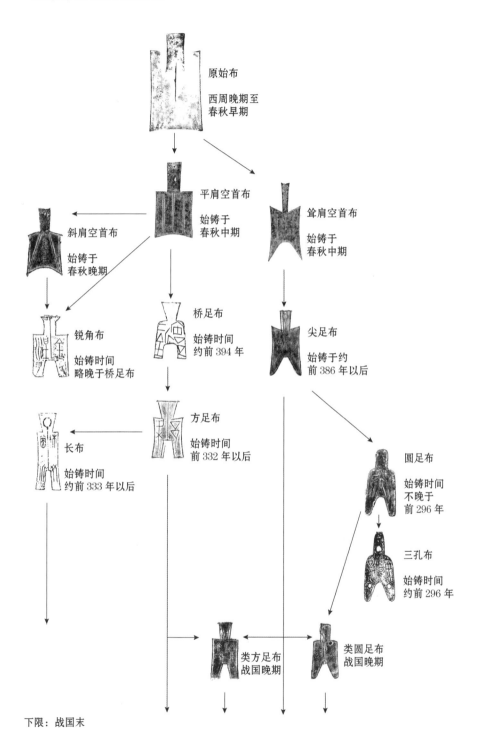

原始布

西周晚期至
春秋早期

平肩空首布

始铸于
春秋中期

耸肩空首布

始铸于
春秋中期

斜肩空首布

始铸于
春秋晚期

锐角布

始铸时间
略晚于桥足布

桥足布

始铸时间
约前 394 年

尖足布

始铸于约
前 386 年以后

长布

始铸时间
约前 333 年以后

方足布

始铸时间
前 332 年以后

圆足布

始铸时间
不晚于
前 296 年

三孔布

始铸时间
约前 296 年

类方足布
战国晚期

类圆足布
战国晚期

下限：战国末

先秦刀币演变示意图：

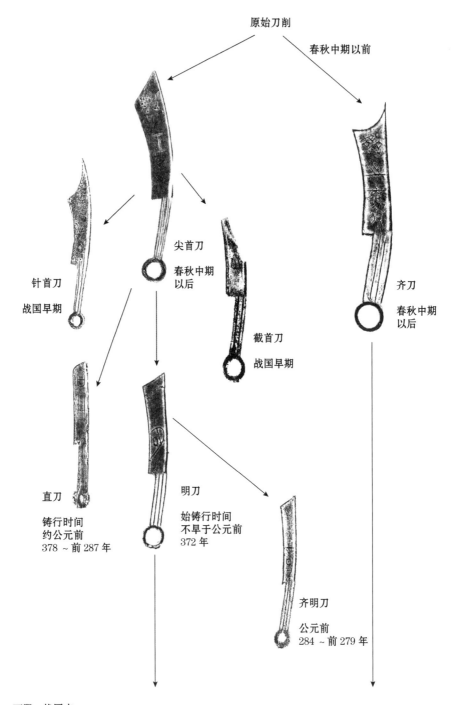

原始刀削

春秋中期以前

尖首刀

春秋中期
以后

针首刀

战国早期

截首刀

战国早期

齐刀

春秋中期
以后

直刀

铸行时间
约公元前
378～前287年

明刀

始铸行时间
不早于公元前
372年

齐明刀

公元前
284～前279年

下限：战国末

3.钱币鉴定活动的继续

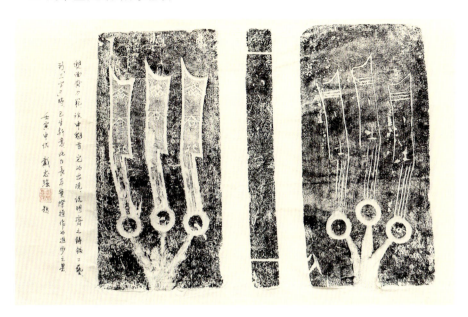

2022 年 7 月 30 日，为山东淄博孙永行鉴定双面三字刀钱范并在拓片上题字

鉴定钱币，是我毕生的职业。凡是国家文物局组织的鉴定活动，我基本是随叫随到，大到全国文物普查新发现钱币的鉴定评级，小到某博物馆征集钱币的真伪鉴定，某文物进出口鉴定站（鉴定中心）的某一项专题鉴定，我都认真负责地对待，绝不敢有一丝疏漏，因为这是要对国家负责。即使是钱币市场的鉴定活动，只要我有时间，也尽量安排参加，这不只是一份责任心，更重要的是一次极好的学习机会，可以在市场的实践中了解钱币市场的新动态、钱币作伪的新手法和新趋势。只有与时俱进，才能不断更新鉴定的知识，才能在鉴定中立于不败之地。其实，对我而言，每一次"鉴定"，既是工作，是奉献，同时也是宝贵的学习机会，是知识积累的过程。

应中国工商银行之约鉴定美国印钞厂的一批钞版 2009 年初冬，北京下了场大雪，瑞雪兆丰年。

中国工商银行总行办公室高主任应董事长姜建清之约，邀我帮助鉴定美国钞票公司的一批钞版，在未见实物之前，我以为不会是原版，很可能是工作版，但见了实物，的确是钞票公司的原物，还都是原版，实属意外。后经查考，才知道美国钞票公司破产，导致这批为中国承办的钞票印版流落市场。

为征集这批钞版，他们约请了印钞造币系统的专家、北京印钞厂的工艺美术师刘延年，上海印钞厂的工艺美术师徐永财和上海博物馆的研究馆员周祥，由我牵头为之做最后的鉴定。上海银行博物馆馆长徐宝明和老馆长王允庭也在场，我们认真负责地工作了三天，最后做出了肯定的答案。

美国钞票公司（AMERICAN BANKNOTE COMPANY）于 1909 ~ 1949 年（清末至民国），受中国政府委托，一直为中国的银行业承印纸币。他们为印制中国近代银行纸币的所有钞版和纸币原模，包括圆筒滚版（清末版 17 块，民国国家银行版 215 块，地方银行版 128 块，商业银行版 89 块，外资银行版 36 块以及未发券钞版 6 块、滚筒版 177 块，其他滚筒版 171 块）居然都流入市场，流到了中国。

看过这批钞版，感触很深：一是，美国居然也有这样的现象，看来有聚有散，是普遍规律；二是，这批钞版若是由中国钱币博物馆收藏会有多好！好在现在由上海银行博物馆来收藏，也是国家的收藏。我告诉高主任，不管出多少钱都要把它们收下，最好是全收，因为错过这次机会，恐再难补。

这批钞版，几经转手，除少数为民间私人收藏外，最后，绝大多数均由中国工商银行收购，入藏在上海工商银行创办的银行博物馆。

2009 年初冬在中国工商银行楼外合影（左起：徐宝明、刘延年、戴志强、王允庭、徐永财、周祥）

赴茂名参加人民币收藏学会的活动　2010 年 6 月上旬，我突然接到河北收藏协会副会长牛双跃的电话，说 8 月初在广东茂名要举办一个人民币收藏展和藏品交流会，他受人之托，来约我出席开幕式。对于人民币的民间收藏活动开展情况究竟如何，我很想知道。对于茂名，我也向往已久，有这样的机会，或许是一种缘分。

8 月 2 日，由双跃夫妇陪伴，我携小瑞和中国收藏协会会长闫振堂（国家文物原副局长、原直属机关党委书记）夫妇同行，乘特快列车由北京南下（当时还没有高铁），经过一夜一天的路程，于 8 月 3 日抵达茂名。

化州是茂名辖下的一个县级市。化州市在十一年前成立了人民币收藏学会，并坚持编辑发行《钱币》专刊，影响日益扩大，波及全国。这次，在庆祝建会十一周年的时候，同时举办"全国第二届人民币收藏顶级展"，并创办"全国首届人民币收藏品交流会"，在这盛暑之时，居然有 300 多位人民币收藏、爱好者，从全国各地云集到茂名。这样的场景，令我感动。

化州人民币收藏学会是个纯民间的社会团体，全凭爱好者自愿参加，学会的日常事务和《钱币》报的编辑发行工作主要由李润生一人承担，靠他的人格魅力，靠会员的齐心协力；学会的活动经费也主要是靠化缘，靠大家赞助。但事实证明，有志者事竟成，只要用心踏实去做，持之以恒，就会感动上苍，就会硕果满枝头。

在茂名还结识了几位年轻的钱币收藏爱好者，他们都很执着、很用功，尤其值得称道的是，他们不仅注重收藏，更用心于研究，把钱币收藏和学术研讨结合起来。

如今，人民币的版别分类，越来越细，不同冠字、不同号码的收集，配套成龙，不仅有趣味号、特殊号的专门收集，而且把票号和重大历史事件结合起来，"玩"出了花样，增添了很多文化色彩。从人民币收藏的情况，又联想到其他各类钱币的分类收藏。在茂名，我又一次体会到：当今钱币收藏的程度，钱币研究的深度，的的确确超越了过去，创造了历史。尤其是年轻一代的成长成熟，更让我看到了钱币事业的希望，它也会像高州的荔枝，世代相传，年年都有新的丰收，新的成就。

故事

中国荔枝第一镇

　　茂名原属高州管辖，50多年前，因为发现了油矿，才正式建置成一个地级市，高州反成了茂名辖下的一个县级市，所以，到了茂名，方知茂名完全是一座新兴的油城，充满生机。

　　高州则历史悠久，最出名的是荔枝，其辖区内的根子镇被誉为"中国荔枝第一镇"。唐朝的时候，高州出了个高力士，因为有了这个人物，才有了把鲜荔枝作为贡品，跑马飞送进京（长安）的故事，才有了杨贵妃爱吃鲜荔枝的美传。如今高州的"贡园"里，还存活着1300年以前、1000年以前的荔枝古树，它们代代相传，还在结子，还在奉献，滋养着当地的老百姓。进入21世纪，荔枝的故乡又有了新传。2000年，江泽民总书记到高州，在红荔阁（原名观荔亭）的地方亲手栽培了一棵荔树。看来荔枝的美谈，荔枝的故事，还会继续，生生不息。

和闫振堂合影于高州贡园

赴张家港参加钱币博览会　赴张家港参加 2011 年 11 月举办的长江文化艺术节和金生杯长江黄河流域珍稀钱币博览会，这次活动南北泉家聚集，人气旺盛，泉币研究也有一定深度。

在张家港和上海泉友合影（左起：徐晓岳、周祥、沈鸣镝、戴志强、余榴梁、李宏）

故事

一次魔鬼之旅

"高处不胜寒"。我在明处，他在暗处；我不设防，他是专门奔我而来的。

被人们称为"国宝帮"的文物做假团伙，做假的范围涉及文物各个领域。为了骗得人们相信，让文物鉴定专家落入圈套，为其所用，他们可谓用心良苦，做足了功课。尤其对准国家文物鉴定委员会的专家学者，因人制宜，专门设计了不同的攻略。玉器重点攻杨伯达，瓷器重点攻耿宝昌，青铜器攻杜迺松……很"荣幸"，我成了钱币项的主攻对象。

2013 年，发改委的一位主任约我讨论钱币的市场价格标准问题，并要以辽钱为试点。我说为什么不以宋钱做试点，宋钱市场相对成熟，面广数量多。辽钱重点在北方，近年有些出土，才引起大家的关注，但市场并不成熟，需要再做些调研。

2014 年夏，市场价格认证中心组织有关人员赴东北沈阳、铁岭、长春、吉林等地考察辽钱。约我参加，还有上海余榴梁、沈鸣镝等人。

这次活动的日程，他们委派"契丹钱专家"裴某某做具体安排。临行前，给我送来了三本裴先生著的有关辽钱的"专著"，或许是给我的"导读"。

我到沈阳，开会之前才发现，辽宁钱币学会的同志都未到会（后来知道，根本没有通知他们），好在前一天我已托人告诉姜力华（原辽宁青年钱币学会创始人，辽宁钱币学会副秘书长，辽宁地方志办公室主任），说我要到沈阳参加这个会，调研辽钱，请他参会。他如约而来，一见参会人员的名单，他便急了，告诉我："这些都是制假贩假的人。"我说："你来了就好，听他们怎么说，你该说啥就说啥。"

由此，一路上听到的几乎都是"国宝帮"的声音，见到的也基本上是"国宝帮"作伪的钱币。好在我也有后援，一路上得到辽宁、吉林的泉友和钱币学会同志的配合，随时得到他们提供的资料信息。所以，我此行能够同时听到正、反两方面的声音，真让我长了知识，开了眼界。

我在座谈会上的几次发言，他们表面奉承，事后另行一套。借我之名，讲他们要说的话，让我领教了他们的"不择手段"。

此行，我看到了当今钱币做假贩假的一些真实情况。尤其是对于契丹文大钱的做假，包括金、银契丹文大钱的做假，有了新的了解，真可谓："不入虎穴，焉得虎子。"

赴太原参加钱币文化活动　2014年8月，山西天眷堂艾亮在太原举办"缘聚三晋"的钱币文化活动，举办"山西藏家历代货币展"，钱币专题讨论，编纂出版"缘聚三晋"的钱币图录。邀请全国钱币收藏者、研究者赴会，掀起了一股钱币文化的热潮。

和黄锡全、姜力华、周卫荣、周祥、刘建民等在广场等候开幕式召开

故事

马蹄金、麟趾金的再认识

2016年3月，江西南昌汉海昏侯刘贺墓出土文物在首都博物馆展出。3月24日，我参加中国钱币博物馆组织的参观活动，首博陈列部的王显国陪我参观，一群人边看边讨论，思想完全放开。刘贺墓出土文物给了我们很多启示，最要紧的是：

一，见到了新出土马蹄金、麟趾金实物，有了新的理解和认识。因为以前没有见到装饰性极强的工艺品马蹄金，更没有见过麟趾金，所以硬在一次浇铸成功的通货马蹄金中找麟趾金，只能是牵强附会。现在看到了真面貌，便一目了然。其实古人给它们的定名是很贴切的，一个称"蹄"，是神兽马的"蹄子"；一个称"趾"，是神兽麒麟的"脚趾"，非常形象，两者器形完全不同。

二，海昏侯刘贺墓同时出土了作为通货的马蹄金和作为工艺品的马蹄金，两者的制作工艺相差甚远。又出土了作为工艺品的麟趾金。作为工艺品的马蹄金和麟趾金，装饰性极强，居然都制作有掐丝纹的花边，并配以绿松石的装饰，很有点"金镶玉"的意思。和以前见到的一次性浇铸的马蹄金相比，铸造工艺大不相同，显然不是普通流通用的通货，而是为"纪念"重大事件而特别制作的"钱币"。这说明在汉武帝时代已经有了当今意义上的"纪念币"。

三，在历史遗存中未见麟趾金的通货，这次出土中也未见麟趾金通货，是不是在暗示我们：西汉的"金货"，除了金饼（柿子金）、金版之外，或许只有马蹄金，并没有所谓的"麟趾金"。至少到目前为止，我们见到的"麟趾金"只有"纪念币"，不是黄金的通用货币。

得此启发，我又联想到，同是汉武帝时代的"白金三品"，或许也应该是一种纪念币性质的"钱币"。

普通马蹄金　　　　　　　海昏侯马蹄金与麟趾金

故事

钱币学的新领域——金银锭

以前，历史上的金银锭只是作为黄金白银，只是财富的象征。

随着钱币学研究的深入，现在，金银锭逐步成为钱币收藏的一个新门类，成为钱币拍卖市场的一个新版块，钱币研究领域的一个新课题，成立了专门的研究组织，开展了不同形式的专题学术讨论，发表专论，出版专著，成为钱币界的一支生力军。

2019年夏在杭州参观浙江博物馆"南宋金银货币精华展开幕式"暨学术研讨会与会者合影（二排左6李小萍，依次为戴志强、周祥、钟旭洲、金德平）

故事

"明"字的释读，解了张立俊的难

2013年6月，我应张立俊之邀赴烟台参加他组织的一次泉友座谈会。期间，立俊和我聊起他收藏的明刀，想编纂一部明刀谱。此书终于在2021年由中华书局出版。

明刀正面都铸有一个"明"字，此字在青铜器铭文中曾多次见到，释为"明"，从字形到字义都可以说通，所以古文字学界把它释读为"明"字，应是已成定说。

但此字作为燕国铸币的主要标志，其确凿含义是什么？钱币界始终存在一些不同的说法。较有影响的，主要有两说：一是以罗伯昭、郑家相、汪庆正、张弛为代表的，把它释读为"易"字，意指燕下都之"易"地。二是以古文字学家、考古学家出身，后来攻研先秦货币的朱活、石永士等学者，把它释读为"匽"；同样是古文字学家的钱币学者黄锡全则把它释读为"眼"。释"匽"、释"眼"，其意实为释"燕"，标明是在"燕"地所铸之货币。张立俊取泉家之说，初交书稿时把它释读为"易"，但始终举棋不定。

其实，在先秦钱币的铭文中，经常会用吉祥之词，刀币有之，布币亦有之，所以不必一定要拘泥于地名的局限，自己挖坑自己跳，把本来简单的事情搞复杂了。所以我和立俊商议：赞同把它释读为"明"字，"明"乃吉祥之词，日月相推而明生，光明而能视远。中山复国后，曾铸"成白"刀，刀的正面都铸有"成白"两字，古文字学家裘锡圭把它释读为"成伯（霸）"，系吉语，意为成就霸业。燕明刀和中山刀同族北方货币体系，它们都由早期尖首刀派生演变而来，有异曲同工之处，亦在情理之中。由此，也就可以把这一类刀币正式定名为"明刀"。此见的提出，既解了张立俊的难，也赋"明刀"的释读以新意。

故事

南宁巧遇直读绍兴通宝大钱

2015年11月15日上午，在南宁饭店一楼祥和厅刚结束"名家有约"——钱币访谈活动。在贵宾室小憩，朱武飞进来和我说，有人想请我看个钱，并说是钱币学会的会员。本来这次没有鉴定任务，出于好意，又正好闲着，就请他进来吧。

进来两人，说是弟兄俩，长者乃一白发老翁，年少一些的大约也有六十出头。老翁自称是钱币学会会员，并拿出会员证让我看，说在广西钱币学会会刊上发表过文章。随后掏出一个小塑料袋，里面装着一坨古钱，有十来枚钱锈结在一起，显然是水坑出

广西出水直读绍兴通宝折十

土。我接过这坨钱，只有裸露在表面的一枚依稀可见，仔细看来，竟是一枚直读绍兴通宝折十（见图）。他说："是直读，前所未见。"我答："近年在浙江，在杭州，也见有直读绍兴。"我又问这坨钱是从哪里得到的？答曰，最近刚刚买的，有人说是出自一个山洞，也有人说是从海里捞出来的。从这坨钱的情形来看，应是埋在地下，受过重压，钱体已经扭曲变形，外廓损伤，所以我认为后说的可能比较大。我告诉他，这坨钱很好，有研究的价值。要他好好保护，不要再敲击，以免损坏。

另外，他又取出几枚钱，其中有一枚空心字（双钩字）的元丰小平，以前未曾见过，从制作看，疑是安南钱，当亦是不常见的珍稀之品。

临行前，我们三人合影留念。他告诉我，他们也是上海人，是当年支内到广西的。说他叫徐钢，原是某企业的领导，现已退休，钱币一直是他的业余爱好。

当日下午我便飞回北京。

故事

嘉兴访直读绍兴通宝大钱

2017 年 10 月 17 日，赴嘉兴参加浙江泉友会第三次年会，18 日下午有会议安排，上午便与弟子们同访嘉兴藏家王新龙，承蒙热情接待，并观赏了他所藏的钱币珍品。

我这次访新龙先生，除了观赏他的藏品，其实还有一个目的，就是想了解一下近期浙江关于直读绍兴通宝大钱的作假情况。新龙先生藏有几枚直读绍兴通宝大钱真品，是浙江钱币收藏的大家，此访收获颇丰，不仅见到了真佛，而且也破译了原先的一些疑团。

同行者有贾晖、汪洋、赵梓凯、陈宝祥、陈文军、李君等。

相关链接

主编"中国古钱谱"丛书

20世纪80年代以来，我国民间收藏的热度逐步升温，其中自然也包括了对于钱币的收藏和研究。经过30多年的积累，造就了一批卓有成就的古泉收藏家，而且有不少新的钱币发现、新的研究成果涌现。尤其是八〇后、九〇后新生代的加入，使之后劲十足，充满活力。为了及时把他们的成果整理成书，公布于众，为推进钱币学的研究积累资料，提供方便。经佟昱提议，又经中华书局陈乔合议，由我主编、佟昱任副主编的"中国古钱谱"丛书，于2018年开始在中华书局正式出版。

这套古钱谱丛书，以图谱为主，适当辅以画龙点睛的文字，使资料性更强，实用价值更高，既不同于传统的泉谱，同时也为钱币收藏家提供一个为自己的藏品和研究成果公布于世的平台。

故事

海口的意外收获

2021年11月6日，海口德泉缘钱币博物馆开馆，这是海南的第一家钱币博物馆，理应致贺。但正是新冠病毒肆虐的时期，我又腰腿不便，在这种的情况下，我还是坐着轮椅亲自到了海口。做出这样的决定，是缘于两个感动：一是被刘德龙和董胜利两个年轻人的真诚所感动；二是被中国钱币事业的新发展，大好形势所感动。

行千里路，读万卷书，到了海口真有意想不到的收获。踏进德泉缘钱币博物馆大门，正对面的展柜里摆放着几枚海南本地打制的银圆，这是我前所未见也未闻的事情。后来听刘德龙介绍，海口的确打制过银圆，只是时间很短，品种也不多，业内称之为"海南版"。

1949 年 8 月，面临全国解放，为稳定市场，广东省政府决定于是年 10 月筹建广东造币厂，把原广东第一造币厂和位于海口船厂的第二造币厂合并，厂址设在海口船厂。广东造币厂实际只生产了几个月，只有两个品种，即九年版的袁大头和孙中山像开国纪念币，这便是所谓的"海南版"。1951 年 1 月海南解放，也就成为故事，所以业内知道者不多。

这次赴琼，还有一个收获，就是了解到：最近在琼海、万宁等地发现了宋代的铸钱遗址，出土了不少南宋的折二年号钱，其中还发现了北宋铜钱。我见到的，多数品相甚佳，有的尚无使用痕迹。看来我们还真的不能忽视海南，在海南应该会有一篇钱币学的大文章等着我们去做呢！

4. 中华人民共和国对外友协组织的钱币文化交流

2007 年某日，王宇信找我说，他刚从日本回来，是中国对外友协文化交流部组织的一次民间文化交流，在日本举办了甲骨文书法展和学术交流。对外友协准备在明年组织钱币文化交流，他推荐由我负责来做，若同意，对外友协会联系我。于是，便有了下面的活动。

中国人民对外友好协会和日本北枝篆会，为弘扬两国传统钱币文化，弘扬书法篆刻艺术，推进中日民间的传统友谊，共同发起并组织了中日钱币铭文书法篆刻展。

在日本金泽县北国新闻会馆举办的"中国古代货币展"展厅门口

　　2008 年 10 月 13 ~ 21 日，由中国对外友协文化交流部主任王秀云为团长，组团访日，成员有对外文化交流处处长符天竹、副处长高卫民和我。在日本金泽市北国新闻社与北国南苑举办了中国钱币书法展，共展出书法篆刻作品 126 件，古钱和钱范的拓本、照片 67 件。这次参展的钱币书法作品有刘宗汉、黄锡全、张铜彦、朱卓鹏、孙仲汇等 30 多位泉人的作品，以及周祥提供的几十幅上海博物馆馆藏钱币拓本，我也习作了一幅临摹战国小方足布铭文的书法作品参加了展出。

　　展览同时，在北国新闻会馆举办了由我主讲的学术讲座，题为"书法篆刻艺术——中国古钱文化的精华"。

　　这次活动，成为我退休以后，独立担纲完成的一次对外钱币文化展览和钱币学术讲座，既是策划者、组织者，也是实践者、承办者。既为民间的国际钱币文化交流做了一点事情，也经历了一把"打工仔"的体验，别有一番风情。

日本金泽县"中国古代货币展"上我临摹的战国方足布铭文（右为符天竹）

北京中日钱币书法展开幕式主席台，中国对外友协会长陈昊苏与日方代表团团长握手

北京中日钱币书法展开幕式上与王安的合影

翌年8月下旬，日本方面回访，分别在北京箭楼（北京市古钱币博物馆）和济南山东省博物馆举办中日钱币书法展。

相关链接

"历代中国纸币展"

2009年11月，张安生等联络国内外的纸币藏家在北京首都博物馆举办了"历代中国纸币展"，规模空前，规格极高。

我在开幕式的致辞中讲了两点感受：一是这次展出的2398种纸币和钞版中，有很多珍品、名品甚至孤品，平时想要见到其中的一张都很难，现在把它们集中到一起，在一个展厅里同时展出，供大家鉴赏，是一种缘分，是纸币爱好者、收藏者、研究者难得的机遇；二是这次展览的展品，汇集了海内外80多位钱币收藏家的藏品，是一次前所未有的盛会，是我国纸币收藏界的一次群英会，也是对当代民间纸币收藏的一次大检阅。

展览之后，又于2012年由中国金融出版社出版了豪华图册，我为之写了小序。

"历代中国纸币展"开幕式，单霁翔等国家文物局和北京市政府领导，学者刘庆柱、黄锡全以及新加坡林文虎等出席

5. 受聘天津博物馆、天津文博院

2015 ～ 2018 年，受聘天津博物馆、天津文博院第三期"名师教室"兼职教授，除作学术讲座外，专门带培学生李君（南开大学博士生）主攻古钱币研究和鉴定。李君每月来家听课一次，也随我参加有关钱币专业的讨论、鉴定活动，参观相关博物馆的钱币展览，撰写有关论文和天津博物馆馆藏钱币的展览大纲。结业后仍经常联系，来京讨教。2021 年底，由她组织的"天津博物馆藏——中国历代钱币展"在天津博物馆正式展出。

与李君鉴赏天津博物馆藏品

在天津博物馆的学术讲座

6. 受聘中国国家博物馆

2020 年 9 月，中国国家博物馆重新启动馆藏文物鉴定工作，29 日召开了藏品定级工作专家研讨会。王春法馆长和四位副馆长出席，还专门发了聘书，在我的印象中，这是国博对文物鉴定工作最重视的一次。此后，各门类的鉴定工作相继展开。

11 月 17 日正式召开馆藏钱币第一次定级工作会，在会上明确钱币鉴定组由戴志强、黄锡全、周祥、翦宁组成，我为组长（实际上这是国家文物鉴定委员会钱币组的原班人马，另外两位委员刘建民和程纪中因病没有参加）。

我在会上作了发言，会后馆方把我的发言根据录音整理成文：《戴志强先生在钱币定级会上的发言》上报馆长，11 月 24 日，王春法馆长批复："意见建议很好，请在工作中注意吸纳运用。"12 月 1 日，召开第二次钱币定级工作会贯彻落实，国博的钱币鉴定工作便进入日常轨道。

2021 年 10 月 19 日，国家博物馆组织召开"中国古代钱币论坛——黄金与中国古代货币体系"学术讨论会，国博分管副馆长丁鹏勃出席。我和她邻座，便聊了几句，她说："您是中国钱币学的奠基人，以后要多支持我们的工作。"我和丁馆长并不熟，她说这句话时也很平静，像是脱口而出，但我却是第一次听到这样的评语，这突如其来的"夸奖"，让我有点不知所措。

《戴志强先生在钱币定级会上的发言》首页

2021 年 10 月 19 日，中国国家博物馆召开的学术讨论会合影

2021 年 10 月 20 日，应中国国家博物馆培训部之邀，作了"聊聊钱币鉴定的体会——以古钱为例"的学术讲座。此外，还参与了国博研究院组织的有关钱币的专题学术讨论会，参与了国博钱币展览的内容设计大纲的审定和相关学术论文的评议。

2021 年 12 月 30 日，在国博 5 楼白玉厅举行研究院专家聘任仪式，由常务副馆长陈成军主持，王春法馆长讲话并亲自颁发聘书。我受聘为中国国家博物馆研究院古代钱币研究所所长，77 岁又受聘国博研究"所长"之职，其实不可能"重披战袍"，实在只是"名誉"而已。也算是一个美丽的故事，可以回味品尝。

这次中国国家博物馆研究院设置了 14 个研究所。古代钱币研究所：所长戴志强，执行所长王俪阎，另有研究人员黄锡全、周祥、吴良宝和李雪等。

2022 年，适逢中国国家博物馆建馆 110 周年，国家博物馆决定举办罗伯昭先生捐赠文物展览，同时召开钱币学论坛，出版钱币学文集。特别惊喜的是：国博去年刚刚完善改陈的钱币陈列也继续展出，国家博物馆同时举办两场钱币陈列和展览，这是以前从未有过的事情，用"国博人"的说法，叫："以前钱币被边缘化了，现在才真正受到了重视。"

2022 年 8 月 30 日，与罗伯昭先生捐赠文物展相呼应，国博研究院举办了"罗伯昭先生泉学研讨会——以传统古泉研究为例"，霍宏伟副院长主持，陈煜院长出席并致辞，伯昭先生之三女罗炯以90多岁的高龄在成都居所作了云上致辞。因新冠疫情，外地参会者都只能线上参会，通过网络作视频发言，所以这次会议能如期召开实属不易。

　　我首先发言，题目是"我所认识的罗伯昭"。会上发言的，有老面孔老朋友，更有新面孔新朋友，尤其是国博自己的青年学者，居然有十余人参会，8人在会上作了交流发言，还有故宫博物院的学者3人，首都博物馆、上海博物馆、天津博物馆亦有青年学者参会并作学术交流，我的弟子们也被邀参加会议，有的也发了言。这是前所未见的情景，它预示着钱币研究事业的前景一片光明。

鉴定组成员（左起：翦宁、戴志强、黄锡全、周祥）

故事

国家博物馆的鉴定活动之："新币十一铢"再鉴定

　　2021年3月25日，在中国国家博物馆钱币库鉴定钱币。参加者有中国钱币博物馆戴志强和黄锡全、中国国家博物馆翦宁、上海博物馆周祥等四位国家文物鉴定委员，以及国博文物保管部主任张伟明、副主任于璐，还有王俪阎、董清、李雪、张安昊、王缓雪等人。

　　这天主要是鉴定发掘品库的出土钱范和钱币，有几件初定为三级品的文物。看过发掘品库的钱币，王缓雪又拿出钱币库的几件藏品，其中最引人注目的是"新币十一铢"。

这枚"新币十一铢"直径 3.26 厘米，重 7.18 克。

以下对"新币十一铢"钱文的分析。一、"新"。若是莽钱，便应是"国号"，但在两汉时期，均以重量（记值）为钱文，没有以国号、年号为钱文的制度。迟至十六国时期才有国号钱的出现，如赫连勃勃之"大夏真兴"钱。二、"币"。在古代"币"乃"币帛"之意，和金属铸钱无关，把"币"作为货币之币、钱币的名称，是一千八百多年以后的晚清时期，受西方钱币文化的影响，机制金属币诞生、银行兑换券诞生之后的事情，新莽时期根本没有此说。三、"十一铢"。廿四铢为一两，十二铢为半两，八铢为三分之一两，把"十一铢"作为钱文，的确不伦不类。王莽篡刘汉的位，所以回避"刘（劉）"字，甚至对"劉"字的组成部分"卯""金""刀"也都回避，故在钱文中用"泉"字代替"钱"字。第三次货币改革，王莽推行"六泉""十布"，即是实证。如此，"新"铸的莽钱怎么不称"泉"而称"币"？怎么又铸上了金字旁的"铢"字？实在是难圆其说。四、面文"四出"的形制，仅见压胜品中。东汉末年的"四出"五铢钱把四出纹铸在钱背，被认为是大不祥，是汉亡的预兆。

对"新币十一铢"制作的感觉：见原件，和见照片、拓本的感觉不同。一、正面尚有一些莽钱的意思，但钱文方正，少莽钱的高挺之势，也没有铁线篆（垂针篆）的刚劲之势，这或许是张絅伯说其书体陋劣的主要原因，却有几分东汉五铢的味道。地章也没有"隐起"纹的感觉。背面制作更与莽钱相去甚远，缺少莽钱的精神气。二、比之莽钱，穿口略显宽大，钱体略显轻薄。所以就制作特征看，当非莽钱。

因为存在上述疑点，又考虑到老一代钱币学家持有的不同意见，所以对这枚"新币十一铢"还是以"存疑"处之，暂不定级。

新币十一铢

补记：

近闻西北地区有古钱出土，据说下限是东汉五铢，其中居然出了一枚"新币十一铢"，比国博的一枚略大，制作也略异，若此说属实，可以推想此尤物或应是东汉末年群雄纷争之时的怪胎。

7. 收弟子，传家学，创建"善泉社"

国家文物鉴定委员会在对全国博物馆馆藏文物做巡回鉴定的时候，鉴定委员都配有助手。助手的工作除了照顾生活起居，更重要的是：在鉴定文物时，做好服务，做好记录，他们贴身跟随专家，专家的每一句话，每一个评论，只要用心，都能听到，而且可以亲自上手，观察实物。一轮鉴定下来，助手的收获最多，鉴定水平的提高最快。最突出例子，如故宫博物院的王连起，跟随徐邦达、刘九庵和启功先生，现在他已成为书画鉴定大家；陈华莎、吕成龙跟随耿宝昌先生，现在也已成为陶瓷鉴定大家。所以张文彬先生（时任国家文物局局长）曾经说过："文物鉴定人员的培养或许还要靠传统的师承办法。"我接受了这个思想，也成为我后来收徒的前期思想准备。

培养文物鉴定人才，包括钱币鉴定人才，大课讲学只能起到引导的作用，书本传授主要是理性的教育，而要真正传授鉴定的真谛，破译鉴定的奥秘，最有效的办法或许还是"师承"的传统制度。

2013年秋，刘飞燕、贾晖来访，正式提出要拜我为师。其实，在此之前已有佟昱等人多次提出，均被我婉拒。对此我做了反复思考，因为这是一件严肃的事情，要办，必须办好，决不半途而废；要办，必须对弟子负责，要让他们确实有所收获，真正成为钱币事业培养接班人。

为传承泉学，自2014年起，我先后接纳弟子十人：贾晖、刘飞燕、董瑞、佟昱、赵梓凯、陆昕、陈宝祥、陈文军、汪洋、宋捷。立师训："为人之道，善为先，善友，友善；治学之道，善为上；善见，见善。"成立"善泉社"。

第二次拜师仪式合影（左起：戴越、董瑞、陈宝祥、赵梓凯、刘飞燕、贾晖、陈文军、陆昕、佟昱）

陆昕、陈宝祥、陈文军拜师仪式

为人之道善为先

治学之道善为上

善友友善

善见见善

甲午新春 戴志强

我写的师训

　　我的第一要务，首先是以身作则，然后对学生的要求是"治学先治人"，只有人品好，才有学品高。十位弟子都是实战派，不仅事业成功，而且主攻目标明确，有较高的钱币鉴定能力。所以我的第二要务，是锦上添花，帮助他们在微观研究的基础上，能够融入宏观思考，能够站得更高，看得更全面。只有宏观意识在前，微观考察才能立于不败之地，才会赢得高人一筹的把握。

　　善泉社成立时，规定每月活动一次，由我主讲。每次还明确一位学生，在我讲之后，另讲一个专题，然后大家讨论。因为活动是在华夏古泉公司的办公室进行，所以每次都可以分享他们的藏品，每人也都会带来各自的一些藏品，供大家观赏议论。每次活动都要做好记录或者录像，整理出纪要。

华夏公司搬迁之后，没有条件再每月一次活动，就改变了活动方式，灵活多样，随遇而安，或与其他相关的钱币活动联手，也取得较好的效果。总之，我的体会是，任何一个社团组织都必须要有活动，要随时明确近期活动的重点，经常开展交流，这样才有凝聚力，才有活力，否则便是死水一潭，不会进步，只会衰退。

故事

在上海博物馆钱币库的座谈

2016 年 3 月下旬，带领弟子在上海集中参观了上海博物馆、上海造币厂钱币博物馆、上海印钞厂钱币博物馆、上海银行博物馆，以及汪洋创办的宝苏局清钱博物馆。一边参观一边议论，各抒己见，相互启发，共同提高。

上海是钱币博物馆相对集中的地方，门类齐全。上海博物馆的钱币陈列是传统钱币展览的一个代表，钱币展示得脉络清晰、内容丰富，精品云集，此外还有杜维善先生捐赠的丝绸之路货币专题展。上海造币厂钱币博物馆和上海印钞厂钱币博物馆是当代中国钱币生产企业主办的两个博物馆，不仅可以欣赏到当代钱币的风采，而且可以参观到当代钱币生产的流程，其间还专门组织了一次和钱币设计人员、雕刻制模人员的座谈交流。上海银行博物馆是由工商银行主办的博物馆，不仅有历代钱币的陈列，而且有中国银行业、金融业的历史展示，货币银行学成为其明显的特色。汪洋创办的宝苏局清钱博物馆是私人创办的博物馆，显示了当代民间收藏的实力，而且专题性极强，反映了当代钱币的专题研究水平和钱币版别分类的功力，是当代钱币学研究成果的一个集中展示。

在上海博物馆参观期间，得到了周祥研究员和上海博物馆方面的大力支持，上午安排在钱币库房观摩和座谈。周祥之前做了准备，挑选出几十枚不同时期、不同性质的钱币，或是难得一见的珍品，或是有争议、尚待研究的疑品。对每一枚钱，先由周祥做介绍，包括钱的来源和目前对它的认知情况，然后每个人都可以上手察看，发表见解，最后我谈了自己的意见。座谈会既认真又轻松，知无不言，畅所欲言。因周祥的盛情，中午在上博吃了工作餐，下午安排参观展厅。

参加这次上海之行的有：李君、贾晖、刘飞燕、佟昱、赵梓凯、陆昕、陈宝祥、陈文军、汪洋。

木雕样钱

故事

重启寿泉集拓活动

2013 年 6 月，张立俊在烟台组织的一次泉友座谈会，期间贾晖、梓凯等人便提及，要为我出一本《寿泉集拓》。当时我以为只是随便说说而已，返京后不久，飞燕、贾晖便登门来访，谈及他们的一些具体设想，此事便认真起来了。

20 世纪三四十代中国泉币学社曾有过两轮"寿泉会"活动，戴葆庭为"寿泉会"总干事。第一轮，1940 年 10 月至 1941 年 8 月，出齐十册寿泉集拓；第二轮，1950 年冬至 1964 年夏，寿泉集拓实际成书七册。两轮共收录珍泉拓本 691 帧。其中虽有个别重复出现者，但基本集中了当年钱币收藏的精华，反映了 30～60 年代近半个世纪前辈钱币界的集藏规模，反映了那一代人对古钱的鉴定能力和研究水平。同时，把钱币集藏研究和同好之间的生日庆贺结合起来，生活气息浓厚，寓学术于日常生活之中，增添了一份情趣，增添了一份儒雅。

想当年，我刚进京的时候，人们听说是喜欢古董的、研究钱币的，便会联想：此人一定是"老头子"。见面才发现：此人还那么"年轻"。30 年过去了，概念变了，如今深感万幸的是，热衷于钱币收藏和研究的年青一代成长起来，八〇后、九〇后甚至是〇〇后的新生代，人才辈出。和他们在一起，我也仿佛年轻了许多。在这群贤奋起的时代，为使钱币文化融入我们的日常生活，亦为效法前贤治学的儒雅风气，交流钱币鉴赏心得，汇集古泉藏品精华，以便留拓于后世，薪火相传，发扬光大。我接受了诸君的提议：重启《寿泉集拓》，充当开山之先。

于是，便有了 2013 年出版的《续斋古稀寿泉集拓》，此书是弟子们效仿泉界前辈所为，为我七十大寿制作的一本贺寿拓集。此书的出版在泉界引起较大反响，引出了新一波"寿泉活动"的高潮，至今已出版各种寿泉集拓 10 余本（其中"古泉文库"出书 9 本）。

2015 年是葆庭先生阴寿 120 岁，董瑞、贾晖、梓凯等提议要拜谒师祖墓地，于是，3 月 29 日，我和鸣镝弟率族人和弟子拜谒了葆庭墓。

2020 年 9 月，绍兴钱币收藏协会举办戴葆庭诞生 125 周年纪念活动，弟子们踊跃参加，并在绍兴戴葆庭钱币文化博物馆举办了座谈讨论。

会上弟子们又提出要为我"禧寿"出一本纪念拓集，我说古稀之年已有纪念集拓，"禧寿"就不再做了，并表示：今后再有类似的活动，我不再写序、前言等文字。后来商定只在善泉社范围内，不再扩大；只做原拓本，参与者人手一册，也不再扩大。此议，于 2021 年如期成书。我感谢弟子们的盛情，还要感谢九十高龄的师兄王贵忱先生（贵老）为每一册拓集都写了"寿"字。

2021年4月21日，弟子们手捧新制成的《续斋禧寿纪念集拓》原拓本在戴葆庭钱币文化博物馆门前合影。（左起佟昱、汪洋、贾晖、陈宝祥、陈文军、赵梓凯、宋捷）

故事

和贾晖讨论"续铢"

某日，贾晖来访，说是购得一本师祖的《足斋泉拓》，要我题字。这是《足斋泉拓》的第三集，其中有"续铢"的原拓本，看来尤感亲切。于是我们就谈起了"续铢"，他说，华夏古泉网曾经拍过一枚"续铢"，说着便在手机上调出了那枚"续铢"的彩照。我问他："你认为这枚钱是什么时代的？"他答曰："是六朝时期的。"我说："对！"然后，我们把这张彩照和《足斋泉拓》上"续铢"的原拓本放在一起，对比着看。我说："这两枚钱一样吗？"两枚钱放在一起，便可清晰发现它们的区别。《足斋泉拓》上的"续铢"和两汉"五铢"气息相通，制作风格介于西汉和东汉之间，而手机上的那枚是六朝后铸。我说，老太爷发现的这枚"续铢"和汉"五铢"同出，和东汉光武帝十七年钱范上的钱模可以相印证，所以把它断为"东汉初期，罢铸货泉以后，复铸五铢以前之试作"，具有纪念意义。至今，我所见到的仅此一枚，但多数泉家只见六朝后铸的"续铢"，对此并不引起重视。

《足斋泉拓》所关注的古泉，往往可以补史之缺、正史之误。譬如第三集中收入的"续铢"钱，多不被人们重视，有人认为是南朝钱，有人认为是后人私铸。因在南宋洪遵《泉志》中列有此品，故乾嘉时期便有依此伪作者，鱼目混珠，混淆视听。1963年春，葆庭在《珍泉集拓》中为此泉专门写过一段题记，曰："（这枚）续铢，一九三○年前出土于绍兴柯山下，予之外祖家所在地，杂五铢钱中。黑水银锈带硬绿块。……今审视此钱，制作为东汉初期，罢铸货泉以后，复铸五铢以前之试作无疑，可宝也。"（图见前述）当时洛阳烧沟汉墓等墓葬遗址尚未进行科学的考古发掘，文物考古界对两汉五铢钱的分期断代尚无明确的认识，但葆庭根据大量出土的两汉五铢钱实物，已经对西汉五铢钱和东汉五铢钱的主要制作特征有所掌握，尤其是东汉光武帝建武十七年钱范的见证，帮助他确认这枚"续铢"的制作和钱范上的"五铢"风格基本一致，从而提出其乃东汉初"复铸五铢以前之试作"的观点。经过半个世纪的检验，可以证明此说是正确的，又因为至今仅此一见，更可以知道它不是正式发行的普通流通币，而应是一枚具有纪念性质的纪念币，或是试铸性质的样币，应该予以重视。

8. 创建戴葆庭钱币文化博物馆

2019年夏在广州举行戴葆庭钱币文化博物馆筹备会合影（前排左起：贾晖、戴志强、陈宝祥、佟昱；后排左起：宋捷、汪洋、刘飞燕、赵梓凯、陈文军）

2018年初，为纪念师祖，由陈宝祥发起在绍兴筹建戴葆庭纪念馆。

2019年，付诸实施。10月18日，戴葆庭钱币文化博物馆在绍兴市鉴湖水街文创园正式成立。

2018年4月为筹备戴葆庭钱币文化博物馆（纪念馆）实地考察馆址（左起：朱建铭、章增伟、陈宝祥、戴志强、常瑞琴、张殿、赵梓凯、贾晖）

10月18日上午，开幕式高朋满座：中国钱币博物馆馆长周卫荣，中国金币总公司副总经理张向军，中国收藏家协会会长罗伯健，中国收藏家协会副会长、钱币委员会主任石肖岩，浙江省博物馆首席研究员、原馆长陈浩，浙江省收藏家协会会长李长平，以及绍兴市政府、市委宣传部、市文化局等单位领导出席并致辞，我代表家属作了感谢发言。嘉宾和泉界名人，以及媒体记者百余人济济一堂。

为庆贺开馆，博物馆除了基本陈列——"戴葆庭纪念馆"外，弟子们同心协力，联手举办了"戴门弟子藏泉选"展览。中央美院雕塑系副主任张伟教授为戴葆庭雕塑了半身像，纸币水印专家、中国金币总公司副总设计师胡福庆为戴葆庭制作了水印头像，上海造币厂青年设计师陈彦文特为外祖父戴葆庭制作了一枚大铜章……当代艺术家的作品也都在陈列中展出。

10月19日下午，在绍兴咸亨大酒店三楼牡丹厅举办善泉社钱币学术论坛，百余人出席论坛，学术气氛浓烈，会议效果良好。我在会上报告了葆庭先生的钱币学研究成果，到会弟子每人都奉献了一篇论文。在此基础上，便有了中华书局2022年出版的《戴门弟子藏泉与文选》。因为要正式出版，又是在中华书局，大家都十分重视，无论是藏泉的遴选还是文章的立论，都经过反复推敲，每篇文字都做过认真的修改，有的文章还推倒重新命题，重新撰写。这样的实践，每个人自然都会有收益。

刘宗汉为戴葆庭纪念馆题写馆名

戴葆庭纪念馆展厅

戴葆庭钱币文化博物馆开馆首日,罗伯健、周卫荣、张向军、陈宝祥以及戴卓、陆昕等参观展览

相关链接

绍兴对戴葆庭的追思和纪念

1995 年 7 月 15 日，绍兴市政协举行戴葆庭先生诞生一百周年纪念会。

1998 年 5 月，在兰亭镇娄宫村横河里八宝山头一畚的戴葆庭墓被列为绍兴县文物保护单位（见绍兴县文广局 25 号文《关于公布我国现代著名钱币学家戴葆庭先生墓为我县文物保护点的通告》）。国家文物鉴定委员会副主任史树青撰写碑文，著名书法家康雍书丹。

2009 年 6 月出版的《感动中国的绍兴名人》（绍兴市委党史研究室、绍兴市地方志办公室编著，中央文献出版社），把《重然诺、轻名利的钱币学泰斗戴葆庭》收录书中。

2019 年 10 月 18 日，绍兴"戴葆庭钱币文化博物馆"开馆。

2020 年，绍兴名人馆建成开馆，同时《鉴湖越台名士乡——绍兴名人图传》由中华书局出版。"泉学宗师——戴葆庭"均被收录其中。

陈宝祥的馆长之路　戴葆庭钱币文化博物馆成立以来，陈宝祥是个称职的馆长。他用心、用功，全身心投入，不断推出新举措，举办新展览，开创文化产品，宣传钱币文化。今年（2022 年）是博物馆成立三周年，他又在馆内推出拓本专题展览，成立"金石泉拓文化研究中心"。他兼任浙江泉友会会长、绍兴收藏家协会会长，特意把浙江泉友会第 7 届年会和钱

戴国兴、陈宝祥在指导青少年学做泉拓

币展销交流活动安排在绍兴举办。把这几件事情有机地结合在一起，既有人气，又有生气，成为今年泉界引人注目的一件大事，同时也实践了一条泉学研究的新路。

把钱币收藏、钱币市场（包括市场文化）和钱币研究结合起来。钱币收藏者的藏品主要依靠钱币市场和钱币交易得来，钱币收藏又是一项文化活动，钱币市场也有自己的市场文化。钱币的收藏在推动活跃钱币市场的同时，也必定会推动钱币的研究。而钱币拓本的制作又是开展钱币版别研究的一个重要手段，一幅优良精美的泉拓，不仅是一幅可供欣赏的艺术作品，更可以精准、明了地反映钱币的制作特征、时代特征和地域特征。陈宝祥把三者结合起来，我相信是一条成功之路，坚持下去，必会迎来钱币事业新的春天。

二、其他社会活动

（一）金融理论与研究

2007 年退休以后，我和李皓源（中国人民银行原教育司司长）、赵海宽（第八届全国政协委员、中国金融研究所原所长）联合发起，成立了有离退休司局长（原从事金融业务者）参加的金融研究学习组，开始由李司长牵头，后由我接任组长。每月专题学习讨论一次，内容涉及国家的宏观经济金融政策、银行货币学、金融监管与反腐、国企改革等等，并编有《金融研讨》简报，至 2019 年底出齐 100 期。每期上报中国人民银行，为总行领导提供参考，并引起重视。自 2017 年起，退休老行长戴相龙、吴晓灵、朱民、马德伦等也相继参加了我们组的讨论活动。

2021 年 5 月，戴相龙、吴晓灵参加老干部金融研究组活动时的合影［前排左起：秦池江（金融研究所原所长）、戴志强、戴相龙（中国人民银行原行长）、吴晓灵（中国人民银行原副行长）、孙荣欣（中国人民银行老干部局原局长）后排左起：朱学东、杨竑、韩平、区延佳、戴根有、李守荣、任侠、韩如意、初本德、穆怀朋、刘五星、田国安、于博兴］

2020 年因新冠疫情，停止活动一年，2021 年 4 月恢复活动，同时完成换届工作，由中国金融出版社原总编辑李守荣接任组长，我功成身退，挂一个虚职，曰"顾问"。

这个金融研究学习组，开始完全是自发的，自募活动经费，只是想老同志、老朋友有个交流活动的平台，所以对于人员的控制比较严格：一是，只接纳央行的司局级干部；二是，只接纳专业研究人员；三是，每次讨论后都会整理出纪要，以便上报总行领导，提供参考。十多年一直坚持这样的原则，历经了张解东、陈菊萍、赵文波、韩如意等四任老干局局长，自 2015 年起，逐步引起局领导的重视和支持，如今已经纳入中国人民银行离退休干部局的日常工作，由老干局直接管理。

故事

贵在坚持

金融理论学习组的活动坚持了十三年，而且能够办出彩，得到有关领导的重视和支持，现在由老干局接手来管理。我最深的体会就是：贵在坚持。

我们成立这个组，当时的目的主要是为了活跃生活。老领导老同志退下来以后，有个见面的机会、聊天的机会。因为我们是搞金融理论的银行工作者，所以大家关心的主要是金融政策、经济形势。我们的原则是：跟党中央保持一致，发挥我们的正能量，发挥我们的余热，不给领导添麻烦。当时的表态是：我们完全自己来管理，经费自己解决。我们这一代人都很节约，能省的钱尽量省，当时活动是很艰苦的，有时候就在康乐里（人民银行宿舍）二号楼下的地下车库边上的活动室座谈讨论，有的同志一看这个场合，来了一次就不来了，但我们还是坚持下来了，一直走到现在。我们的人员始终控制在 20 人左右，因为还牵涉经费问题。

我们这个组开始叫金融理论学习组，后来改为金融研究小组，实际上"学习"是我们的核心。活到老，学到老，对我来说更是这样。我是搞钱币的，跟金融理论还是有一段距离的，请金融界的一些老领导老专家来，我是抱着来听来学这么个想法。真正要发言我没有资格，我不是正式搞金融专业的，所以学习对我来说体会很深，每一次讨论每一次学习都有收获。我们这些老同志都很认真，每一次都是做了准备的，有的是有文字稿的，有的是有提要的，都是事先做了准备的。我每次听了大家的发言，都非常有收获，这也是我能够坚持下来的很重要的一个原因。特别是几位行长，站得高，看得深，他们的发言，对大家很有启发，使我们讨论的理论水平上升了一个层次。

相关链接

关于中央银行金库的回顾

中央银行是发行货币的银行，中国人民银行是中国的央行，所以人民银行必须管理货币发行库，简称"金库"。

1931年11月，在江西瑞金成立了中华苏维埃共和国临时中央政府，随即在叶坪成立中华苏维埃共和国国家银行，便是我们最早的中央银行。毛泽民同志曾任中央苏维埃银行行长，贺子珍同志曾主管过中央银行金库。我曾经到瑞金考察过中央苏维埃银行旧址，也考察过当时的金库，金库是一幢普通小二层的矮楼，在金库的十几米外，有一棵大树，警卫人员就在那里站岗。大树底下有个很大的树洞，下雨时，警卫员便藏在树洞里躲雨，这个故事我印象很深。金库里保管的是我们发行的现金，还有老银圆，以及一些金银器和其他值钱的东西。红军长征以后，中央银行也随军转移，"金库"便驮在马背上，挑在战士的肩膀上。

新中国成立后，中央银行有了"重点库"制度，全国的重点库主要有上海库、武汉库、西安库、成都库等四个，我在货币发行司工作期间都去看过。当时西安库在秦岭脚下的凤县，90年代在那里专门组织人员拣选过金银币。上海、武汉、成都等库也都先后做过这项工作，拣选出来的稀有币后来都集中到了新建的石家庄库。

随着时代的进步，重点库的建设也与时俱进，记得90年代初上海库刚新建不久，我还在那里住过几天。当时，新建的重点库都配有几间宿舍，是为货币调运人员准备的。货币发行库是体力活多，尤其货币调运是十分辛苦又有风险的工作，所以一般同志都不愿意到货币发行部门工作，为调运人员提供宿舍方便，以示对他们的关心，也的确取得了很好的效果。现在，这种情况已经大大改观，发行部门的体力活也大大减轻了。

2007年启动、2011年落成的北京重点库占地面积6万平方米，是目前全球最大的发行库，全自动立体库，做到人不进库、人物分离。我在职的后期，曾参与过这个库的酝酿讨论，建成时我已退休，所以仍有感情上的牵念。此后有几次机会可以去参观学习，都被错过，一直到 2021 年 9 月，老银行工作者金融研究学习组配合建党 100 周年学习，组织参观这个库，我才算弥补了这个心愿。

2021 年 9 月 24 日参观中国人民银行北京货币发行（重点）库时，和北京钱币学会秘书长李志东合影，背景画系由废钞粉碎压制而成

（二）参加其他学术活动

除金融之外，我参加的其他学术活动，主要涉及历史学、考古学、古文字学和艺术品鉴赏等学科，它们都和钱币学有不同程度的关联。举要如下：

参加殷商文化学会，任常务理事；参加殷墟、殷商文化及其他考古等专业学术活动。

2007 年 4 月，与王宇信、宋镇豪、谢辰生等赴安阳参加马氏庄园活动，并参观殷墟考古队 54 号墓出土文物。

2009 年 11 月，出席中国文字博物馆（安阳）开馆及学术研讨会，发表论文《中国古钱的文字》。参与古文字研究会的相关学术活动。

在任复旦大学北京校友会副会长期间，多次参加了中国人民大学历史系组织的有关学术研讨活动和学术讲座。

2015年6月参加首都师范大学组织的艺术品科学鉴定学术研讨会，并发表了相关的学术论文。

2009年11月，出席中国文字博物馆（安阳）开馆典礼及学术研讨会，和时任中国书法家协会主席张海合影（我俩曾是安阳文化局的老同事）

（三）复旦校友会活动

我的复旦校友、时任金融时报社副总编辑的徐耀中是从经济日报社调来的，曾任朱镕基总理的专职记者，也是复旦大学北京校友会的会长。应他之约，我参加了北京校友会的一些活动，并被推选担任过三届北京校友会的副会长，2015年换届时，我提出不再连任，之后改任顾问，淡出校友会。

故事

两个一百周年正好重叠

2005 年 9 月 24 日是母校复旦大学百年校庆，9 月 25 日是我国第一家博物馆——南通博物苑百年华诞。我同时收到了他们发来的邀请函。母校的邀请函发到复旦大学北京校友会，我时任校友会副会长。南通博物苑的邀请函是中国博物馆协会给我的，我时任中国博物馆协会常务理事。两处的纪念活动我都不想放弃，但时间上有点冲突，所以只能在安排上下点功夫。

9 月 22 日，我先到上海，由中国金币总公司上海中心李波、黎昌国两位经理接待，并委托他们帮我解决住宿交通问题。

9 月 23 日，上午到复旦接待办报到。这次复旦的接待工作做得十分认真、十分仔细，专门派了一个师妹来做一对一的服务，还在大八寺的宾馆安排有单间住宿，因为第二天的纪念会有中央领导出席，工作做得很细致，有专门的大巴接送，座位也是对号入座。但是，在复旦我只领取了百年校庆纪念品，以满足一个复旦人的情感，却无法参加纪念大会。我特地邀请徐筠代我参加了次日的纪念活动。

当天我和武克全、徐素英、卞进利、潘君祥、范文海、徐筠等老同学小叙，还专门拜访了汪瑞祥先生。

9 月 24 日清晨，由中国金币总公司上海中心安排汽车，送我去南通，到南通博物苑报到，参加次日的庆典活动和学术研讨会。

9 月 26 日，经过启东，与当地钱币学会的同志做了交流，并由上海乘飞机回到北京。

（四）退休后的出国旅游和交往活动

退休后，我有过几次出国旅游考察和学术交流的机会：

一是，2007 年 11 月 19 ~ 30 日，刚退休便携夫人参与了田均（货币发行司原副司长）正在组织的出国游，和十余位老同事同游了澳大利亚、新西兰。我们这些老家伙，克勤克俭一辈子，能自费组团出国，已是思想大解放了，但毕竟"手紧"，所以日程安排极紧，几乎每天都在搬家，都在乔迁的路上，起早摸黑，不像是旅游，倒像是赶路。现在想来，刚退休，还年轻，还经得住这样的折腾。那一路收获最大的是，看到了"晚归企鹅的思恋"。

二是，2008 年 10 月，应中国对外友协之约，赴日本金泽举办钱币书法展并做学术交流。这是对我的一次考验，我以"打工仔"的身份，从展览构思到展品的筹集，从学术报告的准备到付之实施，都由我负责完成（见前述）。

三是，2009 年 2 月，应深圳国宝造币厂之约，赴该厂做学术指导。应香港长城硬币公司之约，赴港澳做学术交流。

在香港长城公司，和李小平总经理合影

另外，大儿戴卓还安排了三次全家游：一次是 2013 年五一，与夫人、小卓全家同游马尔代夫；一次是 2014 年国庆，与夫人、小卓全家同游美国夏威夷；还有·次是 2015 年 8 月，与夫人、小卓全家乘游轮赴日本福冈游览。这三次游览，完全是消遣玩乐。

故事

企鹅的思恋

2007 年 11 月 28 日，我们这帮"老顽童"由墨尔本出发去菲利浦岛看企鹅归巢。

原来企鹅也是一夫一妻制。临傍晚了，我们便在菲利浦岛（划定区域）的海边等候远游的企鹅归来。太阳快要下山的时候，人们便开始议论，急切地盼望着远处会出现回归的企鹅。"来了，来了。"我顺着先觉者的手势，也看到了远处海面的波动。慢慢，慢慢，越来越近，有几只性急的企鹅已经到了海边，紧接着成群的企鹅也出现在海边，他们争先恐后，玩命地往岸上爬，有的眼看要上岸了，却又掉了下去，可见长途的劳累、生活的艰辛，或许他们已经拼尽了最后的气力。

上岸的企鹅，一门心思，直往家跑，黑黑的羽毛，白白的肚皮，摇摇晃晃的步履，憨态可掬。我们便跟随着，一路送行。此时，我只是一位旅游者、观光客，是一种好奇的心情，而他们却是归家心切，急切盼望着夫妻团圆。

远游的企鹅是为了觅食，留守的企鹅是为了护家育子。在远游者即将归来的时候，留守者早已迎候在门口。一旦夫妻相会，夫妻相对，犹如热烈的拥抱，其激动、幸福的心情溢于言表，其欢乐的场面也会感动上帝，感动我们这帮"老家伙"，我为他们庆幸，祝愿他们收获新生。

渐渐，天色黑了，个别守候者还没有迎来亲人，他们慢慢垂下了头，也许再不会见到远游的亲人归来了，但他们还在那里站着，站着……其悲哀之情也会令人动容，我心里不禁暗暗地也在为他祈祷。

我看到了企鹅的思恋……至今不可忘怀。

故事

夏威夷印象

国庆长假，随家人去夏威夷一游。夏威夷是个特殊的地方，有一些特殊的感受，谨记述于下：

一、天

傍晚飞机降落在檀香山机场，外面正下着雨。待办完入关手续，天已黑，雨却停了。我们登上大巴，车刚启动，雨又下了。车到下榻的旅馆，雨却又停了。看来夏威夷对我们的造访是友好的。导游说：夏威夷已经很久没下雨了，这里的人们都喜欢雨。

因为旅途的疲劳，简单吃过晚餐，便匆匆入睡。我居然一夜没有听到雨声，也没有听见海涛的声音。其实我们的旅馆紧挨着大海，待睡醒起床，已是朗朗晴天。

夏威夷的气候宜人。这里地处太平洋的中心，既没有台风，也没有地震。一年四季，常处在春夏之交的天气，最高温度，一般不超过摄氏30度。穿一件汗衫，一条短裤，光脚踏一双凉鞋，潇洒自在。这里的空气特别干净，风和日丽，天高云淡；环境特别优美，绿树成荫，爽心悦目，真是度假的天堂。

二、地

夏威夷其实是一组火山形成的群岛，由八个岛屿组成。夏威夷本岛最大，所以俗称大岛。夏威夷诸岛多已成为死火山，只有大岛保留着活火山。如果从海底算起，这座活火山的高度要超过喜马拉雅山，所以，我们现在看到的这座活火山，只是世界上少有的一座大山的山峰，一座活火山的火山口。它的周边全部都在太平洋的浸泡之中，然而它的腹内至今仍涌动着熔熔的岩浆，白天可以看到一股股硫黄味的浓烟弥漫，只有在黑夜才可以见到红色岩浆的真容。这是水与火的博弈。俗说水火不相容，但在此时，这里却保持着基本"友好"的平衡。

著名的风景区，欧胡岛的恐龙湾，其实也是一个火山口。它是现在可以看到的浸泡在海水中的一个火山口，因为它的一边已被海水冲塌，形成一个"海湾"的形状，周围起伏的山势又形似一条卧伏的"恐龙"，故名之为恐龙湾。人们可以在"火山口"上自由自在地游泳玩耍，再不必担心火山喷发的威胁。

欧胡岛是夏威夷人口最密集的一个岛屿，夏威夷州政府也设置在这里，所以它已经成为夏威夷政治、军事、经济、交通和商业、文化的中心。

三、人

夏威夷现居人口多是外来的移民，日本、中国、菲律宾、葡萄牙等国的移民占绝大多数，而本地原住民的人口只占1%～2%。来自不同国家、不同地区、不同民族的人们，在这里和睦相处，相互联姻，所以现在的夏威夷人很多都是混血儿。在这里，混血儿不仅没有被歧视的意思，而且还会有自豪的感觉。

夏威夷著名的草裙舞，保留着很多原住民的本色，或者可以称之为"原生态"。舞蹈动作主要来自原始的生活习俗，雄壮威武的歌喉，往往会表演出"野性十足"的原始时代的吼声，而婀娜多姿的舞蹈又会淋漓尽致地表达出绵绵的爱慕之情。

欧胡岛的恐龙湾

四、和

珍珠港就坐落在欧胡岛。珍珠港是美国历史上发生过奇耻大辱的地方，第二次世界大战期间，这里的美国海军基地遭遇了日本军机的突袭，死伤惨重。美国后来便报之以颜色，在日本广岛、长崎投下两颗原子弹，随后，包括中国在内的盟军取得了二战的胜利。这是军事的角力，是武功的煊赫。

1959 年，美国又成功兼并了夏威夷王国，把它归入美国的版图，成为美国的第 50 个州。这是有战略目的的文武兼施。夏威夷地处太平洋中心地区，是极其重要的战略要地，军事要塞。得到夏威夷，美国如虎添翼，为其称霸世界，增加了新的筹码。

　　然而，美国在夏威夷的文治似乎更加得力。归并后的夏威夷，主打旅游牌，保护自然环境，优化自然环境。这里没有工业，没有污染，甚至不准在夏威夷周边海域进行渔业，所有生活食用品，包括海产品，都由外地提供。游泳的人们可以在此和鱼共舞，据说在这里曾经发生过这样的故事：一位老者，没有备置泳装到了海边，情不自禁地穿着大裤衩下水戏耍起来，待上得岸来，悄悄地和导游言道，鱼儿钻进了他的裤裆，还吸着他的"命根儿"了。夏威夷成了名副其实的旅游胜地。

　　夏威夷是在水和火的博弈中生存，在武功和文治的博弈中生存，才赢得了今天的和谐。

2014 年国庆随笔

　　澳大利亚菲利浦岛晚归企鹅的思恋，夏威夷的洒脱，还有马尔代夫的宁静，高州千年古荔的传奇……我沉浸在一幅幅幸福的图画里，仿佛步入了仙境。

伍 我的家 我的天堂

父亲母亲

　　父亲虽然出身贫穷，但到 20 世纪 30 年代末 40 年代初，已经事业有成，在中国钱币界颇有声望。事业的成功，也带来了家业的兴旺。此时，他在老家绍兴龙山后街购地置房，新建了一排五间二层的楼房和独门独户的院落。又在上海购置房产，安远路东麻里虽不是上海的富裕之地，但毕竟在上海有了自己的房产，在绍兴也被传为美谈。

绍兴龙山后街老屋前的锦鳞桥

母亲出生殷实之家，我的外公操持一爿金银手工作坊，育有四女，母亲排行第三，故名燕三。在四姐妹中，长得最为出众，处事也得体，深受外公喜爱，视为掌中珍宝。绍兴人几乎都好饮酒，外公也不例外，每天中饭、晚饭之前都要喝上几杯，而且都会叫我母亲陪着一起喝。老人一心想找个称心的女婿，所以我母到了三十出头，还没有出嫁。此时，正值我父丧偶，便成全了他们的婚事。我母成家后，便随父移居上海，这在绍兴人的眼里，也是件风光的事体。

1966 年夏和父亲　　　　1961 年夏和母亲

父母养育了我们 4 个子女，我为大哥，还有小弟戴志茂，后过继给外公做孙子，改名沈鸣镝；大妹戴月华，后改名戴洪剑；小妹戴月琴。

1944 年，甲申年闰四月十二，我出生在上海安远路东麻里的老宅，是母亲的第一个儿子。是年父亲 49 岁，母亲 34 岁，老来得子，他们把心血全部贯注到了我的身上。生我以后，母亲因为积奶，疼痛万分，不得已只能把左乳房做了切割手术，这是母亲为我做出的牺牲，是我亏欠了母亲，愧对母亲，至今不敢忘怀。

父亲的事业，母亲的聪慧，加上玉佛寺的灵验，佛祖的庇佑，才有了我的今生，有了我的事业。

1970 年 5 月兄妹合影于上海

父亲一生"俭以克己，勤以做事，信以待人，和以接物"。是他的信条，也成为我的追求。

1997 年 11 月 23 日，访寻拆除前的上海东麻里故居

梦圆家庭——是情爱、是缘分

1972 年 9 月 14 日，壬子年八月初七，是我和常瑞琴成亲的日子。

1977 年 4 月，岳父岳母在安阳老家合影

常瑞琴是河南安阳老彰德府人。其父常日义是安阳市百货公司总会计师，为人忠厚，平时少话语，只是低头做事。其母朱秀芬是位能干的传统妇女，育有四子三女，在经济并不富裕的情况下，仍然把家安排得井井有条。

青年常瑞琴

常瑞琴排行居中，上有两个哥哥一个姐姐，下有两个弟弟一个妹妹，家人都叫她小瑞。她是 1949 年元月 10 日生人，农历戊子年腊月十二，鼠年的尾巴，所以她比我小 4 岁半。1967 年毕业于安阳第二高中，那时高校停招，正是知识青年"上山下乡"的高峰，她虽无大学之缘，却巧遇安阳染料厂招工，居然没有下乡，直接由街道报送，8 月进了染料厂，否则我俩不可能相识。

是安阳染料厂政工科干部赵兴堂为我俩做的大媒。她身材高挑，乌黑的头发扎两根又粗又长的辫子。情人眼里出西施，我俩便一见钟情。有一天晚饭后，我突然发现手表丢了。当时的"百浪多"，虽说只是普通的瑞士表，但的确是我身上最贵重的物件，是我家的一"大件"，这下我真是毛了。说也奇怪，我的手表居然被正在上中班的常瑞琴找了回来，她说是在二硝基车间旁的路边捡到的，真不知道怎么会掉到那里，更不知道天已黄昏，她怎么能看见。或许这是天意，不该破财；或许这更是缘分，真是有缘来相会，千里一线牵。

1971年6月24日，辛亥年闰五月初二，我和小瑞正式订婚，在安阳照相馆拍了第一张合影——订婚照。这个日子，事先并无刻意计划，但现在看来是一种缘分：第一，我是闰四月十二生人，订婚之日是闰五月初二，又是一个"闰月"，又是一个"二"，这是命中注定，小瑞是我的贵人；第二，我订婚以后即去山西出差，到解池盐场招待所，进门就收到了小瑞寄来的订婚照，是小瑞助我拿下了与解池盐场签约的芒硝合同，解了安阳染料厂芒硝奇缺之难，也助我走向事业的成功。

结婚纪念

1972年9月上旬，我出差山西，突然接到家里来电，说母亲因直肠癌住院，让我赶回上海。于是匆匆了结手头的工作，于9月10日回到厂里，交接工作并取得厂方同意，12日和小瑞一起离豫，13日在苏州小憩，14日到上海，下午母亲特意从医院回家，父亲年迈，因此由大妹月华操持，三个弟妹合力，我们阖家吃了团圆饭，也算是我俩的简单婚礼。母亲事前从同事处借来一间房屋，略作修饰，作为我俩的新房。

上海小住数日，又和小瑞回老家绍兴，分别拜见父母及双方的长辈，并在四娘（绍兴人这样称呼，实际就是四姨）工作的皋埠卫生院住了几天。现在回想，皋埠的这些天，虽然时间不长，却留下了甜美的回味：四娘的热情张罗；表弟自强跑前跑后的照顾；开窗下望，便是曹娥江的美景，以及江南小镇的风情，家乡的味道。这或许也是母亲有意的安排，是她留给我的最后的礼物。

返程还是先回上海，和父母弟妹小聚几天，再取道郑州，回到安阳。

小瑞为人贤德勤劳，思路敏捷，正好和我的性格互补。半个世纪来，我们相亲如初，相敬如宾，和父母、和兄弟姐妹也相处甚欢。家和万事兴，这便是事业、家业通达的根本。

我们育有二男。大儿戴卓生于 1973 年 11 月 26 日，小儿戴越生于 1977 年 12 月 18 日，都由小瑞自己带大，如今已各自成家立业，并各有一子，其乐融融。

70 岁时的合家欢 [后排左起：伯玉霞、戴越、戴卓、张艳，中后戴绍泉、中前戴兴泉 (戴乘骐)，前左常瑞琴、前右戴志强]

夫人小瑞印象

（一）识大体、善决断

大到事业：我从安阳化工局到安阳博物馆，从安阳文化局到中国钱币学会，从货币发行司到中国钱币博物馆……每次大的调整，她都支持我的事业，毫无怨言。

小到家庭：从养育孩子，处理家务，亲友关系，到为戴卓、戴越两儿成家，购房筑巢，她都当机立断，安排周到。

（二）好读书、求上进

因为特殊的时代，没有能上大学，是她的遗憾。到中国印钞造币总公司后，努力补上了这一课。

平时只爱读书，没有其他爱好。

（三）善待人、多朋友

友善对待周围的人，与单位同事、邻居，都能和睦相处，凡事先让人，不争利。

在中国印钞造币总公司任纪委副书记时，能坚持原则，平和处事，在群众中颇有威信。

（四）能吃苦、勤治家

自己挑起家里的劳务，有担当，肯吃苦，不求虚荣，勤俭治家。

（五）大难不死，自有后福

1990 年 11 月 12 日，因劳累成疾，在出差保定钞票纸厂时，突发心梗，幸得抢救及时，免去一难。至今已三十余年，和我相伴甚欢。

竹子情怀

　　家父喜欢兰花，高雅自洁。余则更爱青竹，虚心有节，朴实无华。对事业，对人生，无不于此，故为立身之根本。

　　在京，我家近紫竹院。北方有竹，本来不多，但紫竹院却养竹甚茂，且井然有序，故得闲时，好与小瑞共往，赏竹养志，心旷神怡。后移居康乐里，临近的宣武艺园是清室一位公主的旧宅，居然亦有竹子，真乃天赐。

　　1998 年 5 月，特请康雍先生赐字"虚心有节，朴实无华"，至今挂在我的书斋正中。

康雍先生墨宝

五十年后再读《点绛唇》——写在金婚之际

1971 年 10 月 11 日，我出差北京，先去省会郑州化工厅开具证明，然后直接北上公务。火车驶入安阳车站，小瑞已在站台等候，她是来给我送寒衣和五香萝卜干的。

安阳是京广线上的大站，火车在站停 10 分钟，站台上熙熙攘攘，人头攒动。待车重新启动，鸣笛北行，小瑞的身影仿佛还在眼前。于是便有了《点绛唇——秋夜赴京，路过安阳车站》的填词：

晚柳南斜，
月台闻笛熙攘碌，
侍包提服，
黛辫瞠圆目。

复动长车，
有物檠边掬，
聆声郁，
月台锦幅，
到发华还读。

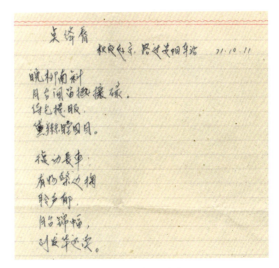

当年小瑞的抄本

　　我不是作诗弄词的人，但回味五十年的往事，有情有趣，甘美香甜。金婚之际，我俩坐在一起，再读《点绛唇》，满足感、喜悦感油然而生。如今，真的是到了"发华还读"的时光，事业成功，夫妻恩爱，子孙孝顺，心情洒脱。怎么不幸福？我父亲中年丧偶，母亲续弦，所以我在成婚前最大的愿望是：夫妻白首到老。如今，我们实现了。五十年来，我俩相敬如宾，恩爱如初，我们手扶手相互帮衬，手拉手幸福变老。如今，相对而坐，情意绵绵，清静，淡雅，潇洒，自如……故作打油小诗一首，乐在其中：

　　　　三颗兰花豆，（取意少时儿歌）
　　　　一壶龙井茶，（回味家乡情怀）
　　　　耳闻音乐轻，（乐在当下逍遥）
　　　　目虚沙发中。（渐入仙境拜佛陀）

2022 年 9 月，和小瑞合影于书房

　　2022 年 9 月，是我和小瑞金婚（五十周年）纪念的时候。2022 年，也是中国钱币学会成立四十周年，中国钱币博物馆成立三十周年的时候。谨此记录，聊以自慰。

　　　　　　　　　　　　2023 年初、壬寅岁尾字于续斋

附

记

附一 和钱币相关的学术活动与成果

（一）有关钱币、钱币学的学术论文

一是，初次尝试。1963 年，我在复旦大学历史系读二年级的时候就开始习作，写的第一篇文章，是和郭沫若先生讨论漳州军饷银饼的铸行年代，题目叫《试论"漳州军饷"银币》。但这只是习作，并未发表。

二是，论文概况。因为"文化大革命"的缘故，我在刊物上正式发表文章是 16 年以后的事情。1979 ~ 2020 年的 40 年间，共发表 300 余篇，其中多数选入我的两本文集：《戴志强钱币学文集》，中华书局，2006 年；《戴志强钱币学文集（续篇）》，中华书局，2019 年。

三是，从自己实战到集体合力。到中国钱币学会秘书处工作以后，我参与并主持了《中国钱币论文集》的编辑工作。中国钱币学会编，中国金融出版社，1985 年出版第 1 辑，1992 年出版第 2 辑，1998 年出版第 3 辑，2002 年出版第 4 辑，2010 年出版第 5 辑，2016 年出版第 6 辑。

四是，编辑《中国钱币》杂志。1984 年起为责任编辑，1986 年 11 月起任副主编，1991 年第 2 期起任主编，2005 年第 1 期以后虚列为编委。

（二）有关父亲戴葆庭研究成果的整理和发表

一是，《戴葆庭集拓中外钱币珍品》，与沈鸣镝合作，中华书局，1990 年出版，2008 年再版。父亲有自己装帧的原拓线装本 23 分册，每册均有自题书签。我只是做了汇总整理，在章节编目和个别地方做了一些调整，出版时补了一篇后记，算是一个交代。

二是，《珍泉集拓》，新华出版社，1991 年出版。父亲有自己装帧的原拓线装本遗存，完全按原书影印，出版时也补了一篇后记（跋），做了一些说明和交代。

三是，《足斋泉拓》，收入"古泉文库"丛书（文献类）第三种，线装影印，2019 年出版。是书原拓本是父亲早期的成果，遗存绝少，4 册配全更难。因为我处存书只有三册，我一直以为是全套，不知何故竟少了一册。近年宋捷、汪洋等尽心尽力收集，并做了考核研究，才补得全貌。书中收录我的《读〈足斋泉拓〉》一文，大致记录了这次考订的结果。

四是，《寿泉集拓》，收于王贵忱、马飞海主编"中国钱币文献丛书"第28辑，上海古籍出版社，1993年出版。今又收入"古泉文库"丛书（文献类）第一种，线装影印，2019年出版。20世纪四五十年代，中国泉币学社曾两次成立寿泉会，由戴葆庭任总干事，组织合成两组《寿泉集拓》。这次重新影印出版时，将《子槎七十泉拓留存》《絅老八旬祝嘏泉拓》两册补入第二组中，使之更为完善。

五是，《山阴道上集》，收于"古泉文库"丛书（文献类）第十种，线装影印，2019年出版。是书为三叔葆湘在集泉过程中随手拓制的一本合集，近由汪洋觅得，赶在戴葆庭钱币文化博物馆开馆之际影印出版，以资纪念。

（三）基础性、资料性的钱币学专著的编纂

组织或直接参与编纂基础性、资料性的钱币学专著，为中国钱币学学科建设积累资料，提供支撑。

一是，《中国历代货币大系》，马飞海总主编，上海钱币学会组织落实，上海人民出版社1988年出版第一卷《先秦货币》，至2016年出版第十二卷《钱币学与货币文化》，共成书12卷15本。我参与了课题启动时期的酝酿和组织工作，并分工负责宋卷的编写，后因其他事务缠身，只能退出具体编纂事宜。

二是，《中国钱币大辞典》，河南钱币学会组织落实，中华书局1995年出版《先秦编》，至今已成书10编18本。我作为编委会副主任，参与编纂工作的实际领导。

三是，"中国钱币文献丛书"，马飞海、王贵忱主编，上海古籍出版社从1993年开始出版，全书计划31辑，实际只成书11辑15册。此选题由贵忱先生发起，并付诸实施。我虚列编委会副主任之名。第28篇《寿泉集拓初集》《寿泉集拓二集》由我提供原书影印。

四是，《中国古钱谱》，刘巨成主编，文物出版社1989年出版。我参与了具体的编纂工作。

五是，《南宋钱汇》，我虚列总编之位。分四编：《铜钱编》，钟旭洲主编，

文物出版社 2021 年出版。《金银锭编》，李晓萍、钟旭洲主编，文物出版社 2022 年出版。《铁钱编》《民俗钱编》，尚在编纂之中。

六是，《中国历代货币》，新华出版社出版。1988 年我主持出版了修订本。

七是，《中国古钞图辑》，内蒙古钱币研究会、《中国钱币》编辑部合编，中国金融出版社 1987 年出版。

八是，《中国革命根据地货币史》丛书，由周世敏任主任委员，许树信、戴志强任副主任委员，中国金融出版社自 1992 年开始分卷出版，每个根据地一本专册，最后以《中国革命根据地货币史纲》作为全书的总结，于 2008 年出版。这套书调动了全国各有关省区的力量，以钱币学的视野，在重新调查研究的基础上编著完成，全书 20 本。

九是，《中华人民共和国货币图录》，中国钱币博物馆编辑，中国大百科全书出版社 1993 年出版。

十是，《国际钱币制造者》，W. 克拉尼斯特、殷毅主编，新华出版社，1989 年出版。

十一是，《国际流通货币全书》，中国钱币博物馆编，戴志强、黄锡全主编，经济日报出版社 1999 年出版。

十二是，"中国钱币丛书"，中华书局，甲种本自 1997 年开始出版，由我担任丛书主编，共出书 20 本，之后虚列为顾问之名，至今已出书至 29 本；乙种本自 2001 年出书，共成书 4 本。

十三是，"中国古钱谱"丛书，中华书局自 2018 年开始出版，由我担任丛书主编。近十几年来，民间涌现出一批有相当特色、相当水平的钱币收藏家，而且有不少新的发现、新的研究成果，希望通过这套丛书，把它们汇集起来，公之于世，为推进钱币学的研究积累资料，提供方便。

（四）我的几本小书

一是，《古钱文字》，与戴越合作，文物出版社 2014 年出版，2021 年再版。作为研究生学习古文字的导读，后来实际上也成为文博系统工作用的参考书、工具书。

二是，《钱币学与冶铸史论丛》，与周卫荣合作，中华书局 2002 年出版。是用科学方法研究钱币的一本文集。

三是，《古钱币鉴藏》《纸币鉴藏》《钱币收藏入门》《机制币鉴藏》

（与沈逸林合作），分别于 2011 年、2013 年由印刷工业出版社出版。这是一套普及读本，主要目的是为了扩大钱币学和货币史的宣传教育。

四是，《戴志强钱币学文集》初编，中华书局，2006 年出版；《戴志强钱币学文集》续编，中华书局，2019 年出版。

五是，《戴门弟子藏泉与文选》，中华书局，2022 年出版。2019 年 10 月 18 日，绍兴戴葆庭钱币文化博物馆正式开馆，弟子们同心协力，联手举办了"戴门弟子藏泉选"展览，10 月 19 日又举办善泉社钱币学论坛。在此基础上，便有了这本书的编辑和出版。

六是，《续斋古稀寿泉集拓》，赵梓凯、贾晖、董瑞编纂，北京出版社，2013 年出版。此书是弟子们贺我七十大寿，学仿泉界前辈所为，制作的一本贺寿拓集。

七是，《续斋禧寿纪念集拓》原拓本，由十位弟子合力编纂，2021 年成书。

（五）音像制品

一是，《中国文物鉴定·货币》（片长 180 分钟），戴志强主讲，国家文物局监制，中国历史博物馆制作，内蒙古文化音像出版社，1996 年出版。这套录像带共有绘画、瓷器、玉器、青铜器、工艺美术、铜镜、货币等七集，特请史树青、李学勤、孔祥星等国家文物鉴定委员和著名文物鉴定专家讲授。

二是，电子版《中华人民共和国货币》，戴志强、朱纯德主编，金融电子音像出版社，中文版，2003 年出版；英文版，2004 年出版。

三是，《中国古代钱币》，戴志强主讲，北京电视台教育频道，黄金五分钟节目，1996 年 12 月 31 日至 1997 年 1 月 27 日播出。

四是，《戴志强——慧眼识钱》，中央电视一台东方时空——东方之子栏目，2006 年 11 月 20 日播出。

五是，《古币传奇——戴志强》，北京电视台纪实频道，口述栏目，2014 年 5 月 19 日播出。

其他摄像制作，分别在中央电视一台、二台、四台、十台、教育台，以及北京、河北、辽宁、山东、湖北、武汉、深圳、甘肃、浙江、绍兴等省、市地方卫视，和新浪、中国金融、央视移动传媒和中央人民广播电台、国际广播电台、北京广播电台等媒体，录像、录音节目计约 50 余次。

附二　钱币以外的学术活动

（一）考古与博物馆

一是，和朱爱芹合作，完成了安阳市博物馆文物藏品的总账，过手了馆藏的每一件文物，并做了分类描述。

二是，和朱爱芹合作完成《安阳博物馆馆藏卜辞选》一文，发表于《中原文物》1981 年第 1 期。

三是，受聘河南省文物鉴定委员会，参与了 1981 年河南全省馆藏文物的鉴定工作。

四是，参加河南省考古学会，完成金属考古研究会的学术课题《北宋铜钱金属成分分析》（和王体鸿合作），成为用科学方法研究钱币的开山之作。

五是，参与筹办全国商史学术讨论会，1985 年 2 月在安阳召开，发表论文《试论帝乙帝辛时期殷都未迁——兼谈朝歌在晚商的地位》（与郭胜强合作，《全国商史学术讨论会论文集》，殷都学刊编辑部，1985 年）。参与筹建殷商文化研究会，任常务理事。

六是，2015 ~ 2018 年，受聘天津博物馆、天津文博院第三期"名师教室"兼职教授，作学术讲座，李君。

七是，2020 年至今，受聘中国国家博物馆文物鉴定委员，钱币鉴定组组长。受聘中国国家博物馆古代钱币研究所所长。

（二）参与国家文物法规与有关条例（包括文物和金融，文物和钱币市场开放）的起草

（三）参与当代钱币设计与相关政策（第 5 套人民币设计领导小组、当代钱币设计图稿和样币评审）的制定

（四）受聘有关高校兼职教授、客座教授

河南师范大学历史系，复旦大学文博专修班、研究生班，河南大学历史系，中国人民银行研究生部，中央财经学院金融系，北京教育学院历史系，中央民族大学民族学与社会学研究生班、文博研究生班，首都科技大

学，中国社会科学院研究生院，清华大学文博研修班，北京大学信息学院，
北京大学历史系，南京大学历史系等。

在社科院研究生部讲座

附三　出访活动

序号	时间	事项	地点
1	1984 年 3 月	随中国钱币代表团访日，参与中、日钱币展同时在大阪博物馆开展并进行学术交流	日本大阪、神户、京都、广岛
2	1987 年 4 月	出席《国际钱币制造者》一书编委会	奥地利维也纳
3	1987 年 7 月	随中国钱币代表团访问香港，出席香港钱币展销会	香港
4	1988 年 10 月	出席《国际钱币制造者》第二次编委会，访问西德国家银行	奥地利维也纳，德国波恩、法兰克福
5	1989 年 10 月	出席《国际钱制造者》首发式	奥地利维也纳
6	1991 年 9 月	率中国钱币代表团出席第 11 届国际钱币学大会，出席国际钱币学委员会；访问法国东方钱币博物馆	比利时布鲁塞尔、卢森堡，法国巴黎
7	1992 年 9 月	出席日本北海道方泉处钱币馆开馆，应邀作学术报告；访日本银行钱币馆	日本札幌、东京
8	1994 年 4 月	出席日本钱币学家小川浩逝世七周年纪念	日本东京、茨城
9	1994 年 9 月	出席科学方法在钱币研究中应用的学术讨论会；顺访香港钱币学会	英国伦敦，香港
10	1995 年 4 月	出席金属文物的保护和研究学术讨论会；访问新加坡钱币学会	埃及开罗，新加坡
11	1995 年 6 月	出席第 17 届国际博物馆委员会暨国际钱币与银行博物馆委员会成立大会	挪威奥斯陆、斯塔万格
12	1996 年 8 月	出席第 8 届国际东亚科学史讨论会	韩国汉城
13	1997 年 9 月	访问法国钱币博物馆、钱币学会，出席第 12 届国际钱币学大会，主持远东钱币圆桌会议	法国巴黎，德国柏林、汉堡
14	1998 年 8 月	出席第 8 届国际科学史讨论会，访问意大利乌廷内大学	德国柏林，意大利罗马
15	1998 年 10 月	出席第 18 届国际博物馆委员会、理事会暨国际钱币与银行博物馆委员会	澳大利亚墨尔本

序号	时间	事项	地点
16	1999 年 3 月	出席第 13 届新加坡国际钱币博览会、亚洲钱币学会一周年纪念座谈会	新加坡
17	1999 年 6 月	访问台湾地区钱币界、金融界	台北、香港
18	1999 年 9 月	率中国钱币代表团访日	日本东京、京都、大阪、神户、福冈
19	2000 年 5 月	访问美国钱币学会、史密森博物馆；出席第 32 届国际科技考古年会	美国华盛顿、纽约，墨西哥墨西哥城
20	2000 年 10 月	出席第 7 届国际钱币与银行博物馆年会	阿根廷布宜诺斯艾利斯
21	2001 年 6 月	出席第 19 届国际博物馆委员会、理事会暨国际钱币与银行博物馆委员会	西班牙巴塞罗那
22	2002 年 1 月	洽商奥地利钱币展	奥地利维也纳
23	2002 年 4 月	出席国际钱币与银行博物馆委员会理事会	意大利罗马
24	2002 年 10 月	（协助国际钱币与银行博物馆委员会在北京举办第九届年会）	
25	2003 年 9 月	出席第 13 届国际钱币学大会，主持远东钱币讨论会；访问伊朗钱币博物馆	西班牙马德里，伊朗伊斯法罕
26	2003 年 10 月	出席吉隆坡国际钱币邮票博览会，作学术报告	马来西亚吉隆坡
27	2004 年 6 月	中国钱币展赴奥地利	奥地利维也纳
28	2004 年 9 月	出席吉隆坡国际钱币邮票博览会，并作学术报告	马来西亚吉隆坡
29	2004 年 10 月	出席第 20 届国际博物馆委员会、理事会暨国际钱币与银行博物馆委员会	韩国釜山
30	2008 年 10 月	出席北国新闻社与北国南苑"中国钱币书法展"，作"书法篆刻艺术——中国古钱文化的精华"学术讲座	日本金泽

附四 工作简历

戴志强，别名戴绩、阿祥

1981 年 7 月，加入中国共产党。

1981 年 8 月，任河南安阳博物馆副馆长。

1981 年，被评为安阳市先进工作者。

1983 年 6 月，评为安阳市优秀共产党员。

1983 年 10 月，任河南安阳市文化局副局长。

1984 年调京，11 月，任中国钱币学会副秘书长、中国人民银行印钞造币总公司钱币秘书处副处长、处长。

1986 年，受聘为第一批国家文物鉴定委员会委员（终身制），任钱币组组长。

1986 年 11 月，任中国钱币学会常务理事、秘书长、学术委员会副主任，《中国钱币》杂志副主编。

1987 年 5 月，任国际钱币学委员会委员。

1990 年 4 月，任中国钱币博物馆筹委会副主任。

1991 年 3 月，任《中国钱币》杂志主编。

1991 年 10 月，任中国人民银行货币发行司副司长。

1993 年 6 月，受聘为研究员。同年，受聘为国家流通文物专家组成员。

1993 年，评为省部级有突出贡献的中青年专家，出席 1994 年国务院召开的专家学者迎春茶话会。

1994 年 5 月，任中国钱币博物馆馆长兼书记（副局级）。同年，受聘为中国金融出版社特约编审。

1995 年，任国际钱币银行博物馆委员会委员。

1997 年，受聘为中国人民银行研究系列高级专业技术职称评审委员。

1998 年，任国际钱币银行博物馆委员会执委、亚太地区主席。

2000 年 9 月，当选为中国人民银行总行机关党委委员。同年，受聘为中国金银纪念币设计图稿及样币评审委员。同年当选为中国金融学会第六届常务理事。

2001年，受聘为北京科技大学兼职教授、博士生导师。同年，在第8届国际钱币银行博物馆委员会大会上连任执委、亚太地区主席。

2002年5月，任中国钱币博物馆馆长兼书记，正局级。同年，任中国博物馆学会常务理事。

2003年，受聘为中国科技大学兼为职教授、博士生导师。同年，中国钱币博物馆明确为正局级单位。

2004年9月，任中国人民银行参事。

2005年，任中国钱币学会副理事长、学术委员会副主任。同年，受聘为中央民族大学客座教授。

2007年5月退休。

附：

曾入选1998～2000年美国《世界名人辞典》名录

曾入选英国剑桥传记中心《20世纪2000位杰出学者》名录。